山右叢書　　山右歷史文化研究院　編

句注山房集

（外一種）

[明]張鳳翼　撰　　李蹊　點校

上海古籍出版社

圖書在版編目(CIP)數據

句注山房集(外一種) / (明) 張鳳翼撰;李蹊點校. —上海:
上海古籍出版社, 2018.6
(山右叢書)
ISBN 978-7-5325-8871-8

Ⅰ.①句… Ⅱ.①張… ②李… Ⅲ.①雜著—中國—
明代—選集 Ⅳ.①Z429.48

中國版本圖書館 CIP 數據核字(2018)第 123726 號

句注山房集(外一種)
山右叢書
(明) 張鳳翼 撰
李蹊 點校
上海古籍出版社出版發行
(上海瑞金二路 272 號 郵政編碼 200020)
(1) 網址:www.guji.com.cn
(2) E-mail:guji1@guji.com.cn
(3) 易文網網址:www.ewen.co
浙江臨安曙光印務有限公司印刷
開本 700×1000 1/16 印張 24.75 插頁 2 字數 300,000
2018 年 6 月第 1 版 2018 年 6 月第 1 次印刷
印數:1—1,100
ISBN 978-7-5325-8871-8
G・690 定價:98.00 元

目　録

句注山房集二十卷

〔明〕張鳳翼　撰

李　蹊　點校

點校説明 …… 三

叙 …… 李茂春　七

序 …… 李若訥　九

句注山房集卷一 …… 一一

賦 …… 一一

晋國賦 …… 一一

喜雨賦 …… 一五

日蠲賦 …… 一六

菊花賦 …… 一七

中解山亭賦 …… 一八

句注山房集卷二 …… 二〇

擬古 …… 二〇

白雲謡 …… 二〇

穆王謡……二〇
飯牛歌……二〇
履霜……二〇
雉朝飛……二〇
楊白華……二一
古别離……二一
自君之出矣……二一
驄馬……二一
關山月……二二
滿歌行……二二
邯鄲行……二二
結客少年場行……二二
出自薊北門行……二二
長安有狹斜行……二三
麥秀歌……二三
五雜俎……二三
箜篌引……二三
棠棣篇……二四
四愁……二四
飲馬長城窟行……二四
門有車馬客行……二五
劉生……二五
蛺蝶行……二五
君馬黄……二五
妾薄命……二六
猛虎行……二六
古意……二六
秋夜長……二六

詠扇一字至十字 …… 二七

句注山房集卷三 …… 二八

五言古詩 …… 二八

陶元亮 …… 二八
邀馮熙野既禫小飲 …… 二八
安貧 …… 二八
送趙瞻白年丈 …… 二九
晋陽道中 …… 二九
小園成五平五仄體 …… 二九
飛狐峪晚渡 …… 二九
雞伏雛 …… 三〇
苦風 …… 三〇
惜别 …… 三〇
楊浮白先生當萬曆丁酉爲晋司李識余於諸生中今其人已矣過郵邸見壁間遺韵悵然有感賦以懷之 …… 三〇
賦得看劍引杯長 …… 三一
行路難 …… 三一

句注山房集卷四 …… 三二

七言古詩 …… 三二

擣衣篇 …… 三二
從軍行 …… 三二
雁門歌 …… 三三
長安道中 …… 三三
觀獵 …… 三四
臘日見雪成七仄七平體 …… 三四

長鋏篇送董雲泉二府晉守柳州 …… 三四
四鶴行寄懷諸同志 …… 三五
懷高堂 …… 三五
梅鼎《初香圖》送周雲漸之任楚中 …… 三五
麗人歌 …… 三五
贈李聞所文學講道南還有引 …… 三六
壽張西皋聞人八十有引 …… 三六
壽李槐墅憲師有引 …… 三七
題五老圖壽閻立吾憲使代 …… 三八
贈王孝子廬墓 …… 三九
題王炳寰先生別墅 …… 三九
送彭小石督兵登萊 …… 四〇
送不住上人 …… 四〇
鬻田舍有引 …… 四〇
送春 …… 四〇
題《停舟觀雁圖》 …… 四〇
北虜嗣封紀事 …… 四一
丹砂篇壽傅年伯 …… 四一
題王氏祠堂 …… 四二
壽孔年伯 …… 四二
題雙烈卷 …… 四三
贈錢巡徼 …… 四三
題陳母節册 …… 四三
壽賈母郭太孺人 …… 四四
浩嘆 …… 四四
放歌行書似友人 …… 四四
署中漫書 …… 四五

題太丘册……四五

句注山房集卷五……四七

五言律詩……四七
步虛詞……四七
塔院寺……四七
白人岩……四八
長安元夜……四八
出京有懷……四八
盤石道中……四八
苦役……四八
板橋……四八
虹……四八
秋日飲王弘錫別墅分韵二首有引……四九
訊海音上人……四九
秋過南莊……四九
賀友舉嗣……五〇
慰周日觀司馬……五〇
郊居……五〇
山陰旅邸……五〇
踏春……五一
寄傅明源年丈……五一
寄孫復陽□□……五一
秋意……五一
除夕……五一
夏日王炳寰先生召飲同楊斗衡次韵……五一
憶海音上人……五二

定襄道中……五二
明妃怨……五二
夏日飲王弘錫別墅……五二
重陽東郭寺燕集……五二
鳴謙驛秋眺……五二
晋陽道中……五三
院柏……五三
夏日蘭亭即事……五三
旅懷……五三
喜霽……五三
塞上愁……五四
漫書……五四
夏夜同諸君子分韵……五四
佛光寺一宿……五四
謁丘壟……五四
爲王新城先生大隱題……五四
病起登臺……五四
王氏別業……五五
效白體……五五
晤不住上人口占……五五
天壇望萬壽山……五五
出京……五五
曉行……五六
七夕……五六
却巧……五六
擬贈劉大尹……五六
聞笛……五六

春日郊居 …… 五六
東郊燕集得泥字 …… 五六
夏日飲李正兄園亭 …… 五七
病起 …… 五七
吴中山銀臺招飲有作 …… 五七
新秋夜坐 …… 五七
山行 …… 五八
四女塚 …… 五八
贈劉大尹册言代 …… 五八
西山曉霽 …… 五九
遊白雲觀 …… 五九
宣城園漫興 …… 五九
秋夜 …… 五九
春日送嚴慈歸里 …… 五九
西野 …… 六〇
南浦泛舟 …… 六〇
題陳母冰霜册 …… 六〇
閲漕 …… 六〇
署中 …… 六一
旅思四首 …… 六一
寒食 …… 六一
初度 …… 六一

句注山房集卷六 …… 六三

七言律詩 …… 六三
賦得霜前白雁 …… 六三
秋日山居四首 …… 六三

峪山秋眺……六四
贈陳修吾參戎……六四
登梵仙山……六四
病起感秋……六四
初秋雨霽飲謝成吾西園……六五
送李茂齊將軍……六五
寓晋陽館舍……六五
夏日飲趙松軒將軍園亭……六六
不住上人以詩見過走筆步之……六六
送彭小石總戎督兵登萊……六六
賀彭小石舉震榮遷代……六七
春日郊行有慨……六八
客有求贈隱詩者書此以似……六八
挽劉景夷社友……六八
酬海音上人遊白人巖韵……六八
送王錫吾三府之守安樂……六九
易水吊荆軻……六九
奉高太昆司馬……六九
王貞翁民部長公入序走賀二首……六九
懷鄭海暘年丈……七〇
有感……七〇
挽馮熙畦社友……七〇
北郊春燕……七〇
寄宋于田年丈……七〇
壽陳懷宇參戎……七一
賀任葆一續弦……七一
午日……七一

過小蘭亭次西溟扁韵……七一
讀《宋紀》代郭后言……七一
病中守歲……七二
客太原寄懷滕養浩……七二
馮圓明樓成詩以落之……七二
始皇……七二
晋……七二
宋……七三
齊……七三
梁……七三
陳……七三
隋……七三
獨坐感懷……七四
靈丘道中……七四
送周雲漸太守之任楚中……七四
馮九澤過我持箋索和占以次之……七四
賀炳寰先生舉孫……七四
贈講僧覺空……七五
過公主廢寺……七五
贈李文所文學……七五
饋馮獻猷中翰以杏感悼存焉已……七五
南城春眺……七六
高太昆司馬召飲蔣户侯園亭口占……七六
重九……七六
壽王炳寰先生……七七
陳瑩齋文學見過且惠詩求拙草走筆次之……七七
南墅漫興……七七

送董雲泉二府晋守柳州代 …… 七七
壽孔太史年伯 …… 七九
送陸季寧年兄歸展 …… 七九
送汪東台藩相 …… 七九
賀王愚谷大理膺封 …… 七九
送曾適雲庶常歸展 …… 七九
《雙烈卷》爲劉滄嶼銓部母妹題 …… 八〇
入歲懷舊 …… 八〇
遊極樂寺 …… 八〇
金剛石塔 …… 八〇
都門别李季式 …… 八一
壽王年伯 …… 八一
張年伯雙壽 …… 八一
秋望有懷 …… 八一
壽唐元樸太史乃翁 …… 八一
報李渤海詩箑用韵 …… 八二
題吉公《崇祀册》 …… 八二
爲周醫士書 …… 八二
聞夜宴志感 …… 八二

句注山房集卷七 …… 八三

七言律詩 …… 八三

代送汪東台太守以藩相南歸有引 …… 八三
酬王炳寰先生見惠北上之韵 …… 八四
元日即事書於燕山旅次 …… 八四
贈陳力如年丈 …… 八四
賦得御河冰泮 …… 八五

聞趙介嵐年兄訃音詩以哭之 …… 八五
送劉雲松將軍之任京營 …… 八五
偶成集姓體 …… 八五
擬送陳修吾將軍歸里 …… 八六
似契真上人 …… 八六
壽太恒孫先生 …… 八六
漫書 …… 八七
歲晚 …… 八七
立春後邀友 …… 八七
春日寫懷 …… 八七
代似麗人 …… 八八
戲效西昆體 …… 八八
再哭趙介嵐年丈 …… 八八
題孫新陽別業 …… 八八
擬奉張海虹憲使 …… 八八
午日漫興 …… 八九
馬聘吾孝廉別墅樓成詩以落之 …… 八九
夏日飲聘吾丈園樓 …… 八九
哭薛華宇社丈 …… 八九
六月夜雨志喜 …… 九〇
題唐司理《夢蓮臺卷》代 …… 九〇
落成孫新陽園樓 …… 九〇
南樓春望 …… 九〇
過李正吾知兄園話舊有作 …… 九一
夏日飲吴中山銀臺園樓 …… 九一
酬心光上人元韵 …… 九一
感懷 …… 九二

秋日訪心上人於施園不遇小頭陀煮茗相延已以詩草見示因而有作……九二
寄正心上人……九二
贈陳羽士……九二
春日郊居戲作迴文二首……九三
咏紅梅……九三
廷對槖筆口占……九三
挽友作……九四
贈蕭將軍……九四
題楚節婦卷……九四
施誤翁有砌磁杯玉斑朱理瑩然可愛詩以咏之……九五
遊天壇同曾李二比部分韵……九五
題《陳母挽册》……九六
寄酬王炳寰……九六
送魏元伯年丈奉册徽藩……九六
壽周年伯七十……九六
壽張瀛海太史乃翁八帙時太史奉册歸省……九七
壽傅年伯……九七
壽鄒年伯……九七
壽韋封翁……九七
題傅星垣柱史《榮壽册》……九八
登閲武臺……九八
南樓晚眺……九八
貧女吟……九八
病馬……九九
壽王炳寰先生……九九
聞警……九九

秋興 …… 九九
都門惜別 …… 一〇〇
壽徐年伯母 …… 一〇〇
送朱叔熙司寇賫敕過里 …… 一〇一
送王元起督餉宣鎮 …… 一〇一
賀韓大理考績膺封 …… 一〇一
挽王督撫 …… 一〇一
春霽郊行有作 …… 一〇二

句注山房集卷八 …… 一〇三

排律 …… 一〇三
福邸告成有述 …… 一〇三
壽李槐墅憲師 …… 一〇三
午日飲蘭亭呈張惺寰郡師 …… 一〇四
過七佛庵 …… 一〇四
似玄上人 …… 一〇四
感懷 …… 一〇四
萬壽聖節 …… 一〇五

句注山房集卷九 …… 一〇六

五言絶句 …… 一〇六
冬夜 …… 一〇六
旅次 …… 一〇六
春曉 …… 一〇六
扇頭小景 …… 一〇七
都門感懷 …… 一〇七

白人岩一宿 …… 一〇七
夢王寸所 …… 一〇七
紙 …… 一〇七
筆 …… 一〇八
墨 …… 一〇八
硯 …… 一〇八
六言絶句 …… 一〇八
閑書 …… 一〇八
除夕 …… 一〇八
元日遇雪獨酌 …… 一〇八
旅思 …… 一〇九
四時吟 …… 一〇九
夜坐 …… 一〇九
曉行 …… 一〇九
閨情 …… 一一〇
踏春 …… 一一〇
雜咏 …… 一一一
漁 …… 一一三
樵 …… 一一三
耕 …… 一一三
牧 …… 一一三
七言絶句 …… 一一三
塞下曲 …… 一一三
老將行 …… 一一四
少年行 …… 一一四
望滹沱 …… 一一五
清明感雪 …… 一一五

便面小景……一一五
聞砧……一一五
夜坐……一一五
南墅秋吟……一一五
雨後聞布穀……一一七
漫興……一一七
館舍不寐……一一七
風竹爲滕恒陽乃翁題……一一七
春雪……一一七
曉風過繁峙……一一八
海音上人落水占以戲之……一一八
七夕……一一八
對菊……一一八
同任葆一過廣武因憶微時留詩之事……一一八
雪夜次原平……一一八
歸渡紫荆……一一九
午日憶亡兒……一一九
月夜哭殤女……一一九
送陳磵雲計部督學左廣十首　有引……一一九
硯……一二一
杵……一二一
鏡……一二一
劍……一二一
夢中作無題……一二一
画中小景……一二二
題漁父……一二二
樵夫……一二二

耕叟……一二二
牧兒……一二二
元夜……一二二
元通惠古堤……一二二
病起見刺梅……一二三
秋日旅懷集古八首……一二三

句注山房集卷十……一二五

詞……一二五

賀陳碉雲計部晋學憲詞並引……一二五
賀劉静臺道尊晋方岳詞並引……一二六
賀趙明宇道遵晋方岳詞並引……一二七
賀彭小石將軍督兵登萊詞並引……一二九
賀蕭荆山都督誕舉元胤詞並引……一三〇
賀蒲汭田少府奏績膺封詞並引……一三一
賀盛躋崖老師奏績膺封詞并引……一三二
賀趙翀南大尹奏績兼壽詞並引……一三三
賀劉大尹膺薦帳詞有引……一三五
壽吴中山七十雙健詞並引……一三六
壽范太師母七十詞並引……一三七
壽路太翁七十詞並引……一三八
壽楊同野六帙祠並引……一四〇
賀王霦宇舉胤詞引……一四一
壽都弘若太守帳詞並引……一四二
賀王文石覃恩帳詞有引……一四三
賀鄭宿海晋總協帳詞……一四四

句注山房集卷十一……………………………… 一四七

序 ……………………………………………… 一四七

送陳碉雲司徒督學左廣序代 …………………… 一四七

送邵徵實民部之任通倉序代 …………………… 一四九

送任念峰計部復命序代 ………………………… 一五二

送劉文軒將軍督兵京營叙 ……………………… 一五四

送李槐墅憲使歸田序代 ………………………… 一五五

送高太昆之任懷仁序 …………………………… 一五六

送劉大尹晋守鞏昌序代 ………………………… 一五七

賀姚震宇侍御考績序代 ………………………… 一五九

句注山房集卷十二……………………………… 一六二

叙 ……………………………………………… 一六二

賀滋陽劉侯考績叙代 …………………………… 一六二

賀繁峙李侯膺奬序 ……………………………… 一六三

賀繁峙劉侯膺奬序 ……………………………… 一六四

賀繁峙劉侯膺薦叙 ……………………………… 一六六

賀陳敬吾榮授鴻臚序 …………………………… 一六七

贈德甫劉君療疾有效序 ………………………… 一六八

贈禪僧契真出關序 ……………………………… 一六九

贈高母李孺人節孝雙全序 ……………………… 一六九

壽蔣母汪太孺人六帙序代 ……………………… 一七〇

壽高母閆太孺人八帙序 ………………………… 一七二

賀李二溟老師考績序代 ………………………… 一七三

賀李思敬戚畹敕晋揮使序 ……………………… 一七四

句注山房集卷十三 …… 一七六

序 …… 一七六

賀朱九皋太守救荒膺薦序代 …… 一七六
賀沈芳揚民部晋銜副郎序代 …… 一七九
賀蒲汭田少府奏績序 …… 一八三
賀王鑑衡民部奏績序 …… 一八五
賀方中涵老師入相序代 …… 一八七
壽王鑑虞年伯七帙序 …… 一八八
壽路太翁七帙序 …… 一八九

句注山房集卷十四 …… 一九二

小引 …… 一九二

清凉社引 …… 一九二
《隨順集詩》引 …… 一九三
《吴鹿友制義》引 …… 一九四
《雁門集》引代 …… 一九四
《紫薇樓詩》引 …… 一九五
《馮獻猷詩集》引 …… 一九六
《如蘭草》引 …… 一九六
孫生《窗藝》引 …… 一九七
《高孟門制義》引 …… 一九七
《康玄定制義》引 …… 一九八
潘太乙《寓庸齋詩義》引 …… 一九八
胡孺如《聯捷草》引 …… 一九九
《渾源州志》跋 …… 一九九
《擬同門稿》引 …… 二〇〇
《兼材録》引 …… 二〇一

句注山房集卷十五 …… 二〇三

銘 …… 二〇三

明文林郎山東觀城縣知縣泰恒孫公暨配孺人任氏合葬墓誌銘 …… 二〇三

明文林郎名山知縣馬公暨配孺人王氏崔氏合葬墓誌銘代 …… 二〇六

明待贈君東渠韓公墓誌銘 …… 二〇八

明待贈君東皋趙公墓表 …… 二一〇

明奉訓大夫濟川張公墓表 …… 二一一

馮孝廉墓表 …… 二一三

明敕封承德郎湖廣漢陽府通判前知魯山朝邑平陰三縣事知縣仁居張公墓誌銘 …… 二一五

明敕封孺人戴母程氏墓誌銘 …… 二一六

句注山房集卷十六 …… 二二一

騷辭 …… 二二一

楊荆巖宗伯誄辭代 …… 二二一

劉用齋司空誄辭代 …… 二二二

連小嵩撫臺誄辭代 …… 二二二

劉西井都督誄辭代 …… 二二三

劉贈君誄辭代 …… 二二四

五臺令誄辭代 …… 二二五

張内子哀辭代 …… 二二五

馬孺人哀辭 …… 二二六

侯安人哀辭代 …… 二二六

劉宜人哀辭代 …… 二二七

馬太安人哀辭代 …… 二二八

李太夫人哀辭代 …… 二二八
周母孫太君哀辭 …… 二二九
顧母文太君哀辭 …… 二三〇

句注山房集卷十七 …… 二三二

祭文 …… 二三二

祭王文端相公 …… 二三二
祭王澹生座師 …… 二三三
祭徐懷南太守代 …… 二三四
祭封君張太翁 …… 二三四
祭劉贈君代 …… 二三五
祭劉贈君代 …… 二三六
祭李太夫人代 …… 二三六
祭郭太恭人代 …… 二三七
祭李恭人代 …… 二三八
祭孫太母 …… 二三九
謝風河神文 …… 二三九
祭史司農代 …… 二四〇
祭仇孺人代 …… 二四〇

句注山房集卷十八 …… 二四三

傳 …… 二四三

奉訓大夫張公傳代 …… 二四三

句注山房集卷十九 …… 二四五

碑記 …… 二四五

喬公生祠贍地記…………………………………………………… 二四五
繁峙劉侯德政記…………………………………………………… 二四六
計部陳公德政記…………………………………………………… 二四七
兵憲李公生祠記…………………………………………………… 二四八

句注山房集卷二十…………………………………………………… 二五〇

雜著 …………………………………………………………… 二五〇
講《楞嚴經》疏一 ……………………………………………… 二五〇
講《楞嚴經》疏二 ……………………………………………… 二五一
净土庵銘並引 …………………………………………………… 二五二
北嶽禱雨詞…………………………………………………………… 二五三
龍神禱雨詞…………………………………………………………… 二五三

尺牘七卷

〔明〕張鳳翼　撰

李　蹊　點校

尺牘卷一…………………………………………………………… 二五七

啓賀類 ………………………………………………………… 二五七
賀方中涵老師入閣啓………………………………………………… 二五七
賀李二溟老師考績啓………………………………………………… 二五七
賀陳志寰老師開府啓………………………………………………… 二五八
賀盛躋崖老師轉丞啓………………………………………………… 二五八
賀吴繼疏公祖上任啓………………………………………………… 二五九

賀南二太公祖上任啓…………………………… 二五九
賀唐存意漕臺上任啓…………………………… 二六〇
賀沈芳揚民部晋銜啓…………………………… 二六〇
賀郭荆麓年丈領郡啓…………………………… 二六一
賀馬制臺封廕啓代 …………………………… 二六一
賀孫撫臺轉司徒啓代 …………………………… 二六二
賀郭道尊晋銜啓代 …………………………… 二六二
賀劉道尊晋方伯啓代 …………………………… 二六三
賀任道尊膺薦啓代 …………………………… 二六三
賀錢按臺轉大理啓代 …………………………… 二六四
賀關太府上任啓代 …………………………… 二六四
賀馬太府上任啓代 …………………………… 二六五
賀白撫臺生女啓代 …………………………… 二六五
賀劉道尊舉嗣啓…………………………… 二六六
賀太守封壽兼入覲啓代 …………………………… 二六六
賀李大尹上任啓代 …………………………… 二六七
賀趙學博升楚中別駕代 …………………………… 二六七
賀張憲松倉臺上任啓…………………………… 二六八
闕題 …………………………… 二六九
賀馬蒼淵總戎啓…………………………… 二六九
賀孫曙東僉憲啓…………………………… 二六九
賀南二太冏卿啓代 …………………………… 二七〇
賀潘翔公關臺啓…………………………… 二七〇
賀文制臺啓 …………………………… 二七一
賀魏震夷尚竇啓…………………………… 二七一
賀劉范董撫臺啓…………………………… 二七二
賀岳撫臺啓 …………………………… 二七二
贺蔣中原大尹啓…………………………… 二七三

尺牘卷二 …… 二七五

啓賀類 …… 二七五

賀沈相公元旦啓代 …… 二七五
賀朱相公元旦啓代 …… 二七五
賀湯太史元旦啓代 …… 二七六
賀王太僕元旦啓代 …… 二七六
賀胡給諫元旦啓代 …… 二七六
賀卞勛司元旦啓代 …… 二七七
賀劉兵憲元旦啓代 …… 二七七
賀任兵憲元旦啓 …… 二七八
賀袁兵憲元旦啓 …… 二七八
賀南道尊元旦啓 …… 二七八
賀李道尊元旦啓 …… 二七九
賀太守元旦啓代 …… 二七九
賀部司端陽啓代 …… 二七九
回晋藩重陽啓代 …… 二八〇
回制臺重陽啓代 …… 二八〇
回大尹中秋啓 …… 二八〇
回大尹長至啓 …… 二八一
回大尹元旦啓 …… 二八一
回大尹端陽啓 …… 二八二
賀制臺重陽啓代 …… 二八二
賀晋王重陽啓代 …… 二八三
回姚總戎年禮啓 …… 二八三
賀張憲松倉臺端陽啓 …… 二八三
賀方老師端陽啓 …… 二八四
回端陽節啓 …… 二八四

端陽節啓 …… 二八四
文制臺元旦啓 …… 二八五
王制臺元旦啓 …… 二八五
督撫元旦啓代 …… 二八五
按臺元旦啓代 …… 二八六
餉司元旦啓代 …… 二八六
邊道元旦啓代 …… 二八七
司道元旦啓代 …… 二八七
制臺中秋啓 …… 二八七
制臺重陽啓 …… 二八八
制臺冬至啓 …… 二八八
與總戎元旦啓 …… 二八八
回總戎元旦啓 …… 二八九

尺牘卷三 …… 二九一

啓壽類 …… 二九一
壽晋藩啓代 …… 二九一
壽瀋藩啓代 …… 二九一
壽李相公啓代 …… 二九二
壽沈相公啓代 …… 二九二
壽韓太史啓代 …… 二九三
壽傅太史啓代 …… 二九四
壽趙司農啓代 …… 二九五
壽温總憲啓代 …… 二九六
壽陳憲師啓 …… 二九六
壽李憲長啓代 …… 二九七
壽汪案臺啓代 …… 二九七
壽薛銓部啓代 …… 二九八

壽趙道尊啓 …… 二九八
壽劉道尊啓代 …… 二九九
壽馬大尹啓代 …… 三〇一
壽侯司理啓代 …… 三〇一
壽王先生啓 …… 三〇二
壽張太孺人 …… 三〇二
壽日回傅太史禮啓代 …… 三〇三
壽日回姚虛如啓 …… 三〇三
壽范老師 …… 三〇四
壽□□臺 …… 三〇四
壽王制臺 …… 三〇五
壽范老師 …… 三〇五

尺牘卷四 …… 三〇七

啓謝類 …… 三〇七
謝白撫臺薦啓代 …… 三〇七
謝康按臺薦啓代 …… 三〇七
謝李藩司薦啓代 …… 三〇八
謝任臬司薦啓代 …… 三〇八
謝張司農撰表啓代 …… 三〇九
謝徐掌科撰墓誌啓代 …… 三一〇
謝院道啓代 …… 三一〇
謝座主啓代 …… 三一一
謝太守啓代 …… 三一二
謝各道薦啓代 …… 三一二
謝撫臺賜扁啓 …… 三一二
謝晉藩禮啓代 …… 三一三
謝瀋藩禮啓代 …… 三一三

謝漕臺薦啓 …… 三一四
謝李撫臺薦啓 …… 三一四
謝李鹽臺薦啓 …… 三一五
謝梁關臺薦啓 …… 三一六
謝題加銜啓 …… 三一六
謝加銜啓 …… 三一六
謝餉臺薦啓 …… 三一七
謝閣部頒賞啓 …… 三一七

尺牘卷五 …… 三一九

啓報類 …… 三一九
報孟晋純司成 …… 三一九
報劉定余制臺 …… 三一九
報李龍峰督撫 …… 三一九
報王麟郊按臺 …… 三二〇
報李孟白撫臺 …… 三二〇
報趙明宇方岳 …… 三二一
報劉紫垣憲使 …… 三二一
報張懷宇鹺使 …… 三二一
報林莫凡司理 …… 三二二
報柴延禧大尹 …… 三二二
報楊扶寰大尹 …… 三二三
報張孚西大尹 …… 三二三
報孫陽初大尹 …… 三二三
報王棟宇大尹 …… 三二四
報孫太恒先生 …… 三二四
報黃靈河駕部 …… 三二五
報張洪源憲使 …… 三二五

報閆立吾憲使…………………………………………………… 三二六
報盛老師…………………………………………………… 三二六
報沈年伯…………………………………………………… 三二七
報晉藩啓代 …………………………………………………… 三二七
報瀋藩啓代 …………………………………………………… 三二七
報按院啓代 …………………………………………………… 三二八
報按院送贐啓代 …………………………………………………… 三二八
報撫院送贐啓代 …………………………………………………… 三二八
報制臺送贐啓代 …………………………………………………… 三二九
報杜將軍啓代 …………………………………………………… 三二九
報高參戎…………………………………………………… 三二九
報董漕臺…………………………………………………… 三三〇
報龍憲長…………………………………………………… 三三〇
報蕭司理…………………………………………………… 三三一
報牛太守…………………………………………………… 三三一
報鎮將…………………………………………………… 三三一
報鞏大尹…………………………………………………… 三三二
報鄭副戎…………………………………………………… 三三二
報蔣太尹…………………………………………………… 三三二
報各部道…………………………………………………… 三三三
報霍計部…………………………………………………… 三三三
報王副戎…………………………………………………… 三三三
報張憲使…………………………………………………… 三三四
報崔侍御…………………………………………………… 三三四
報魏尚寶…………………………………………………… 三三四

尺牘卷六…………………………………………………… 三三六

啓候類 …………………………………………………… 三三六

候葉台山座師啓代……三三六
候李二溟座師啓……三三六
候曾少保啓代……三三七
候傅太史求制文啓代……三三七
候湯霍林太史啓代……三三八
候卞汶嶺稽勛啓代……三三八
候張洪源侍御啓代……三三九
候史蓮勺侍御啓代……三三九
候胡慕東給諫啓代……三四〇
候李心白中翰啓……三四〇
候丘震崗道尊啓代……三四〇
候盛蹐崖房師啓……三四一
候憲使失内啓代……三四一
候王惺東司理啓代……三四二
候座師啓代……三四二
候少宰盛公代……三四三
候司馬祁公代……三四三
候司馬王公代……三四四
候葉贊畫……三四四
候張憲使……三四五
候制臺汪公……三四五
候白計部……三四五
候司馬董公……三四六
候相公葉老師代……三四六
候太宰張公……三四七

尺牘卷七……三四九

啓請類……三四九

請閻道尊啓……三四九
請潘案臺啓……三四九
請陳計部啓……三五〇
請王京兆啓代……三五〇
請潘侍御啓代……三五一
請李兵憲啓代……三五一
請甯觀察啓代……三五二
請座主盛老師啓……三五三
請座主范老師啓……三五三
請范老師起復啓……三五四
餞范老師册封啓……三五四
請州守涖任啓……三五五
請州守送學啓……三五五
請州守送貢啓……三五六
餞州守入計啓……三五六
請主考啓代……三五七
請座師啓代……三五七
請參戎啓……三五八
請同門啓……三五八
人日請僚友啓……三五九
元夜請社友啓……三五九
請座師代……三五九
請李撫臺……三六〇
請岳撫臺……三六〇

附録……三六二

《續修四庫全書·句注山房集》提要……三六二

句注山房集二十卷

〔明〕張鳳翼　撰

李　蹊　點校

點校説明

《句注山房集》爲明代張鳳翼所著詩文集。張鳳翼（？—1636）字九苞，代州人，萬曆四十一年進士第五名，歷官户部主事、廣寧兵備副使、右參政飭遵化兵備、右僉都御史，巡撫遼東、保定，加兵部右侍郎、右都御史兼兵部右侍郎總督薊遼保定軍務，進太子少保、兵部尚書、世廕錦衣指揮僉事、太子太保。

《句注山房集》二十卷，其中多有感慨世道人心、憂國憂民之語，間有對朝臣彈劾他的不滿和牢騷。他説："窃意，今天下財用匪出納無害爲艱，維理其原委之爲艱耳。蓋水衡詘于將作之發，冋寺詘于騋牝之供，而封樁老庫之金若掃，當事者計無復之，遂括鍰鬻爵、榷市搜山，滋一切苟且之術以佐軍興。吾不知瓊林大内積撲滿爲朽蠹者，抑何用邪？况五路邀賞，盡潤沃焦而走中涓以佞浮屠者，動以萬計；彼羽林緹騎曾半石弓不勝，日食太倉之米，凡此於勝負之數何補？令移之以募趙代邊兵，必有感良將擊牛之惠，一鼓而滅襜襤者。不猶愈於頻歲□邪？效秦皇帝築怨絶地脉哉？"（見本書卷十三《賀沈芳揚民部晋衔副郎序》）這裏，不獨把明末朝廷弊端指斥殆盡，且直斥皇帝貪婪聚財的醜行，更把明長城的修築與秦始皇的筑長城相比較，斥爲"築怨"和"絶地脉"之舉。在《賀王鑑衡民部奏績序》中更説得明白："今天下利孔竭矣，鑄山煮海，鬻爵贖鍰，以洎榷市、榷津曾弗足以應九邊庚癸。主計者方愁然仰屋，而皇上金花寶瑱之徵無停歲，抑且養寺人、飯比丘、豢大官冗員、諸監司冗匠，凡此皆沃焦也。吾部無點石蒸砂之術，亦安能以滄海實漏卮哉？"這種直切的言論，在那個時代並不多見，也就難怪崇禎帝對他十分信任了。然而他在朝中並無建樹，也説明他有"公見"、少謀略且無擔當。至於他與温體仁的關係、建魏忠賢生祠等，恐怕難以一時一事斷其人品。

《續修四庫全書》提要評論他的詩比較客觀："其詩以古體爲佳，尤以模擬樂府者爲勝。""其律詩亦頗可觀"，"雅有丰致"。就此而言，張鳳翼的詩歌作品，在明代文學史中應該占有一席之地。但提要對他的文章却頗有不滿："其文則挹唐宋之緒餘，而又錯雜以徘體，蓋未爲醇備。且間以佛老之言，則流於異端。"顯然，編者是站在唐宋尤其是韓愈的觀念上，以"醇儒"的立場來衡量古代文章的，不能説錯雜四六偶句就不好（韓愈之文亦間雜徘體，有的文章甚至堪稱駢文典範），尤其不能説文中"間以佛老"是"異端"（宋儒整個思想體系都吸收佛老思想），雖然我們也並不就認爲張鳳翼的文章很好。他的詩文很講究技巧，看出這是一位駕馭語言能力極强的文人，集中有多篇代多人給同一個人寫的賀詞，就可以看出張鳳翼"作文"的"能事"。

集中文章大部份是祝壽、哀誄、賀官、墓誌之類的應酬之作。但其中也寫到明末邊陲軍隊錢糧供給的問題、地方官員治理地方的得失，同時抒發了他的憂慮，並提出建議。這些方面，對於瞭解明末邊塞軍事佈防及後勤供應的具體情况，還是有一定史學價值的。其語言特點尤其能夠讓今天的讀者瞭解明代寫作的風氣。

還有一個單行的七卷本，内容全部是啓函（尺牘）類作品。總體看，難説價值有多大，全部文章都是四六對偶的句子，文辭華美，典故疊出，然而並無多少真情實感。可能是適應官員們之間交往應酬之需，做一個如何寫這類文章的樣本，所以才出單行本。從中我們可以看到，明代的社會和官場的風氣，尤其可以看出當時官場腐敗的程度——他們送往迎來，一定要寫這樣的阿諛之詞，一定要贈送錢物（所謂“賀儀”之類），以拉緊上下級或師生關係，從而以共同的利益織就一張權利亦即腐敗墮落之網。該七卷本前無序言，後無跋語，當是與二十卷本同時刊行的單行本，今排録於正集二十卷之後。爲保存古籍原貌，仍按明刻本卷次排印。

本集有北京大學圖書館館藏明刻本，今載《四庫全書續編》中，标目爲《句注山房集二十卷尺牘七卷》，但實際上本集和尺牘原本是分别梓行的，皆題爲《句注山房集》。刻本的具體刻印年代不詳（作者無序，書前有兩篇張鳳翼朋友寫的序言，都没有注明時間）。

明刻本刻寫印刷極其隨意，而作者又多使用生僻的異體字，甚至一字有多種誤刻，不勝其校。而且全書各卷從不同字形風格和誤刻的情形看，是分由幾個刻工擔任雕版的。足見此書梓行甚爲草率，大約是在明末動亂或清廷還未穩定的時期匆忙刻印的。當然也能反映出明代“學術空疏”和明末文人“好奇”、“好古”之一端——書中數處引用經典文獻，多處隨意改動經文，或以通俗字代替原字，或者就是錯字。

本次點校，明刻本雖錯誤較多，但因無他本可校，也只能作部分“理校”（有些地方因漶漫不清，難於確實判斷其字，只能以□號代替；有些句子懷疑有誤，亦難於判斷其用字是否，亦只一仍其舊刻）。舊字形、异體字、簡筆字徑改爲規範字，一般不出校記。作者和刻工的問題，則以校勘記的形式明白指出其誤。文中凡示敬而空格、空行處，一律接排。避諱字，首次出現時出校，重出者徑改，不再出校。第一卷卷名下原有“雁門張鳳翼九苞撰　門人孫傳庭校梓”二行，其他各卷有“雁門張鳳翼九苞撰”一行，今一併删去。

《句注山房集》叙

余嘗聞之，文須有遷史家法，詩句必须無烟火氣，此譚藝者之大概如此。然亦嘗上下數百年[一]，文則西京，詩則大曆，非不代有其人，卒未聞有君聲者出。師乙曰："其人寬而静、柔而正者，宜歌《頌》；廣大而靖、疏達而信者，宜歌《大雅》；恭儉而好禮者，宜歌《小雅》。"斯所謂"君聲"，而文與詩之所自出者也。吾友九苞張公以詩魁三晋，當余承乏雁門時，接其丰采高朗，軒軒然若霞舉。及閲其文詞，飄飄然有凌雲氣。余心奇之而首爲之肯。洎癸丑，舉進士高第，時余被放里居，不任私喜。謂大庭之對必大魁，已而未也。又謂必讀書中秘，已而未也。噫！造化機權不可測也。

乃拜命人部，爲名司庾。時余待銓天邑，公計籌之暇，出其所爲賦數首、詩與文若干卷示余。余讀而卒業，拊卷嘆曰："合組織以成文，列錦繡而爲質。一經一緯，一宫一商[二]，此賦之迹也。若控引天地，總攬人物，此賦家之心，腹于内，不可得而言也。數賦有之。"乃諸詩則其芳可紉，其美可襲，其音節可比金石。如古所稱詩人之度，非字櫛句比、模擬格象、襞績襯砌以爲工也。而其古文辭則宏富近六朝，骨力參東西京。至于淘洗鉛華，自生姿態，則又在昌黎、眉山之间。

夫天之將大斯文也，必有大君子出于其間。天固縱之，以千古斯文之神髓氣骨付托其身。公也非其人歟？余心奇之而首爲之肯，蓋在數年之前。試看公文采風節，表表當世。上不結知，下不植援，侃侃穆穆，得古大臣之度，如師乙之所謂人[三]，公蓋兼之，獨得所謂"君聲"者矣。夫抗聲文苑，則夔、龍少遜于馬、班；正色台司，則李、杜或慚于伊、傅。公也出其批風抹月者，爕龢元化；用其刻燭雕蟲者，藻潤隆平，則馬、班、李、杜一日而都夔、龍、伊、傅之席。高文大册，琬琰金匱，便足千秋，豈區區章句韵語所能概哉！

余請再讀十年書，或敢傍作者之壇，與之談説文藝。乃顛毛種種，此念亦灰。公其曷以教我？

烟鬟子李茂春撰〔四〕

校勘記

〔一〕此句文意不順，疑“嘗”字下有脱字。

〔二〕“商”，原訛作“啇”。下文重出者徑改，不再出校。

〔三〕按前引師乙句意，“人”字前疑脱一“其”字。

〔四〕文末附有小字“全椒於鰲梓”。

《句注山房集》序

曹子桓有言："文章經國之業，不朽之事。"其住世未必以文也。文毗於經國，精而咀華；文判於經國，華而佚精。精者不朽，華附精以不朽。抑以住世之文方之出世法，精者譬牟尼之授智珠，華者像法如瓔珞纍纍而已。文章必出大慧而後至，非第綺語也。故唐之四傑窮其唾致，豈勝昌黎、柳州之矩繩？而工部以詩史、供奉以詩仙，所得非高、岑輩可及流。公才品雖殊，要有進於文章者，然則藝苑之宗可識也。近日撰述精思，奪於口吻調□〔一〕。其文置弗論，即有韵之作，亦且與操縵手談、古鼎奇款相角於棐几鑿落間，而牙慧者便泠泠遒上。此而質以"經國"、"不朽"，是耶？非耶？蓋文家與禪家，其聰明非智慧也，同一翳耶？

余友張九苞氏，始耳其名，曾射策天下第五人，遂稱國士。殆竟體爲蘭者，殊於華焉。既乃睹其人，抵掌談塵，纚纚古今，雄於識而勁於骨，殆方折爲璧者，殊於精焉。

九苞出其《句注山房集》示余，余讀之，竟一洗曩來之摹倣，再洗近世之奇淫。而詩則整栗宏深，情境復妙。文則該贍琦瑋，神理發紓。至於駢偶之語，靡不鈎玄而見奇，借人以擬杜情李韵、韓法蘇藻之中，挾有張鶱、李、劉也。然九苞實自作我，亦我作古。妙而通之，居然智珠之精華矣。

夫九苞高唱吟壇，雄飛册府，其才無所不可，予以窺其精於文。著作之中，時理憺怕；西方宗旨，抉取醍醐。其學無所不入，余以窺其文而禪。然以較世之慕文者，襲其班管，忘其采豹；又以較文士之慕禪者，襲其拈花，忘其□〔二〕解。彼皆聰明剽取，而九苞經國者也，大慧者也。經國之心，於萬有無不吐咀；大慧之心，於群倫無不思修，余兹不能窺其際。然九苞今在板曹，分司漕挽，昕夕星駕露處，一切咄嗟辦。臺臣疏其有濟世略，將以借之東剿夷難，因以磨楯横槊。而文果經國，此猶可窺其十之五。九苞姿骨挺特，摩漢搜溟，乃其胸中净素，絶無世人葛藤芥蔕。一捐愛憎，一捐得失，恢然有以貯宇宙。而大慧之禪，此不可窺其十之一。窺之不可，幸有《句注山房集》在。

句注山房者，九苞家於兹山下，一吟一咏，山靈鏑然應之。今集出，仍以是摽，若曰“不忘家山一片石”云。余竊又以嘆世人，文而淺者，薦紳杯酒，學作如馨，謬附國華，其夙得家修者殊少；禪而淺者，退食之暇，曲席松柄，謬附慧解，其夙修禪寂者又殊少。而九苞《句注山房》之有味，其言也自其席毡已然。斯爲真才真解，乃其不朽之智也夫！

余與九苞別一稔，偶奉使過其潞河分司，九苞手集謂余序，余不敢辭。余以《句注山房》而經國，可以借名岣嶁；而皈禪，可以借名雪山；而其自能不朽，將以借姓九苞。其可序者示之，其不可窺者，副墨且窮矣。惟以由華擷精，賴公以砭世之聰明士，則余所心折，人亦不能不同爲心折者也。

犁丘友弟李若訥季重甫撰

校勘記

〔一〕□，原文爲手寫字，行草間雜，此字爲草書，殊難辨識。或疑爲“笑”字，於文意似未確，待考。

〔二〕□，與上個字相同。

句注山房集〔一〕卷一

賦

晋國賦

余謭陋，無能爲鄉國重，亦不能以文重鄉國。客有難“晋國天下莫强焉”者，一時不能對。退而廣子厚《晋問》，爲賦以識之。至踳駁掛漏，則才識之所不逮也。

粤若稽古，晋國廣袤，麗於黄壚〔二〕。阻三河與碣石，實《禹貢》之中都。輪逶迤其磅礴，經曼衍以平鋪。逵㢘寏而九達，亶天造之雄圖。爾其昴畢躔墟，參辰應隩。匯以楊紆，靡以大陸。爇以燭龍，犄以鉅鹿。圠坱沆漭，水陸歕吞。蒼虬左抱，白菟右蹲。玄武聳矗，鶉火迴翻。誠風氣之所宅，而扶輿之所庉。於是東跨齊疆，南連楚域；西距三秦，北窮五國。以天門日觀爲儲胥，以雲夢漢陽爲闔閾；以紫淵華嶽爲樊屏，以黑水青山爲障塞。控八紘封域以居尊，羌何擬乎彈丸之一幅？

其山則王屋夏屋，龍門雁門；三嵕三磴，九箕九原；纍頭做斗，壺口懸甕。砥柱崚嶒而倒漇，太行巀嶪以蔽暾。又有銅鞮雷首，姑射中條。峪嶙嵾嵟，峍屼嶕嶢；嵸嵸𡾊𡾊，峉峉嵺嵺。擁崧恒而作鎮，固方岳之所標。

其水則沁澮沱汾，洮涂泌涑；滮灃潏澇，渦漳涅瀆。嘔夷溾漠以揚濤，嬀汭泮瀜而鬵澓。疏瀲灩於龍渠，澮澔浀於象谷。又有桑乾獲澤，嬰澗平田；玉泉金泊，石洞昕川。汪洋堋〔三〕湃，漣漪潺湲；湯湯淼淼，淈淈濈濈。灌黄河以東注，翕覃懷底績之畂。

其險則飛狐插漢，巨馬洄崟；羊腸九折，龍首千尋。瓴建井陘之隘，筈通句注之陰。

其勝則董澤盤涇，吕梁噴薄。峪止鳳凰，樓高鸛鵲。五髻現境於清凉，四鎮宣威於毳幕。

其靈則祥開金鳳，瑞應烏龍。三峰王氣，五日陰夢音蒙。雩祟侯兮霪雨，駐妬女兮停風。

其異〔四〕管涔神劍，渥洼天馬。朔雪層峨，火山谽閜。辣蜿蜒以銜冰，蟨踉蹌而負野。

其迹則轂城莬莬，鹿苑芊芊。傅岩迤邐，孔轍迍邅。闃矣西河之室，蔚然綿上之田。投筆之臺未圮，煉丹之鼎猶烟。此寔上斿之寰宇，既溥之幅員也。

繇是顥氣瀰漫，載亭載茁。瑰麗以繁，瓌奇以别。擅萬物之晶華，表千秋之殊絶。則有并刀韓甲，屈馬垂琛。雲沙代赭，澤錫遼蕿。廣陽之鐵，大鹵之金。紛紛籍籍，品品林林。若夫冀北之煤，連綿大麓。斲黴〔五〕呀岩，摩肩擊轂。五方絡繹以奔涂，萬竈炘燻而轉燠。河東之鹽，瀵决神簫，皚皚畾畾，羃羃鱗鱗。佐圜泉於九府，通賈販於四鄰。又若上黨之廛，大河之涘，軋札相聞，噞喁是比。絢藻火與山龍，嚱鰷鱨及鰋鯉。總興殖於墺區，詎噆噆之能齒？肆其陂塘瀦，灌溉通，原隰墾，稼穡同。名園縺獵，盛圃芬蘗〔六〕。

蔬則地蕈天花，霜芹雪藕。鷩蕨梟葵，晚菘早韭。芋薤荽葑，爰象爰有。行白玉於高門，送青絲於纖手。

穀則秬秠穈芑，麰麫稻秔。禾麻荏菽，一穗九莖。稙穉重穋，如坻如京。可以實倉箱而穀士女，供俎豆以庀粢盛。

花則菡萏荼蘼，姚黄魏紫。芍藥薔薇，金罌玉蘂。蓓蕾芳菲，含香散橤。蔽雲塢兮森森，簇雕欄兮纍纍。

木則槐檀樺栗，檜柏椿松。桑榆柘檿，杞柳桐楓。參天溜雨，薆薱菁葱。滋偃蹇連蜷之勢，壯翬飛鳥革之雄。

果有〔七〕紫李黄柑，緗桃白橑。常山之梨，安邑之棗。馬乳稱猗氏之甘，貍首羡太原之好。俱足以敷賁精英，而發果蓏之寶。

它如白貛冰鼠，赤豹黄貔；麢茸貉脓，龍骨雕豾。玉芝雲母，紫石黄蓍。亦莫不猗那是産，以蕃動植之奇。

至於雉堞雲横，雄關斗絶；玉壘金湯，囷圖嵽嵲。軍州蛇勢以居，宇縣大〔八〕牙而列。鼎峙受降之城，延亘防胡之埒。魚符所統，什伍蟬聯。戈鋋壓地，鼓角陻天。砏磤碣磍，騈騈顛顛。象譯寄鞮之屬，靡不震而讋焉。

聿有朱邸黄扉，繽紛庢匝。橋駕飛虹，臺邀明月。表以晋陽之宫，祀以汾陰之闕。窮池館暨巖房，攬清泠於不竭。

且也珠明魏乘，璧重秦城。毫散伐山之穎，圭呈拔樹之霙。玉馬璘瑞而顯异，仙藤馣馤以旌誠。此其著者，餘物難名。

進而求之，光岳攸鍾，文明鬱起。人傑地靈，儷鑣續趾。聲施贔屓之顔，徽潤簞簹之沘。爾乃搴馳獨往，秀擷群芳。行純金錫，操凛冰霜。既鶴鳴而鴻漸，亦虎變以龍翔。越倜儻其魁壘，豈只尺與尋常。故語高曠，則薇留孤竹之風，松掛一瓢之月。逃三聘於黽池，隱十經於於越。傲世兮枕流，辭榮兮蒔藥。猶聞張果還山，王喬跨屩〔九〕，俱蟬蜕乎風塵，而逍遥於雲壑。

文章則賅綜史記，玄挾洞林。詩詫明河之錦，賦稱擲地之金。《中説》敷陳乎名教，橐駝浚發於靈襟。蛛網燕泥，指空梁而振響；落霞秋水，度高閣以流音。誰不照丹文而光緑牒，穿月脅以貫天心？

其爲望也，忠著程嬰，義推張老；智决輔車，仁昭結草。勒叩缶於相如，崇折巾於有道。六龍騰祁藪之輝，三鳳焕河東之葆。殆煜乎垂景，耀于春秋，而秘然播餘馨於品藻也。至若孤憤激，大節援，誓九死，重一言。灑龍逢[一〇]之血，遊雉經之魂；伏鉏麑之觸，甘豫讓之吞。温序銜鬚而抗虜，呼延文體以訓恩。凡此剛方之氣，亦已翻溟海而撼昆侖。更有應運風雲，争光鼎吕。文揚黼黻之華，武奮劻勷之舉。若三郤佐軍，若五蛇從旅；若策效和戎，若筆稱良史；若狼瞫之突陣摧秦，若羊舌之周知敖楚。咸斌斌乎麟鳳之儔，而洸洸乎干城之侶。

猶未也，六卿既大，三晋遂分。噓以嬴燼，蒸以漢雲。唐風之所被，宋德之所薰。其間師師穆穆，濟濟芸芸，如信陵率五國之師，平原高十日之飲；侯嬴收卧内之符，毛遂脱囊中之穎；趙奢解閼與之圍，陳筮告華陽之警。衍儀前席夫六王，頗牧披鋒於四境。斯亦畸矣。胤是雋采星馳，雄飛電掣。西京衛霍之軍功，東晋裴王之相業。狄梁與薛史同標，司馬洎王楊並轍。秉燭達旦，揭日月於無疆；騎尾歸天，壯河山於不蔑。緊何代乎無人，亦何人之匪傑？

又其盛也，晋文復國，趙武争盟；韓昭修術，魏惠徵兵。汾澗胡兒之磊落，沙陀亞子之峥嶸。當其時，屬車秣馬，斬藋披荆。叱咤則風霆改色，指揮則參井無精。莫不業業赫赫，砰砰轟轟。夫非一世之雄哉！

然猶偏伯耳。蓋嘗覽輿地，按冀方，歷蒲阪，溯平陽，吊伊耆之伾爍，追姚氏之烈光。則見堯天永位，舜日常熙。四方以宅，七政以釐；九州以奠，百穀以宜；五品以序，三居以夷；八風以罜，六府以治。封十有二山之鎮，弘萬有千歲之基。迄於今，士尚謙恭，民多醇古。恍不識不知之甿，一讓畔讓居之度。去華從儉，則素題越席之遺也；憂深思遠，其暑雨祈寒之故乎？於，皇哉！唐虞作對，夏殷繼昌。神皋腴薮，鬱乎蒼蒼。雖巨鎮雄都，未敢望也，而何有于僻壤要荒？

喜雨賦

重光赤奮若之協洽月，猶亢霧不雨。當事者誠民索神而雩之，乃靈甘澍。余因賦此以志喜，曰：

肥遺作沴，旱魃爲殃。載當溽暑，乃肆驕陽。噓燭龍而爇世，煬朱鳥以焚荒。赫赫爾金流爚氣，蟲蟲乎火吐熿光。赤地熬煎，龜折三千之界土；黄埃坱莽，鮒悲百六之封疆。民乃叩心於昆明之鯨，切齒於拘扶之鼠。於是禱豐霳，徵柱礎；祈屏翳，占少女。咤石燕以求滰，釁泥牛而冀湑。緊天公之降鑒，軫物彙之爲焦。爰命五雷，誅駿䨪，落屠條。蟾蜍據畢，蜥蜴登堯。阿香轉轂，李靖操杓。挹三江以備霔，汲九井以迴熛。

其始也，雲㲟䨴兮含霫，風飀颮兮引霌；電燁燁兮方揚，雷虺虺兮作擂。鳩攫搏兮驅群，蝀蜿蜒兮出汋。俄而霏霺霧擁，滴瀝風槎。初濂瀸而霡霂，欻傾注以霶霈。劈青蕉於深苑，摧紫蓼於長河。滯東山之征旆，洒西塞之漁蓑。黤黤黔黔，黯淡鏁嶙峋之色；蹇蹇霅霅，溟濛增潋灩之波。

斯時也，溝澮盈，塍疇溥，潊柳塘，迷花塢。蟻封没而垤鸛無聲，馬鬣湮而商羊落羽。減聽經研裏之涓，陋救蜀杯中之釃。當羞焚尪之僖公，可愧乾封之漢武。豈水廟以迎龍，抑石潭而置虎。行見潤灌千封，沾濡萬寶。溉禹甸以重蘇，渥宋苗於既槁。活中谷之修蓷，起平原之潰草。墅無卉而不萎，畷無禾而不葆；水無瘴而不清，山無嵐而不掃。炎融退舍以求容，魌伯呈能而俟考。山陬海澨，同消《雲漢》之憂；野老村甿，共舞《桑林》之禱。則有頌膏澤以揚徽，擬醴泉而志潤。慶肥莢於四山，慰焦枯於一陣。故雖少盭其常，亦不害乎陰陽之順。若夫解吴師於壞壘，走秦戍於漁陽；濕蕭王於道舍，敗魏卒於陳倉，夫寧直係品彙之榮靡開落，亦且關國家之成敗興亡。

至於捲簾高王勃之才，折角矗林宗之望；隨車彰百里之賢，辨獄表真卿之亮，總氤氳布濩之玄機，又安可以一二而名狀！故神女多情，聿行於巫峽；蛟龍有意，式借於池中。雖陽烏之微默，感陰石之未〔一一〕潛通。是以仰吊伐於成湯者，象之而親其澤；美匡襄於傅說者，比之而大其功。於維不淫以不霧，庶幾染世於無窮。洵爾，余將偃芸窗以醉籍，又何論乎麥之西東。

亂曰：明昭上帝，回夙憗兮。咤霧鞭霆，施霖愛兮。潤物優游，不破塊兮。眷彼疆埸，靡熇焙兮。介我黍稷，如茨粱兮。穀我士女，罔愴惶兮。畦棲畮袯，慶豐康兮。擊壤歌衢，樂堯唐兮。

日蝕賦

攝提指巳，實沈易躔。吉朔之朝，日有食焉。予感陽明之迭微，陰道之多愆，因作賦曰：

玉虬渴，燭龍翔。羲鞭舉，曜靈揚。出暘谷，拂扶桑。曈曈杲杲，蒼蒼涼涼。起銅鉦於樹杪兮，馳火馭於大荒。映東門而吐昱兮，度南陸以騰光。踏雲霞之綺護兮，碾胃畢之寒芒。爾乃影動旌旗，威消蝄蜽。幽灼褀䙰，遠射嵣嶆。衵乎以舒，歷然其爽。烏足高翀，固四極之所同瞻；而蟻旋左步，實萬靈之共仰也。胡爲乎妖祲作沴，竊據太清！瞞瞞黯黯，載薄其晶。旭方升兮□〔一二〕氣，暾乍敞兮輪盈。初蒙翳兮月眉有象，既晦昧兮天眼無明。斯時也，碧落朝黮，白榆晝昞。析木流形，土圭失景。迷大陸之松杉，暗長江之舴艋。遂使羿繳空懸，望九煇而莫睹；魯戈酣戰，揮三舍以無從。則有揜苜蓿盤中之照，減羔裘堂上之容。於是朝野震號，鳥雀飛驚。爟爝雜遝，金革鞳訇。載擊門而擊柝，亦執麾以置兵。噬呼號其控籲，達金城與玉京。

帝曰："何物沬蠹，乃蝕陽精？"爰命九野輳熒，六符助晷，走回禄以煬暄，驅祝融而抱珥。俄而黄道開旌，赤熛按軌。朏兮似蘇，歘兮似駛。煌乎若爽輪之離涴，焜乎若寶鑑之濯淬。逮夫躍清曦於烏次，騫大明於中天，周炤靡外，旁燭無邊。餘曬貫三垣與五緯，鴻熹盪九垓與八埏。嘔麗江山，拭漣漪嶰嶆於再秀；曈回天地，啓澒茫磅礴於重鮮。方且履剥復而愈顯，亦奚玷乎大圜？故傾收葵藿，博忠藎也；曆借龜魚，覃惠澤也。晛消雨雪，袪陰邪也；皎奪冰山，伸震讋也。容光必照，悉幽抑也；方中則昃，戒盛滿也。不同於萬物，示獨尊也；無損於寸雲，昭至德也。若夫玄樞嘿運，妙用於昭。夢竈因而進諫，拾萍借以宣謡。白駒懲其玩愒，赤羽壯其招摇。畏愛分而品定，遠近辯而神超。至於可就成堯之大，莫逾奠孔之尊。爾其亘函三而不毁，擅無二以常存。誰竟升沉之數，誰窺變化之門？即夸父有所不能察，而又何怪乎盲者之昏昏？於維我皇撫世，重潤重光。抑其陰類，振其陽剛。屏曀霾於床笫，掃氛瘴於邊疆。采獻曝於蒭蕘，撤豐蔀於貂璫。庶睿越崦嵫，德被嵎夷。三精克序，七紀維熙。將旦旦赤文，揭昧谷而遥輝不既；離離丹采，浴咸池而永耀無虧。

菊花賦

南吕商音晚，西方白帝深。金風凄遠塞，玉露湛高林。蘭既摧而黯淡，葭亦敗而蕭森。楓有丹而盡瘁，藕無碧而不沉。唯鬱鬱之朱嬴，冒群陰而特起。對凉月以分華，傲嚴霜而綻蕊。抽麗質於陂塘，挺幽姿於峛崺。乃有黄英白萼，紫莖青柯；葳蕤馝馞，雲布星羅。或低枝而偃仰，或振蔕而婆娑；或含晶而色媚，或似醉而顔酡。於是越妹燕姝，宫裝乍理；孃娜臨叢，薄言掇只。伸素手兮纖纖，落芬葩兮燊燊。横翠鈿兮高簪，散芳馡兮未已。若夫画堂别墅，燕樂嘉賓；玳筵羅列，綵檻開陳。臭寒香兮引滿，恣歡賞兮陶真。覽秋光兮獨擅，豈凡卉兮能倫！故雲母貞矣墮於空，大夫榮矣擬於窃。海棠，神仙也，而讓其操；芙蕖，君子也，而遜其節。然則爾固燕山桂子之同盟，庾嶺梅花之與列。夫寧廣陵芍藥之堪儔，興慶牡丹之可潔？是以朱孺因而得道，葛洪借以通玄。靈均飧而寄憤，元亮對而留連。枕其花可以療目，酌其釀可以消瘨。維爾精之妙用，擬衆彙其誰先？於戲！魏紫姚黄，牽蜂引蝶。爾獨離囂，清秋曄曄。蜀城之錦，綸閣之薇，人誇富貴，爾獨忘機。玄都之桃，隋堤之柳，人競繁穠，爾獨自守。乃知趨炎非志，冷淡維馨。素娥趁色，青女宜形。斷無庸於羯鼓，護不假於金鈴。誓陽九而不易，歷百戰以亭亭。爾真物傑也哉！蓋嘗論社殘亳柏，方知《麥秀》之賢；水老豐芑，始見《黍離》之愛。物理人情，存亡向背。人以爾耽隱士之遺，吾喜爾抱忠臣之概。

中解山亭賦

繄南山之矗矗兮，勢岑嵜而孤凸。跨牛斗與鳳岑兮，瞰狐關洎雁碣。卉蔓葑以萋迷兮，路谽谺而曲折。隱蠢道與虺蹊兮，伏虬宫與虎穴。有王太翁者，借月斧於神丁，仗山靈而有作。薙荆棘於崇阿，引楩楠於巨壑。爾乃匠氏運斤，工倕執頀，以陟以繩，以捄以度；以墁以完，以丹以垩；以奂以輪，以成以落。啓“樂壽”之幽齋，扁曰“樂壽”。敞“高明”之傑閣。扁曰“高明”。甍拂漢以犇犇，砌銜雲而落落。峰羅列乎翠微，澥瀠洄乎脉絡。捫榻下之烟霞，指望中之城郭。當其春和景明，萬彙咸亨。花芳菲而吐艷，柳嬝娜以含情。燕呢喃而弄語，鶯晛睆以流聲。羌馮皋而舒嘯，試一顧以神清。乃若黄雀流薰，蒼龍届紀；梅雨初晴，麥雲漸起。時則有碧蒻紅菱，汀蘅澤芷。槐鬱鬱以褰帡，蘚茸茸而薦履。夐庨豁其非常，詎塵囂之足邇？至於清商入候，大火西流。荷香暗褪，蘭葉新抽。問金風於白帝，挹玉露於丹丘。指征鴻而笑傲，撫籬菊以夷猶。壯登臨則茱萸滿握，供傾倒則醽醁盈甌。何其快哉！暨夫陰氣嚴凝，玄冥轉軸。色淡千封，烟寒萬木。聽月下之樵歌，披雪中之氅服。旋烹陶穀之茶，漸飽東方之牘。此固八節同龢，四難並淑。誠今日之蘭亭，陋當年之金谷。愧予無仲宣之才，仲宣喻炳老。亦得傍雲軒而彳亍。把酒登高，泚毫對麓。聊摛短韵於言旋，用紀盛遊於伊俶。

校勘記

〔一〕“集”後原有“稿”字，該字僅在卷一、卷十六出現，作“句注山房集稿”，其他諸卷俱作“句注山房集”，爲求統一，今一併删去。

〔二〕“壚”，雍正版《山西通志》卷二百二十（以下簡稱《通志》）所載《晋國賦》作“墟”。又，本篇賦怪字（不經見之異體字）聯篇，不可卒讀，今以《山西通志》校之，凡不經見之異體字，並以之替换，或以字義相同之常見字替换。

〔三〕“堋”，《山西通志》作“湔”，當從。

〔四〕據文例，“異”字後當脱一“則”字。

〔五〕“斲鏾”，《山西通志》作“斷鏾”。

〔六〕“肆其陂塘”以下至此，句型散亂，疑有脱誤。

〔七〕“有”，據文例當作“則”。

〔八〕“大”，當作“犬”。

〔九〕“屩”，於文意難通，據王子喬典及本段句韵，或當作“鶴”。

〔一〇〕“逄”，當作“逢”。

〔一一〕據文意，“未”字疑衍。

〔一二〕□，漶漫不可辨識，似當爲“敞”字。

句注山房集卷二

擬　古

白雲謡

英英白雲，被于阿丘。之子言邁，道阻且修。何以贈之，豪馬豪牛。

穆王謡

駕彼山子，載驅載馳。銀烏一隻，受言藏之。東方既治，乃眷西池。子惠思我，三載爲期。

飯牛歌

維彼南山，其石崔嵬。有堎者坂，欲開未開。載荷蓑笠，盍歸乎來！飯牛不肥奈何哉，郭門之外徒徘徊！

履　霜

生不辰兮命之微，讒言孔棘兮將安歸？葶花爲食兮芰爲衣，衷腸菀結兮莫我知。朝霜薦履兮祇自悲，悲莫禁兮赴水涯！

雉朝飛

雄雉于飛兮亦求其雌，哀我瘨寡兮歲暮何之？顧此頡頏兮能不心悲，吁嗟犢沐兮命也焉爲！

楊白華

三春宫樹緑，楊花白於綿。一夜風摇落，漂泊江水邊。江水去不返，楊花殊可憐。

古别離

君營瀚海頭，妾寄湘江口。長劍朝朝勞，孤燈夜夜守。微茫萬里雲，黯淡三春柳。臨别囑君言，君今還記否？

自君之出矣

自君之出矣，紅淚滴闌干。思君如玉漏，聲斷五更寒。

其　二

自君之出矣，寬褪石榴裙。思君如病鶴，消瘦不堪云。

其　三

自君之出矣，鸞鏡欲塵埋。思君如夜雨，冷落下空階。

其　四

自君之出矣，眉黛簇雙蛾。思君如杜宇，愁對月明多。

驄　馬

驄馬白玉顛，流蘇結錦韉。將軍初受脤，壯士乍鳴鞭。朝發黄河曲，暮宿黑山巔。轉戰數千里，長纓縛左賢。歸來報天子，勛伐滿燕然。

關山月

仗劍履戎行，關山度白狼。舉頭見明月，依稀如故鄉。瓊樓十二所，一一流清光。照我長征鎧，窺他獨寐房。相思復相望，真成參與商！風塵苦無定，破鏡徒徬徨。

滿歌行

萋萋原上草，曄曄沼中荷。芳華未零落，忽焉霜露過。去日既莫挽，來日亦無多。人生苦不足，歲月能幾何？蜉蝣競羽翼，蟋蟀鳴檐阿。有酒不爲樂，其如鬒髮皤！幻矣青城藥，悠哉黑水禾。力民而代食，曳履且行歌。請看北邙坂，古塚鬱嵯峨。

邯鄲行

驅車歷黄陌，乃眷洪波臺。臺畔諸女兒，艷質絶塵埃。目如明星燦，髮如玄雲堆。聲如笙簧動，顔如菡萏開。一拊離鸞調，朱弦發清哀。再舞驚鴻曲，綵袖〔一〕雙毰毸。顧此不能去，邂逅呼尊罍。今夕伊何夕？解佩共徘徊。

結客少年場行

少年重豪舉，慷慨散黄金。探丸長安市，擊劍五陵陰。片言成激烈，瞋目攬衣衿。袖槌報知己，戛筑動悲音。吴王不足畏，韓相何須欽。一朝酬壯略，千載名不沉。所以有志士，常懷溝壑心。

出自薊北門行

出自薊北門，荆棘莽蒼蒼。寒沙迷斷磧，云是古戰場。亂蓬被廣陌，衰草凝秋霜。日落狐狸嘯，燐火明道旁。驅車憑眺望，攬轡重傍皇。因思秦内史，又憶漢飛將。一朝收獄吏，百戰老戎行。何哉紈褲兒，意氣翻蜚揚。黄金繫肘後，插貂珥銀璫。喈喈不遂遘，壯士有餘傷。

長安有狹斜行

長安狹斜道，曾不容車輠。貴介此相逢，顔色赫如赭。借問路行誰，云是朱輪者。長兄方冠貂，次兄施行馬。少弟執金吾，姓名雪朝野。丈人侈高會，日坐重堂下。大夫恣讙謔，中郎遞杯斝。余爲之喟然，氣焰何常也！不聞漢霍張，不聞晋衛賈？恩寵五侯多，驕奢四豪寡。一朝熏灼盡，圭組輕於苴。可憐上蔡門，狡兔無人打。

麥秀歌

麥秀芃芃兮，禾黍離離。維披[二]哲人兮，胡德之衰！我心如炙兮，抱器何之？

五雜俎

五雜俎，陌上柳。往復還，薦南畝。不獲已，嗟箕斗。一解。

五雜俎，塵中轗。往復還，春秋雁。不獲已，悲藜莧。二解。

五雜俎，青門瓜。往復還，掛星槎。不獲已，負鹽車。三解

五雜俎，襞春蘿。往復還，機杼梭。不獲已，《五噫》歌。四解。

箜篌引

公何爲乎，提壺蹈河？亂流不戒，乃汩[三]於波。泛泛其景，傷如之何！

棠棣篇

棠棣和樂，君陳孝友。眷此景行，泫焉疾首。跖累展禽，魋憂司馬。彼何人兮，而我同者！豆萁感丕，荆樹存真。哀我兄弟，獨爲匪民！八元並美，二叔同猜。命也如此，謂之何哉！

四　愁

我所懷兮在靈均，《離騷》蕭索湘水濱，眷言念之衷如熏。美人問我黄金釧，何以報之白玉瑱，道遠莫致猗嗟嘆！

其　二

我所懷兮在伯奇，橭花摘盡芰荷衰，眷言念之涕漣洟。美人問我銀鑿落，何以報之明珠箔，道遠莫致猗錯愕！

其　三

我所懷兮在田横，相從三百何同盟，眷言念之心欲怦。美人問我珊瑚鈎，何以報之碧琳球，道遠莫致猗傷恸！

其　四

我所懷兮在共姜，《柏舟》千古凌冰霜，眷言念之思旁皇。美人問我夜明犀，何以報之金褭蹏，道遠莫致猗悲悽！

飲馬長城窟行

秦皇築勞怨，鐵障倚雲開。東連碣石海，西盡流沙隈。延袤萬餘里，處處形崔嵬。一朝澤狐鳴，此地成蒿萊。漢家勤遠略，直欲田輪臺。壯士投袂起，彈劍天山垓。大黄落旄頭，生縛左賢來。捷報馳迅羽，凱歌動春雷。歸度長城窟，飲馬重徘徊。倚鞍咨内史，巖業胡爲哉！

門有車馬客行

門前有車馬，云是故鄉客。倒屐迓西堂，燒燈話離索。别來足音稀，歲月駒馳隙。念我髮全疏，憐君齒近畫[四]。家山宿草多，宦海浮萍坼。客况亦凄其，聞言殊嘆唶。爲道社中形，舉目成今昔。東隣女結褵，北里兒峨幘。回禄易市墟，馮夷變阡陌。搔首十年餘，世事滄桑迫。欷歔復欷歔，且共尋歡伯。

劉　生

劉生饒壯志，慷慨欲封侯。不事家人産，常從俠士游。一朝聞警報，千里赴邊州。借箸風雲變，談兵鬼魅愁。萬言飛盾鼻，三箭落旄頭。直擣黄龍幕，偏裁白澤鞲。歸來競笳鼓，長笑拂吴鈎。

蜨蝶行

西園之蜨蝶，翩翾落葳蕤。朝飲花間露，夜息花下枝。野雀胡爲來？頡頏紛追隨。掠之哃黄口，黄口亦差池。突有凌雲鳥，翅如車輪推。一攫羽毛盡，曾不厭丹觜。乃知造化理，倚伏應難期。

君馬黄

君馬黄，我馬白，君馬龐龐我馬碩。金羈玉勒出天閑，太僕傒官俱嘆嘖。何期中道窘陰雨，我馬欲隤車欲坼。悵望龍芻不可親，秋風苜蓿空悲嗌。君馬仍追白蟻馳，霜蹄蹀躞踏高逵。况有韓哀附其輿，周流八極復何疑！咄唶康莊尚有蹶，勿謂三山總不巇。

妾薄命

儂本良家兒，委身卑賤列。自登君子堂，萬苦心頭結。夜夜抱衾裯，朝朝司盥櫛。當壚汗漬衫，執箒塵凝襭。鸞鏡幾曾看，鴛帷徒自設。非求恩寵加，所冀愆尤滅。叵奈命途艱，主翁猶未悦。小姑口似刀，阿母腸如鐵。展轉不勝悲，低迴靡可説。無語叩穹蒼，有淚空流血。

猛虎行

南山有猛獸，黑文而白額。牙爪利於鈎，狰獰不可迫。狐兔與麞麋，種種恣啖齰。一夕入郊原，群生俱辟易。我馬既爲餐，我牛復被磔。區區貔若羝，何足當餘嚇！負嵎日咆哮，虞人不敢格。牧豎罷樵蘇，農夫廢耕獲。舉目半幽倀，婦子無寧魄。嗚呼！上帝本至仁，胡不生麟生此骼？安得東海老黄公，手綰金刀驅大澤。

古　意

燕燕含泥上，魚魚跋浪行。與君初結髮，共矢百年盟。何意輕言别，睽違萬里程。雲山杳難極，蘼蕪幾度生。不苦妾顔改，嗟君鬢髮更。

秋夜長

秋夜長，秋雁飛，秋風蕭瑟刺秋帷。草舍星寒霜漸滿，茅檐雲净月初暉。雲净星寒天未曉，可堪霜月照寒扉。杜甫多年傷布被，王章五夜泣牛衣。錦屏銀燭驕歌舞，却恨嚴更竹箭稀。

咏　扇一字至十字

扇，扇，裁紈，剪練。引清颸，驅烈昇。雉葆分形，蓮翁異諺。九華子建文，六角羲之篆。去酷吏以通神，憤凶塵而障面。青團錫處荷殊榮，白羽揮時成上戰。黄山賦也松篁名高，謝付〔五〕售兮浦〔六〕葵價洊。洽要荒貢丹鵲於修塗，抑近倖逐蒼蠅於瓜宴。合歡明月班妤寵重君懷，庭樹秋風張相思興暑殿。

校勘記

〔一〕"袖"，從"衤"，原文從"礻"旁，顯誤。本書此類明顯錯字多不勝數，如本爲"衤"旁字，輒刻作"礻"旁；或本爲"礻"旁字，輒刻爲"衤"旁。此明人書寫風習。除個别易引起讀者誤會處，出校説明，其餘一律徑改，且不再出校。

〔二〕"披"，於文意不順，疑爲"彼"字之誤。

〔三〕"汩"，疑當爲"汨"字之誤。"汩"，水名，"汨"有沉淪、沉没義，此處正有沉淪義。

〔四〕"畫"，疑有誤。"齒畫"，未聞，且與前後韵皆殊。疑當作"豁"。

〔五〕"付"，當作"傅"，謝傅，謝安。此亦明人書寫風習。

〔六〕"浦"，當作"蒲"。事見《晋書・謝安傳》。

句注山房集卷三

五言古詩

陶元亮

在昔柴桑翁，高風何悠悠。環堵一蕭然，粱肉非所謀。强爲彭澤起，冰蘗凛清修。家累不以隨，讀書足夷猶。在官八十日，秔秫總未收。豈爲五斗米，折腰小兒儔。解綬咏歸來，三徑涳〔一〕優游。東籬菊醃藹，北窗風飂飀。葛巾儘可娱，琴弦寧庸求？把酒對南山，賦詩臨清流。門人與二兒，時舉藍輿兜。結分白蓮社，放懷桃源洲。可與刺史飲，可與逸民仇。剖胸洗荆棘，寵辱惡足投？嗤彼書空子，咄咄苦無休。亦有雲龍客，華亭鶴淚〔二〕愁。是非千載下，玉石與薰蕕。富貴云已矣，貧賤何須羞！

邀馮熙野既禫小飲

我愛馮伯子，魁壘而落落。志與三代遊，晚近非其矱。獨立儔伍中，昂然雞群鶴。談經旨亹亹，論史言鑿鑿。詞鋒辟萬夫，八斗供揮霍。一朝失所怙，哀毁欒欒若。每讀《蓼莪》章，泪灑滄溟涸。嗟哉商與損，千載應難作。援琴衎切感，吾子曾何錯？當兹既禫時，燕飲良不惡。陳尊愧醓醾，薦碗惟餺飥。况復秋景佳，儘可恣歡謔。盡此一夕情，身外俱冥寞。

安　貧

眇余生不辰，門祚苦衰薄。况復大侵仍，家計日以索。高堂菽水艱，中饋糟糠惡。室人交遍摧，將無轉溝壑。余聞而驪然，寧有揚州鶴？時亨原憲貧，穀貴潛夫瘼。天乎寔至此，人謀何所著？咄咄莫怨尤，休矣行吾樂。

送趙瞻白年丈

天末雁門塞，朔風正淒其。之子倦行役，周道傷委遲。相將南浦外，惆悵不能離。官柳方黯淡，班馬亦悲嘶。况兼没存感，時乃弟介嵐已故，故云。涕泗兩漣洏。吁嗟乎人生，良晤安可期。與君一分手，雲樹轉差池。盈盈千里月，屋梁驚見時。汾陰有雙鯉，好慰長相思。

晉陽道中

歷歷馳驅苦，迢迢奈若何！瀼瀼零露薄，律律晚風搓。望望前村渡，盈盈不可過。忉忉含緒重，滚滚拂塵多。冉冉征途暮，匆匆問叵羅。

小園成五平五仄體

區區城隅坵，鹵莽總不治。頹垣交蓬蒿，缺甃蔓薜荔。塍畦夫何菑，黍稷亦匪概。殊無茅綯基，剩有鳥鼠隧。扶笻恣冥搜，雅稱草野思。園丁携卮匜，僕子擁箒篲。披襟而當風，岸幘以席地。蹊陰開余懷，縱飲酩酊醉。堪同華胥遊，未羨梓澤媚。歸來饒餘悰，兩部集鼓吹。

飛狐峪晚渡

萬仞飛狐嶺，干霄撑崒嵂。危厓鳥道孤，絶磵龍湫汐。嵾嵳亂浮雲，谽谺吞落日。漢關急峽懸，禹甸高瓴室。我馬欲殪頹，而車亦戰栗。行行瞑[三]色垂，落落征夫失。魍魎瞥窺岩，鵂留紛叫厔。魂驚斗柄遥，心折刀環疾。因憶紫薇人，龍猪堪太息。

雞伏雛

可憐雞伏雛，身似傴紅爐。耐得雛將啅，形翛骨已癯。眶從黄鞘嗑，羽任弱翎邪。有攫必翼蔽，見食仍招呼。何哉雛漸長，稻粱紛自圖。雞兮困乳呞，憔悴塒東隅。飛鳴與飲啄，誰將一粞哺？咄爾塒中鷇，念渠樹上烏。種類貽種類，造化良不誣。

苦　風

雁門節候晚，三月猶無春。飛廉日噫氣，决堁而揚塵。颷飂號萬竅，坱莽蔽三辰。已悲屋茅捲，况堪原麥堙。桃李既揺落，桑麻胡不艱！渠巾切。顧此曀霾苦，能忘農圃辛？安得倒銀漢，爲我洗焚輪。曜靈四維吐，儵欻見高旻。雌雄各有隧，常弘吹萬仁。

惜　别

人生最苦者，無如别離間。驪歌纔一闋，愁色滿關山。眷言瞻馬首，十步九回還。鄉國日以邈，松楸何時攀？有養不得就，脊鴒祗自瘝。親交况寥落，能侈游子顔？顧兹無限意，涕泗兩潸潸。後車云已矣，遠道傷《綿蠻》！

楊浮白先生當萬曆丁酉爲晋司李識余於諸生中今其人已矣過郵邸見壁間遺韵悵然有感賦以懷之

先生三楚豪，古調稜稜起。文陣擁雄師，筆鋒摧萬壘。驅車歷晋陽，春風遍桃李。余昔困諸生，爲曳侯門履。賦就阿房宫，笑煞青青子。一顧重千金，康莊馳騄耳。豈期十年别，忽焉天地否。歲厄入龍蛇，賢人云已矣！今讀壁間詩，沾巾何能止。吁嗟欲報君，再酹滹沱水。

賦得看劍引杯長

簾櫳暑乍收，天外風雷走。啓匣視豪曹，分明雙刃吼。撫鍔向空庭，燁燁光牛斗。幽岩鬼魅愁，蛟螭亦何有。因思畫影奇，一指清群醜。又憶漢臧宫，伊吾名不朽。佩君三十年，蒯緱成契友。爲感尚方靈，酹爾千觥酒。

行路難

曾聞太行險，又説蜀道難。何似人心仄，嶔嶇千萬端。翻覆變雲雨，平地起波瀾。東西忽易位，炎暑頓凝寒。周公賦《鴟鴞》，孔子咏《猗蘭》。况乃隨與蹻，能不任控摶？嗟哉百年景，儵欻一奔湍。委蛇順大化，自覺天地寬。胡爲勞且拙，黟然暗達觀？

校勘記

〔一〕“淺”，疑當爲“縱”之草體隸化。

〔二〕“涙”，顯爲“唳”字之誤。

〔三〕“瞑”，似當爲“暝”字之誤。卷五《定襄道中》“行行天欲暝”可證。

句注山房集卷四

七言古詩

擣衣篇

九月蕭蕭塞草殷，朔風吹斷玉門關。邊上征人憐白骨，閨中少婦損紅顔。紅顔白骨傷懷抱，爲擣寒衣欲寄早。金針和淚淚斑斑，玉剪凝愁愁慅慅。此時攬袖理新機，慘澹孤燈入夜微。斷續蛩聲連壁動，飄颻螢火貼窗飛。蛩動螢飛更漸久，遠緒頻牽罷纖手。齊紈魯縞幾回腸，綉幌羅幃忽聚首。叵耐銅烏咽涸璇，何當鐵馬戰空檐。驚殘萬里相思夢，脉脉幽情兩地淹。起來無語衷懸憶，彷彿音容猶在即。百歲團圞悵〔一〕別離，三秋寂寞悲褼〔二〕褳。將軍謾説習龍韜，天子空聞賜獸袍。何如四海銷金甲，襏襫於田賣寶刀。

從軍行

秋深馬健肥，胡虜寇宣雲。蘆笳亂嘯窺夜月，角弩齊張曀晝氛。狼燧遥連上谷道，魚符急走太原軍。雁門懸鐵壁，虎帳施金板。筏筏旌旂紫霧飛，赫赫戈鋋白雲捲。帶甲戒鳴鏕，開拳迅落雕。正兵列遠砦，奇騎襲歸謬。指揮俴駟方摧陣，俘馘腥羶不曾朝。閼氏喙駾陰山哭，克汗披靡青海蹙。鶴淚〔三〕風聲讋島夷，龍驤露布傳荒服。君不見南蠻地，銅柱牢；又不見西域部，玉門高。綿綿翼翼抒三略，正正堂堂奮六韜。麒麟閣上鎸鐘鼎，虎豹關前仗節旄。自古英雄赴國難，百戰黄沙身不憚。燕然大創何武威，嫖姚遠代真驍悍！只今天子築降城，何物氈裘縱復横！出塞將軍揮短劍，入關壯士綰長纓。一時已埽攙槍滅，千載還教河鼓明。從此天山增鋏鍔，雲臺高處業峥嶸。

雁門歌

君不見九邊横亘殿皇都，代上雄關第一圖。肱股幽燕藩鉅鹿，咽喉晋冀扼飛狐。滹沱溯滱湯池險，勾注谽谺戰壘紆。紫雁秦城連斗絶，白狼漢砦截雲孤。趙國將軍嚴紀律，擊牛饗士無虚日。開門一鼓滅襜藍，漠漠龍荒消鷟檠。長驅千里説嫖姚，出塞曾經此建幖。擣穴犁庭臨瀚海，幕南無馬牧天驕。義著勤王李僕射，俠威赳赳傳華夏。一函墨敕走沙陀，再造唐家成獨霸。當年楊業寔桓桓，無敵英風震契丹。望見旌旗輒引去，只今谷口尚餘寒。古來豪竭提霜鋏，先後縱横恢壯業。麗譙不改舊嵯峨，雉堞仍增新巀嶪。何人長嘯一登臺，迅掃黄雲清夜獵。空聞劍閣插天高，又道崤關百二牢。歲歲金繒媚胡虜，可憐紈褲着征袍。嗚呼！雁門之塞徒嶆嶆。

長安道中

行路難，難莫數，委遲周道無端苦。萬里長安日下看，一肩行李蒙塵土。荒凉邈漠接關河，衰草寒烟入望多。回首雁門天外景，迢遞征途奈爾何！襜帷薄暮臨山麓，鳥道羊腸盤復複。巀嶭千尋翳日輪，嶔巇萬仞穿雲谷。輿人跼蹐足將顛，絶磴危厓不敢緣。只有馬蹄堪致遠，高低礐磊又難前。暫舍巾車一舉趾，藺胝俄驚纍纍起。悵望人家幾斷魂，孤村燈火漸黄昏。解衣欲醉新豐酒，争得羸錢取次呑。永夜單裯眠未皓，雞聲咿喔催人蚤。朔風獵獵砭肌膚，破碎貂裘增懊惱。驅車發夕歷砿砰，凍雪層冰岸岸明。野橋圮仄多巇嶮，幾度倉皇失旆旌。吁嗟！行路難如此，紫陌奔忙何日已？古木寒鴉晚亂啼，萍漂梗泛空悲止。仕途况復関茫茫，坎壈波濤不可量。中逵白晝擁豺狼，鬼蜮紛紜滿四方。荆榛載道硋行藏，安得寰宇盡平康，我亦優游卧草堂。

觀　獵

將軍大隊搜獵行，忽雷磕砰搏擊聲，千山萬壑怒氣横。白狼赤狐不知避，礪牙擻毛競貪媢。繁弱一發應弦躓，跳踉彳亍計云窮。肴蔵用供君庖中，猗嗟醜類安所馮！

臘日見雪成七仄七平體

臘月臘日氣正肅，梨花楊花差池來。四野縞練漫作徑，千陵瓊瑶紛成堆。謝女思妙只道絮，騷人吟狂仍輸梅。獨我僵卧破屋裏，雙扉重闗何曾開。

長鋏篇送董雲泉二府晋守柳州

武林豪隽應飈起，騰踏層霄飛緑耳。袖中長鋏落攙槍，水斷蛟螭陸剸兕。光芒遥射錦官城，巫峽瞿塘萬里清。賸有㲋翻春色麗，更無犬吠月華明。福星洊蒞汾陰道，靈雨霏微漉枯槁。紫塞春炊漢壘烟，黄沙耜偃胡天草。六年騰飽壯封疆，芝檢芸函錫尚方。虎節專城開玉帳，熊幡夾道擁銀章。一麾直指東南碣，蜃氣蠻烟收百粤。伏波遺柱未云高，諸葛流風真可揭。遺柱流風兩擅雄，參旗井鉞卧艨艟。勛銘鳷鵲垂青簡，像繪麒麟照景鐘。落拓慚余牛馬走，藥籠庀味良非偶。當年下榻挹春風，此日扳轅懷北斗。北斗春風望轉賒，茫茫雲樹隔天涯。帛書欲托三河雁，驛使難馮五嶺花。董夫子，余何説！异時璽書徵拜爲喉舌，燕山冀野一班荆，願假霜鋒埽回泬。

四鶴行寄懷諸同志

芝田四鶴翩翩翔，同向西湖覓稻粱。西湖稻粱真可哺，一飲一啄頻相顧。忽有弋人下小罿，丁丁椓之何太雄！三鶴驚飛歸故巢，一鶴蠢然爲所捎。收入籠中置苑裏，無情花木相依倚。盡日嘐嘐悲不息，羽毛跼促消顔色。遥憶故巢三鶴容，悵悵可望不可從。噫嘻！三鶴好占昆侖圃，莫集沙汀犯網罟。秋風有便駕天威，擊破重樊相跨飛。

懷高堂

京塵蕩游污征裳，幾回感時懷高堂。久役不遑將稻粱，撫膺自覺衷之傷。舉頭望雲空彷徨，嚴範慈顔隔一方。吁嗟有養不得就，灑淚長歌《陟岵》章！

梅鼎《初香圖》送周雲漸之任楚中

老幹扶疏傲雪霜，東皇命作百花王。方來欲結和羹實，先發南枝一段〔四〕香。一段香，霏馝馞，只可擬關西良刺史。三年苦蘗一冰標，兩地甘棠真玉蘂。于今寵眷自天申，芝檢芸函次第新。伫取芳馨騰七澤，好調鼎鼐佐楓宸。

麗人歌

彼麗人兮娈且昌，靚丰采兮婉清揚。逐微風兮繡帶，散芳香兮羅裳。袖翩翩兮如蝶揚，身嫋嫋兮似鸞翔。蠻腰舞兮燕態，樊口咏兮鶯簧。履我即兮過我房，顧我笑兮對我妝。忽乘軿而去也，斷寸寸之柔腸。

贈李聞所文學講道南還有引

慨自東魯悲麟，三代金聲絶响；西秦爇蠹，百家木舌争鳴。五千言謾説青牛，十二部争傳白馬。尼山草蔓，泗水烟横。是以河汾嗣孔孟之宗，伊洛闡顔曾之秘。龜山鶴室，大啓玄關；鹿洞鵝湖，盡標赤幟。迨胡氛竊運，華夷久偃弦歌；洎昭代崇文，南北猶分宗教。誰開聾聵，浸失筌蹄。聞所李君者，望企登龍，才追倚馬。編蒲探討，稱正學於南州；躡蹻遨遊，播餘芳於北地。齊梁披絳帳，談經提渾沌之迷；燕趙布青氊，説劍壯悲歌之氣。聿來代上，載抉淵微。執牛耳以訂盟，據虎皮而覺後。探天根，躋月窟，上窺玄聖希夷；拊雷鼓，運風斤，直剖素王脉絡。以故功成速化，芳菲桃李盈門；善洽同居，馝馞芝蘭滿室。兹當返轡，不任分襟。零雨晨風，千里重臨歧之感；暮雲春樹，一尊懸兩地之思。惆悵鳧飛，盱衡鳳覽。敬染藤溪素楮，用抒萍水丹衷。

羲軒一抉鴻濛理，鄒魯斌斌傳祕旨。焰冷秦灰孔壁塵，何人振鐸揚糠秕？豫章李君瑰且奇，攻苦轂[五]淡究醇疵。搜將白璧昆山谷，探得玄珠赤水涯。負笈西來窺二酉，劍氣翩翩射牛斗。齊楚燕韓化雨深，春風忽下楊紆藪。楊紆之藪薪樵多，傳經馬帳瀉懸河。洪鐘響落千山月，砥柱撑迴百丈波。月落波迴開碧漢，漫漫長夜從兹旦。滹沱勾注兩生輝，桃李陰森明澤泮。講學曾聞説鄭玄，西唐東海亦翹然。君家衣鉢龍門遠，直與古人相後先。咄咄古人云已矣，邪説紛紜吾道否。願君大地奏《雲》《韶》，務令蛙聲清泗水。

壽張西臯聞人八十有引

竊以龍橘呈祥，大耋啓長生之籙；蟠桃納祜，中原開初度之筵。無須鴿放金籠，自合鳩扶玉杖。歡騰繐帳，喜溢蓂莩。恭唯〇門下，桑壠高蹤，芝山懋德。名標月旦，平翔雁塞之龍；秀出風塵，獨立雞群之鶴。馬蹄推妙悟，性繕希夷；蝸角謝浮名，神栖澹泊。七賢社裏，談玄自得真機；九老圖中，遺世誰同大隱？武追黄綺，固將登八百瑶山；炁轉丹砂，行且渡三千弱水。緊此敦牂之月，適當覽揆之辰。七葉蓂飛，翠擁真人。生北地萬枝燈朗，印成活佛；下西天綵戲斑斕，觥稱瀲灔。不佞辱蔦蘿之屬，欲扳柟〔六〕檜無從；仰松柏之姿，願祝莊椿不老。敬裁小引，肅附俚言。

三神之山縹緲隔塵埃，方壺員嶠何崔嵬！中有五城十二樓壯麗，群仙列籍注丹臺。丹臺敻絶厭於處，欻咤飈車出島嶼。青髦白鹿兩翛然，雁塞因循八十所。世間甲子幾逢新，鼎内刀圭九轉匀。伐毛洗髓黄眉叟，金狄摩挲上古人。朱明勝日懸弧矢，南極光躔闕炁紫。冰桃雪藕薦安香，火棗交梨來許史。安香許史雜斑衣，瑞靄氤氳列翠微。碧乳斟圓兕數舉，紅牙按徹鶴雙飛。玳筵剩有華封祝，贏得玄籌添海屋。磻溪未合老非熊，坐歛箕疇時五福。樽開北海瀉洄瀾，壽介南山亘翠磐。等閑飽嚼瑶池實，五百靈冥幾度看。

壽李槐墅憲師有引

伏以法曜炳西陲，合電功昭於玉壘；壽星朝北斗，流虹瑞叶於金天。中秋高在角之躔，函夏奏穿雲之曲。蓬壺納祚，榆塞騰歡。恭唯〇海岳元精，乾坤間氣。才雄倚馬，文章淵湃於三川；望重登龍，世業嶙峋於二室。丹墀朝掞藻，衮衣回殿上之光；粉署夜含香，綾被映宫中之色。控青銅於撤棘，兼收風虎雲龍；摇白羽以行邊，坐靖天狼地雁。旂懸大烈，宜和鼎於岩廊；籙啓長生，更添籌於海屋。維兹建西，適值生申。堯階蓂莢九滋，閬苑蟠桃三熟。月澄銀漢，桑弧交桂斧生輝；露湛金盤，麥酒共蓮漿動色。紫囊傳秘卷，圖來五嶽真形；玄樂引虛簧，報到十洲雅奏。斑襴遶膝，同娛洛社之英；錦軸充庭，並繪函關之老。蓋中天大士三千年首現金輪，亦陸地真人十二事平收玉笈。寧誇攫[七]鑠，會睹期頤。凡瞻松柏之姿，率上臺萊之頌。某牛溲馬渤，僭陪覆露青芝；燕麥兔葵，竊附倚雲紅杏。荷再三之孔鑄，無能玉帳稱觥；仰八百之莊椿，有意金籠放鴿。敢伸華祝，用效嵩呼。伏祈黄髮持衡，領星辰而拱極；青瞳住世，依日月以調元。禧卬崇臺，聲嘶下里。

青鸞飛下昆侖圃，爲報群仙集雲塢。金狄盤擎菡萏花，麻姑刁[八]削麒麟脯。花脯逡巡入幕來，碧幢絳節護丹臺。三千銀界琅璈動，十二瓊樓玳瑁開。銀界瓊樓常不剖，年年歲歲歌黄耇。六符獨燮泰階平，八柱遥撐天地久。君不見莊周浪説有靈蓂[九]，又不見曼倩曾聞是歲星。蓂有年，星有紀，吾師德業格蒼穹，綿延壽算應無已。

題五老圖壽閻立吾憲使代

君不見淮海澒茫涵四瀆，平吞弱水翻暘谷。又不見昆岡巀嶭枕三湖，遥帶蓬山横地軸。弱水蓬山恬復恬，氤氳佳氣滿東南。斗牛之分歲星出，爛熳雲符五色占。星煜雲流河漢晶，蹮跜共訝雙龍繞。桑弧一發四方寬，騰踏層霄何矯矯。春風得意馬蹄輕，杏錦宫袍照眼明。已向齊東懸法曜，更從冀北壯長城。碧幢赤羽抽金版，絳節青髦擁玉京。嘉平此日逢初度，瑶草琪花殊不暮。縹緲瓊樓紫霧迴，霏霺銀界丹霞護。紫霧丹霞溢塞垣，騎來玄鶴自翩翻。不須靈藥傳勾漏，賸有神椿茂漆園。猗嗟鈴閣羅鵷篴，鷹繡鴻編紛獻壽。九鼎敞華筵，八璈鏗雅奏。人瞻松柏姿，客上臺萊祝。攫鑠争誇寶校威，鳳毛麟定擁斑衣。已拚玉杖扶鳩走，遮莫金籠放鴿飛。愧我吹竽依芘早，龜顧蛇銜亦草草。忻逢勝日效華封，繪圖直欲蘄胡考。曾聞四皓耆，行藏甚顛倒。又説八公玄，踪迹皆幽眇。寧似皤皤五老行，虞廷孔室兩呈祥。委蛇共赴西池會，高捧狐南映大荒。願得期頤如許涉，酡顔艾髮咨調燮。好從二十四考冠中書，伫領萬五千人登玉笈。

贈王孝子廬墓

元氣渾沌孝在中，下應地龜上天龍。虞周夐然爲世則，曾閔展也餘高風。嗟哉古人日已遠，三大消歇何能輓？欒欒素韠既若亡，割股居廬道誰返？雁山沱水溢天常，焯有孝子揚其芳。娱生喜着五綵服，哀殁泫陳九餅觴。杳漠松門行祔葬，任土纍纍躬椓壙。壙成筋力兩將枯，西風和淚結屠蘇。卧苫寢塊星霜變，忍見啼猿對哺烏！骨立嬛嬛祥且禫，神明幾度通玄感。平疇坱圠忽飛泉，大盜猙獰亦謝啖。三年茹苦宿蒼茫，血漬麻衣幾斷腸！投魚致雀那堪擬，懷橘持瓜未可方。見説王裒身伏塚，悲號震悼林木悚。《蓼莪》廢後《北山》愁，姓氏于今君接踵。猗與接踵振鷰聲，懿行都鄆月旦評。伫看聖主推旌典，會有綸音賁九京。恫我慈顔歸息蚤，蠢然藐孤情草草。感君孝思剳我肝，悠悠此恨何時了！願君錫類廣民彝，風木何繇慰所悲？四海之横皆其事，安能無愧《白華》詩？

題王炳寰先生别墅

輞川盛概開城北，月榭風亭盤太極。户外粼粼碧水聲，檐前鬱鬱青山色。簾垂繡闥絶囂譁，地迴紅塵十萬家。主人自解偷閑趣，盡日銜杯卧紫霞。

送彭小石督兵登萊

將軍韜略驚飛隼，七德登壇初受脤。赤羽光摇獸錦袍，丹書色映龍文盾。參旗井鉞下東牟，蜃氣嵐烟萬里收。會看銅柱高青岱，檢點金貂晋徹侯。

送不住上人

優曇飛錫來南岳，一笑相逢開夢覺。説法翩翩降白龍，揮詩冉冉翻丹鷟。人天大眼更無朋，出世心超最上乘。何當共結青蓮社，爲我時時斷葛藤。

鬻田舍有引

萬曆己酉，饑饉薦臻。既耻吹南郭之竽，又莫待西江之水。有田十畝，有舍三楹，因鬻諸人，聊以卒歲。交券之際，不能忘情，姑記於此，俾後世子孫知余爲孝廉之艱也。

我有一犁之負郭，歲眚無力芟且柞。叵奈嗸嗸嗟轍涸，聊以鬻之資藜藿。

我有數椽之茅屋，歲眚無計成薖軸。叵奈蕭蕭傷出卜，聊以鬻之舒頻顣〔一〇〕。

送　春

子規啼處東風嫋，荏苒流光春漸杳。一夜園林宿雨收，緑肥紅瘦知多少。鶯簧蝶拍逐晴暉，滚滚楊花拂面飛。蒙茸芳草連天碧，試問王孫歸不歸？

題《停舟觀雁圖》

秋色澹遠空，練光横極浦。楊柳蕭森殢晚烟，蒹葭淅瀝摇疏雨。有客倏然引興長，孤舟宛在水中央。芙蓉裁佩帶，薜荔緝衣裳。薜荔芙蓉相映好，推蓬解纜臨清灝。不釣黿鼉百尺宫，不網珊瑚萬鎰寶。仰天一嘯動悲風，坐見汀州起雁鴻。覓稻平湖猶唼喋，銜蘆永夜恣翖翀。伊人高曠渾如許，鷗鷺忘機寂無語。目送冥冥歸太虚，悠然此意凌千古。

北虜嗣封紀事

聞説秋高馬健肥，奄酋鳴鏑逐雲飛。九關朔氣催金柝〔一〕，萬里寒沙捲鐵衣。雲中歲歲驚鼙鼓，上谷年年備樓櫓。燕度危巢春不歸，烏迴斷砦宵相語。天猒天驕忿欲屠，胡雛忽自墮儲胥。垂殲無異阱中虎，待燼真同釜底魚。聖主有威神不殺，網開三面寬遺黠。老魔感泣欲摧弓，孤犢歡呼思解札。百年逋寇挫雄風，受朔歸琛世世同。驌驦貂豽來羌地，酥酪氍毹入漢宫。四十七載遵王極，俯首羈縻梟獍息。祇今封事兩猖猖，把漢素囊爲鬼蜮。吾皇赫怒問欃槍，幕府行邊按柳營。七校材官磨短劍，三河俠少請長纓。都護先聲馳五路，可汗蒼黄鬬支懼。十六部落稽顙來，願言奉身卜石兔。天子蘄消北顧憂，姑從寬假爵俘酋。玉壘金湯閑鼓角，青山黑水落旄頭。此時龍酒申盟好，此後狼烟靖如埽。騵褭晨嘶苜蓿花，牸牯夜卧胭脂草。苜蓿臙脂護塞門，長城何事斫雲根？羞煞明妃辭紫闕，可憐公主嫁烏孫。聖朝威德高千古，八紘六幕爲檐宇。銀漢遥看洗甲兵，玉階坐見收干羽。明明我后樂虞唐，鳳輦雞翹擁尚方。毋謂楓宸泮涣常無警，須知桑土綢繆有復隍。

丹砂篇壽傅年伯

我聞靈谷之山崒嵂而陂陁，懸岩古洞相參差。又聞九十九井通雙黄，涵珠漱玉澄天漿。中有真人叩靈密，探得丹砂苞太一。

不將塵世煉黄金，獨向空林炊白石。黄金白石共玲瓏，一顆藏來經笥中。芝檢芸函争馝馞，桐枝桂樹轉菁葱。香風吹入承明殿，日下五雲紛燦爛。杏園蓓蕾錦初裁，菊塢葳蕤英可薦。丹砂未猒貯丹丘，伐毛洗髓從優游。豈惟洛社香山酣緑蟻，佇看員壺方嶠跨青牛。

題王氏祠堂

憶昔紅軍動鼙鼓，坌迷海國無安堵。瑯琊王氏遷其主，夜走新城避猰貐。長風吹送蓬萊姥，誕降瑶昆金玉五。大槐之望隆東土，善行擬佛能繩武。再傳而後聲施普，倬彼參軍良弗忤。學匯天人才繡虎，五車八斗曾何數！裒然偉薦升天府，星鳳光華人健睹。骯髒居官官不窳，感時投劾遺簪組。孝行況復高千古，苫塊悲號形欲傴。當年廬母更廬父，白兔相馴對涕雨。壠上松楸皆自撫，即今蔆葑森玄圃。眷言榱角開堂廡，木愈蕃兮水愈溥。子孫億麗聯股輔，冠蓋紛紜拜祠宇。苾芬不替蒸嘗譜，萬歲千秋榮烈祖。嗚呼，萬歲千秋榮烈祖！

壽孔年伯

青龍之洞嶙峋萬古盤無極，玄武之湖灝渺千秋停不息。山根水脉兩相通，扶輿間氣鬱菁葱。丈人應運峨峨起，乃是宣尼六十二代之孫子。胸期壘落干青雲，昂然野鶴遊雞群。素心不爲通綸縶，一朝解組歸江瀆。江瀆曲枕茅山谷，日向茅君檢靈籙。福地元八九，洞天還六六。洞天福地此中饒，翁也曳杖時逍遥。方瞳鶴髮玄霜護，鮐背酡顔絳雪澆。只今坐對壺中境，笑傲分明逼箕潁。地上神仙葛稚川，山中宰相陶弘景。更羡庭前寶樹多，芬如竇家五桂枝婆娑。玉昆金友色交映，伯壎仲篪聲相和。明歲翁齡登大耋，舞袖斑斕新綵纈。蓬島仙郎晝錦旋，爲上高堂雲母屑。

翁兮翁兮性不撓，優游啖蔗固天弢。滿擬佳兒居鼎鼐，洊從麟閣聽雲璈。

題雙烈卷

玄圃先生天下士，服官數載心如水。南遊忽與鶡冠逢，行李一氊而已矣。群盜齦然狠未休，舉戈直欲拉君侯。爾時婦子俱色艴，忿賊駡賊聲不歇。母也逐鯨波，女也甘鼉窟。玉碎珠沉頃刻間，天昏地黑江水殷。西山精衛争銜恨，東海陽侯爲破顔。海有濤，山有石。怒不解，填未射。武昌澤畔武都厓，留取芳名垂八赤。只今聖主恤貞魂，爲走綸音下九閽。表宅雙題新綽楔，采風獨記舊輶軒。天之報施殊未已，乃眷三株寶樹菁葱起。芝檢芸函次第加，佇看一門節孝傳青史。

贈錢巡徼

才華暐曄雄三楚，盛府元僚何足數！腹裏琅玕照碧鷄，手中霹靂驚銅虎。月明蓮幕水晶寒，寶劍雕弓帶露看。佇取關山銷瘴厲，好從台鼎一彈冠。

題陳母節册

君不見《柏舟》勁節高千古，冰玉清瑩人健睹。又不見荻畫藜烟啓象賢，蘭芽桂萼争鮮妍。猗嗟阿母真堪比，淑行分明照彤史。當其結帨事良人，井臼躬操不厭貧。底事藁砧中道絶，杜鵑聲慘啼紅血。血枯天地黯愁雲，誓捐一死報夫君。引刀刺頸頸欲斷，磨笄剔目目爲爛。刀笄留得未亡軀，飲痛含辛字藐孤。三遷割氉稱嚴姆，五夜和熊佐勤苦。割氉和熊總義方，陶成國器重圭章。萬斛珠噴吐鳳口，七襄錦製雕龍手。珠錦含華待價同，都將文采付阿戎。鶚搏秋漢乘丹靄，鯤化春溟駕彩虹。銅符帶露蘇磽埆，鐵柱飛霜摇海岳。冀野猶驚繡斧寒，洪都更仰青箱逴。繡斧青箱溯發祥，乃知祖氏之德垂庥裕后有餘慶。天子褒嘉下寵章，表閭樹楔揄其芳。太史陳風勒汗緗，百千萬祀何唐皇！

壽賈母郭太孺人

雞鉅之波清且漣，百花嶼畔霏蒼烟。中有神漿十萬斛，阿姥一飲挾飛仙。仙紀今登七帙七，鶴髮酡顔涵太乙。絳雪丸成和膽時，玄霜屑飽含飴日。和膽含飴愛亦勞，幰帷佳氣倚雲高。有子花栽潘岳縣，有孫詞奏鬱輪袍。花結蓬壺千歲實，詞翻閬苑八琅璈。靈辰設帨迓新祉，十二瓊樓光乍啓。瑶臺月湛冰，寶婺星垂玼。星月交輝映北堂，麻姑金母薦霞觴。縢有責〔一二〕鸞傳玉笈，豈無丹鳳送璚章。鳴琴題柱嶙峋起，紫誥黄樞知濟美。百琺魚軒取次乘，融融洩洩應無紀。

浩　嘆

百年三萬六千日，過隙流光欻如駛。壯心不惜唾壺殘，把鏡看顔非昔比。顛毛種種更星星，左右輔車亦復毁。追思髫齔幾何時，詎意形容倏爾爾！頭童齒豁竟無裨，老大悲傷胡能已！君不見馬援猶堪一據鞍，廉頗豈真三遺矢？歲月弗留髀肉生，腰間寶劍空秋水！

放歌行書似友人

吁嗟行樂花之朝，柳塘梅澗何迢遥！提壺挈榼喜相招，悠然不知天地寥。出門絶埃壒，回首塵襟汰。幽賞恣冥搜，清風發爽籟。一樽傾倒萬山春，長歌《商頌》陶吾真。偃仰北窗聊自適，而我遂爲羲皇人。茫茫世事同蒼狗，變化升沉那能久。館娃宫裏足豪奢，轉盼荆榛麋鹿走。君不見孟嘗君，三千賓從簇如雲；又不見翟廷尉，九衢冠蓋紛如蝟。一朝失意落風波，鷄不鳴兮雀可羅。覷破乾坤只如此，造化小兒奈我何！吁嗟有酒不盡醉，佇見北邙孤塚鬱嵯峨。

署中漫書

夏木陰森當署列，南軒雨過風塵絶。丹葵數點印紅霞，翠葆幾竿摇緑雪。公餘徙倚漫憑欄，蟻戰蝸争次第看。檐外忽聽鶥鵨囀，一聲長嘯海天寬。

題太丘册

太行之山峰崒嵂，黄河之水流沕潏。孕靈異而匯苞符，中有名賢成大逸。譚經麈作揮，掞藻椽爲筆。子敬風流冠一時，文章獨步屬元之。瓊林瑶樹風塵表，屣履争傳皇甫規。一觴一咏情何適，主聖臣賢玄感迪。九折偏宜叱馭行，川西不減膠東績。天際峨嵋拄笏看，歸兮魚鳥重盤桓。草堂一夕人琴偃，緱嶺千尋鳳笙返。鶴氅蹁蹮在畫圖，依稀雙舄欲飛鳧。手中未厭河汾卷，庭際猶餘福畤株。彦方德化良非偶，模範峨峨峻山斗。先生之風高且長，先生之澤悠且久。留得青箱啓後昆，槐陰蔓莚帶芸孫。崚嶒鳳閣紅雲上，佇取沙堤築太原。爵位蟬聯照彤史，志存温飽非夫子。表正鄉閭真太丘，遺像清高動仰止。孝思不匱有休徵，吁嗟風木含悲只。多少門人廢《蓼莪》，王裒有恨何時已！

校勘記

〔一〕“悵”，原文作“倀”。本書“悵”多作“倀”，下文多重出者徑改，不再出校。

〔二〕“褄”，從“衤”，原文從“礻”，誤，今徑改。

〔三〕“淚”，當爲“唳”字之誤。

〔四〕“段”，原文作“叚”，下文重出者徑改，不再出校。

〔五〕“轂”，原文從“攵”，今徑改。

〔六〕“柟”，原文從“日”，當從木。

〔七〕“攫”，疑當作“矍”。下同。

〔八〕“刁”，依文意似爲“刀”字之誤（“刀削”對上句“盤擎”，工整嚴切，且“刁削”亦不辭）。

〔九〕“靈蓂”，《莊子·逍遥遊》作“冥靈”。

〔一〇〕本詩原書分爲兩段（第二個四句另起一行），當是兩首詩，但標題與小引中皆無説明，今按兩首詩處理（中間空出一行）。

〔一一〕“析”，似爲“柝”字之誤。《樂府詩集》卷二十五《木蘭詩》有“朔氣傳金柝，寒光照鐵衣”句，正用“金柝”可證。

〔一二〕“責”，疑當作“青”。

句注山房集卷五

五言律詩

步虚詞

自服東華氣，昆侖汗漫遊。坐看炊白石，笑指燒丹丘。雲擁三千界，風披十二樓。夜來吹鐵笛，摇落萬山秋。

其　二

頂聚三花秀，符分六甲真。逍遥雲外路，窈窕洞中春。丹灶窺龍虎，飆車渡鳳麟。蓬壺方一憩，滄海已揚塵。

其　三

天風隨自在，雲水足生涯。白鶴看丹鼎，青牛駐紫車。劍分三洞水，袍曳五城霞。不記歸玄日，蟠桃幾度花。

其　四

九轉砂非幻，三天路豈迷。青髦開劫火，絳節擁雌霓。玉檢金書重，霞冠羽袖齊。朝回王母宴，醉壓五雲低。

塔院寺

五髻開山地，群峰此獨佳。蒼虬盤古洞，紺殿出層崖。舍利星文合，牟尼月影排。諸天俱咫尺，迥與世緣乖。

白人岩

古刹荒山裹，冥搜兩度過。穿岩捫石壁，躡磴引烟蘿。龍樹三天曉，鶯花萬象多。登臨攀絶頂，俯首問維摩。

長安元夜

帝里逢元夕，豪華競不降。九衢開鐵鎖，萬户列金釭。綵向鰲山結，鐘從鼎食撞。樓臺歌管地，時有太平腔。

出京有懷

風雨良鄉道，微茫隔上林。有天迷寶劍，無地碎胡琴。鴟雀千秋志，龍猪一夜心。不堪回首處，遥望五雲深。

盤石道中

盤石崎嶇道，長征初歷時。荒山餘晚燒，野水咽寒澌。地僻人行少，沙深馬渡遲。可憐雙短鬢，一任朔風吹。

苦　役

十載□□夢，空消馬上春。短衫愁色重，破帽髩華新。歲月驚催我，風塵解殢人。此生成底事，無那役頻頻！

板　橋

仗劍風塵客，重來度板橋。層冰猶滯馬，斷岸欲驚軺。野曠寒偏劇，溪迴路轉遥。幾番懷《陟岵》，無語暗魂消。

虹

五色排雲下，雌雄兩鬥歊。連蜷分雨脚，爛熳繫天腰。平飲千尋澗，横懸萬里橋。當年華渚瑞，喜爲聖明標。

秋日飲王弘錫別墅分韵二首有引

南吕動金風，四美平收勝地；北園傾玉斗，二難並醉壺天。可能詩酒疏狂，閑懷各適；况復林皋幽敞，樂意相關。遠山萬點送晴嵐，倚杖堪舒雅抱；野水一灣浮净浪，披襟足滌塵煩。幸投契於盍簪，可忘情於搦管？請登大作，用紀良遊。

勝地招尋夜，天高露下清。坐譚風味爽，笑指月華明。劇飲青田薄，狂歌皂帽傾。相看潦倒意，殘角與砧聲。

其　二

商素何蕭瑟，凄然動夜凉。露華清滴袂，月色冷浮觴。望遠山成暝，吟餘興轉狂。歸言一回首，臺榭總蒼蒼。

訊海音上人

爲問仁岩隱，跏趺近若何？静窮三昧否，動有一塵麽？衲掛誰方丈，經幡幾貝多？不知相别後，若個是檀那？

秋過南莊

曳屐來山□，□容澹晚暉。還飆沿幕入，野鳥習人飛。黍稌□□飽，菘葵雨後肥。一尊新社酒，不醉未言歸。

其　二

萬寶登場日，千村社鼓齊。迎神椎黑牡，飯客飽黄雞。野老頻争席，山童總慣畦。豐年元足適，何必減雲棲。

賀友舉嗣

乙夜徵蘭夢，桑蓬□□。□□□□□，□□□□□。□作田中玉，□□□□□。□□□世澤，□□□菰蘆。

慰周日觀司馬

富貴浮雲外，蘧廬總是真。陰陽還剥復，天地亦亨屯。涉世元無我，論心況有人。從他桃菜變，山斗自嶙峋。

郊　居

卜築臨清磵，開堂近翠微。隱深麋鹿狎，習久鷺鷗依。甕假園丁抱，鋤從僕子揮。此中堪大隱，長與世相違。

其　二

十畝誅茆地，投閑儘不村。魚竿消白日，牧笛送黄昏。自掃柴桑徑，誰敲泄柳門？興來時寄傲，一嘯破雲根。

其　三

自習南皋隱，山居事事良。科頭裁白帢，濯足咏滄浪。盞瀉新醅熟，舂炊晚稻香。租完無一事，高卧日三商。

其　四

門外青山友，田中白石歌。幽情偏水竹，遠意寄烟蘿。夜雨三椽屋，秋風一葉蓑。聖明元不棄，吾道自蹉跎。

山陰旅邸

解衣沽酒處，旅況不堪論。凍雪千山冷，孤燈半夜昏。風塵還落魄，潦倒欲消魂。回首家何在，迢迢隔雁門！

踏　春

晴郊初曳杖，春色晚猶芳。淺黛裝官柳，輕紅綴野棠。輪蹄聲雜遝，山水氣微茫。最愛鶯簧好，間關對酒觴。

寄傅明源年丈

笑傲青燈夜，那堪荏苒過！風塵消歲月，雲樹隔關河。藤葉傳來少，梅花落去多。何時尊酒會，把臂一高歌？

寄孫復陽□□

惜別長亭後，牢騷苦欲侵。幾驚春草夢，常對暮雲陰。湖海消豪氣，風塵殢壯心。故人如有問，短髮不勝簪。

秋　意

西風催白帝，晚眺一披襟。遠樹迷烟浦，高城急暮砧。雁横孤塞斷，螢照亂山深。最喜東籬菊，幽閑共此心。

除　夕

守歲都門日，多愁獨掩扉。倦游拋竹刺，習静憶漁磯。緇素塵中變，家山夢裏歸。遥看西嶺外，時有白雲飛。

夏日王炳寰先生召飲同楊斗衡次韵

別業耽清賞，新開種秫畦。琴尊供雅興，花鳥足幽棲。客到鳧飛迅，神閑鶴馭低。相扳渾不倦，坐待日輪西。

其　二

清敞三槐地，招尋對落曛。酒酣奇字出，談劇暗碑分。伯起真無敵，元琳信不群。夜深歸騎擁，只恐犯星文。

憶海音上人

物外尋真叟，披緇解梵音。隨緣寧有意，住世本無心。水月從來静，烟霞到處深。憐余別未久，藤葛苦相侵。

定襄道中

迢遞荒山道，平臨落照西。風塵匹馬倦，雲樹晚烟迷。濁酒供傾倒，新詩費品題。行行天欲暝，燈火黯前溪。

明妃怨

紫塞空增壘，黄金解誤人。蛾眉辭漢闕，血淚洒胡塵。圖書緘愁重，琵琶引恨新。最憐青塚上，千古月爲鄰。

夏日飲王弘錫別墅

塵外王維景，潺湲抱碧溪。臺高雲暗度，花匝路全迷。遠樹繁蟬歇，平蕪掠燕低。淹留饒野興，古錦入標題。

重陽東郭寺燕集

九日登高處，追陪屬勝遊。秋光紛古剎，晚照薄層樓。白雪連雲迴，黄花帶露幽。興來拚盡醉，不復問貂裘。

鳴謙驛秋眺

高樓凭眺處，秋色海天寬。萬壑霜華白，千林木葉丹。蕭條山社晚，黯淡隴雲殘。回首驚時暮，鄉心付羽翰。

晉陽道中

驛路連天闊，摇摇欲斷魂。斜陽横古道，野水抱孤村。迢遞經三舍，紆迴接九原。長途征力倦，燈火漸黄昏。

院　柏

問爾何年植，蕭蕭此院中。蒼顔一夜雨，老幹四時風。對月延清顥，凌雲上碧空。更怜冰雪操，歲晚亦菁蔥。

夏日蘭亭即事

序屬朱明景，蘭亭一燕遊。風清槐影静，日麗鳥聲稠。細草迷芳徑，閑花豁病眸。乾坤俱逆旅，何處不吾儔？

旅　懷

旅邸秋容澹，蕭條晚更殊。長空驚雁唳，寒榻伴燈孤。歲月催華髮，江湖滯病軀。自憐摇落後，魂夢總崎嶇。

其　二

壯志半窮途，行藏轉轆轤。此生慚北阮，何處問西愚？世事真蒼狗，光陰自白駒。閑愁消不盡，病骨漸成癯。

喜　霽

巽二吹清籟，俄驚捲宿霧。遥天垂晚照，古木落高陰。草出平堤色，花開昨夜心。徘徊深院裏，不覺動豪吟。

塞上愁

羽書飛上谷，轉戰入樓蘭。朔氣侵肌冷，驚沙撲面寒。雲黄迷戍壘，骨白照征鞍。何日邊烽息，君王罷築壇？

漫　書

自甘生計拙，誰苦世情疏？偃蹇難偕俗，窮愁好著書。門馴廷尉雀，釜養范丹魚。昨夜增新爽，天風滿敝廬。

夏夜同諸君子分韵

雨洗天街潤，風披露井涼。絪緼占斗氣，清淺見河光。引白情偏洽，談玄興轉長。坐深更漏下，明月吐山房。

佛光寺一宿

平田開大麓，野寺隔塵寰。鐘磬烟蘿外，香花杳靄間。燈懸龍樹曉，松隱鶴巢閒。偶過談三昧，依稀悟八還。

謁丘壟

拜掃清明日，斜陽馬暫停。寒烟多里社，古塚半郊坰。雨露思何極，松楸夢不醒。彷徨無限意，回首亂山青。

爲王新城先生大隱題

宦情氈獨冷，風節老逾敦。慣聽鳴蛙吹，閑看倦鳥翻。春秋雙白髮，湖海一衡門。種得藍田玉，焜煌照上尊。

病起登臺

愁來無着處，抱病强登臺。雲擁千峰黯，風生萬壑哀。晚烟迷蚱蜢，夜雨變莓苔。流覽真成慨，衷腸日幾迴。

王氏别業

别業臨山麓，平開四面亭。水穿花塢暗，風度藥欄馨。好鳥窺人下，閑雲入座停。朝來多爽氣，空翠欲沾屏。

效白體

何處難忘酒，霜天出塞時。控弦驚落月，勒馬渡寒澌。望絶關河路，聽殘鼓角悲。此時無一盞，魂斷故鄉思。

晤不住上人口占

悵别汾陰道，侵尋歲月過。風塵消措大，雲水散頭陀。夢繞龍山遠，魂摇雁塞多。不堪成再晤，觀變已恒河。

其　二

傳燈成大覺，卓錫下崆峒。錦貯詩囊滿，臺懸心鏡空。雲間雙白足，海上一方瞳。遲爾開蓮社，相將證六通。

天壇望萬壽山

爲禮圜丘地，遥瞻萬壽峰。卿雲團五色，瑞靄匝千重。鼎峙皇圖固，基磐王氣濃。小臣無以祝，翹首一呼嵩。

出　京

坱莽京塵道，蹉跎旅次愁。可勝紅勒帛，空敝黑貂裘。三刖心猶壯，千金骨未酬。棄繻成底事？洴澼已封侯。

曉　行

曉行磐石道，夜色尚冥蒙。未辨千山雪，唯聞萬壑風。寒烟迷野渡，遠樹黯高叢。獨有長河影，依微照客衷。

七　夕

龍馭經年隔，烏橋此夜通。星躔紛白氣，雲幄靄香風。愁擁銀河黯，涕零錦杼紅。相看離別意，千古恨何窮！

却　巧

令節空牛渚，清貧儼鹿門。庭閑堪曝腹，竿便好懸褌。未識青鸞會，難扳白鶴軒。此生原自拙，何事乞天孫？

擬贈劉大尹

栗里桐鄉政，忻逢茂宰兼。得人憐白屋，問俗啓丹襜。雨浥河花麗，風披隴麥芟。閑庭無鼠雀，晝日獨垂簾。

聞　笛

何處來羌管，泠泠入夜清。高低迷極浦，斷續落孤城。楊柳因風度，梅花傍月明。不堪成再聽，無限故人情。

春日郊居

緑野回春色，青山過雨痕。溪翻雲影澹，風送鳥聲繁。三徑依榆社，千峰抱蓽門。病餘成獨卧，車馬不相喧。

東郊燕集得泥字

荏苒驚春暮，東郊一杖藜。墅疑彭澤地，人似武陵溪。草色縈車枳，花香襯馬蹄。興來拚百斗，不惜醉如泥。

夏日飲李正兄園亭

勝地開新塢，山林隱市城。砌迴三徑闃，簾卷八窗明。細草紛庭色，微篁動友聲。主人能倒屣，延賞欲飛觥。

其　二

雨洗朱明日，琪園色色佳。烟霏丹粒樹，錦襯白雲階。碧甃通金井，雕欄匝玉牌。平泉千古勝，今喜屬吾儕。

病　起

病來生計拙，無那繭絳偏。苜蓿盤中淡，芙蓉江上妍。勞勞空短髮，咄咄自長年。欲問滄州渡，風塵正黯然。

吴中山銀臺招飲有作

爲下南州榻，招携過習園。春風疑入座，湛露喜開尊。地迥心偏會，年忘誼轉敦。坂留歸去晚，蘿月半山村。

新秋夜坐

日暮長河澹，天空大火澄。井桐風欲下，岸柳露初凝。砧杵千門月，琴書半夜燈。坐來清不寐，疑對玉壺冰。

其　二

兀坐空齋久，凄然思不禁。秋聲寒淅瀝，夜氣晚蕭森。鴻雁高低度，蛩螿斷續吟。幾番懷宋玉，寥落百年心。

山　行

步入南莊道，行行石磴勞。蹊迴千壑險，山轉萬峰高。峪狹天多礙，沙深地不毛。跘籠幽澗底，時復瀉寒濤。

四女塚

四女何年塚？纍纍此結鄰。玉魚消白骨，金屋黯黄塵。相對千秋月，誰憐萬古春。我來憑吊久，風雨欲傷神。

贈劉大尹册言代

荒政聞周禮，忻逢茂宰修。春炊千社曉，粟煮萬山秋。蒙袂人皆起，飛鴻澤自優。楓宸書姓紙，端不次君侯。

右煮粥救荒

賢令矜民瘼，移來肘後金。政成三折美，仁及七年深。麥壟芝爲瑞，花封杏作林。噋陽登壽域，無復問呻吟。

右施藥濟衆

山火明於鏡，多君照有靈。拳囊春載德，鼠雀夜空庭。人誦隨車雨，天回貫索星。皋陶千古後，今復見平刑。

右鞫訊仁明

征繕天朝急，寬和大尹奇。尾閭傷命脉，頭會惜膏脂。忍見三星罶？愁聞二月絲。吾民懷濊澤，礱石有餘思。

右催科撫字

西山曉霽

宿雨經晨歇，西山景獨幽。層巒空翠滴，遠樹淡烟浮。一抹濃於畫，千林爽似秋。朝來憑眺久，拄笏欲登樓。

遊白雲觀

羽客何年去？空壇自柏林。樹巢玄鶴隱，殿鎖白雲深。丹竈傳仙火，《黄庭》度法音。可能遺世累，長此伴松陰。

宣城園漫興

徙倚消閑晝，移尊傍夕陰。蘋風輕入座，蘿月半涵襟。地僻喧難近，臺高暑不侵。坐來逸興舉，搔首一長吟。

秋　夜

獨坐金風夜，寒光動絳河。捲簾來白鳥，燒燭引丹娥。静聽繁蟬急，俄驚一雁過。不堪鄉國思，回首月明多。

其　二

旅邸驚秋莫，孤燈向夕炎。蛩砧聞暗壁，螢火見疏簾。坐久將穿膝，吟成欲斷髯。不知更漏永，星斗下虚檐。

春日送嚴慈歸里

關河千里外，惆悵送親歸。弱柳牽離緒，寒花亂舞衣。忍聽烏哺隔，愁對白雲飛。何日遺簪組，相看飽蕨薇。

其　二

迎侍羞二釜，成名愧一經。鲊無官舍味，蓴有故園青。遠道傷蓬鬓，孤蹤感脊令。殷勤祝匕箸，岐路幾丁寧。

西　野

西野多名勝，尋芳正莫春。柳塘風淡淡，荷沼露津津。細雨催紅杏，澄波映白蘋。坐來機並息，魚鳥亦相親。

南浦泛舟

選勝依南浦，鳴榔溯上流。水萍迎槳亂，堤柳捲簾收。渡遠遲青雀，沙深引白鷗。夜來烟雨足，奇色滿汀州。

其　二

晚霽涼生渚，開舲景自偏。虹消雲外雨，霞襯水中天。叠鼓催行櫂，徵歌賦《采蓮》。冥搜殊不厭，把酒重留連。

題陳母冰霜册

有母閨中彦，孤貞北〔一〕敬姜。鵲巢方卜吉，鸞鏡忽分行。晝永啼紅血，春深減素妝。夜臺千載下，端不愧冰霜。

其　二

有子能三釜，含情賦《蓼莪》。慟餘身上綫，愁對澤中梭。馬鬣傷新築，熊丸憶舊和。焚黄無限恨，涕濕五花多。

閱　漕

四海修王貢，千艘入潞河。賦憐吴楚重，兵飽薊幽多。誰瀹桃花淺，空傳《瓠子歌》。東南新有榷，民力轉蹉跎。

署　中

小院松陰合，公餘坐晚烟。捲簾看鶴舞，拂楝任魚懸。飲盡青田核，吟成白露篇。放衙無個事，習静悟三玄。

旅　思四首

游子耽行役，蹉跎滯未歸。一方烏哺隔，兩地雁行違。宦海羞萍梗，家山憶蕨薇。病來憐獨坐，無語對斜暉。

其　二

底事浮名誤，勞勞苦未休？孤舟方歷暑，匹馬又經秋。歲月消殘鬢，風塵殢壯游。北山無限思，撫景重夷猶。

其　三

四十棲郎署，頭顱總可嗟。有文供醬羃，無力負鹽車。憂國心如醉，傷時鬢欲華。况堪懷宿草，愁緒滿天涯。

其　四

偶射金門策，叨含畫省香。濫竽同北郭，飽粟愧東方。未作千間庇，翻餘十畝荒。春深聞杜宇，逸興在滄浪。

寒　食

病裏逢寒食，家山思不禁。夢縈春草亂，愁鎖白雲深。有藥供高枕，無書到上林。松楸一回首，涕泗幾沾〔二〕襟！

初　度

旅邸驚初度，浮生轉自悲。百年猶未半，兩鬢已先衰。謾説頭顱改，空憐髀肉垂。桑蓬成底事？羞煞《白華》詩。

校勘記

〔一〕"北"，疑當作"比"。

〔二〕"沽"，疑當作"沾"。

句注山房集卷六

七言律詩

賦得霜前白雁

天高露下雁驚秋，雪翮翻飛過戍樓。結陣瑶空横玉壘，探書碧漢轉銀鈎。朝迴秦塞霜華冷，夜度吴江月影浮。萬里隨陽紆素領，冰操肯爲稻粱謀？

秋日山居四首

習静空山户半扃，不堪秋夜雨溟溟。寒生蕙帳凄孤鶴，濕入蓬窗逗亂螢。天地自容梁甫卧，江湖誰愛屈原醒？科頭睡起情無語，便欲排雲問紫冥。

其　二

睡起高齋倚杖看，邊城秋色海天寬。聲聲清杵來山社，點點寒鴉下石灘。暮雨晚烟村樹渺，西風衰草夕陽殘。幾回欲發登臨興，短屐那堪道路難。

其　三

爲愛南山好避塵，閑居蕭寺憶安仁。僧來白馬堪成話，客到黄雞不厭貧。《秋水》一篇〔一〕常寄我，春風滿座總宜人。近時學得蘇門嘯，懶向明河去問津。

其　四

野寺幽棲事事闌，不堪瞥見物華殘。泬寥天遠霜初白，蕭颯風高木正丹。山色迴嵐紛爽氣，水聲夾澗瀉寒湍。夜來徙倚憐秋思，遮莫窮愁到鶡冠。

峪山秋眺

孤峰突兀倚晴空，躡屩登臨興不窮。露浥烟蘿迴鳥道，雲開石壁見虬宮。遥分野練千溪白，俯瞰平疇萬頃紅。幾欲凌虚生羽翼，翛然天外駕長風。

贈陳修吾參戎

當年鳴劍讋伊吾，此日重分雁塞符。細柳月明閑士馬，長楊風動泣胡雛。旗懸北斗關河靖，弓掛西山草木蘇。我亦有緣依大樹，顧從麟閣識新圖。

登梵仙山

誰斵靈山號梵仙？岧嶢四壁鎖蒼烟。林穿曉日開三界，澗走洪濤匯百川。斗嶂忽窮紺殿出，懸厓欲斷寶幢連。捫蘿汗漫登高頂，俯首群峰在目前。

病起感秋

西風瀟瑟動新凉，兀坐茅齋對白藏。香燼玉爐灰漸結，漏催銀箭夜初長。誰家斷續琴三弄，此際高低雁幾行。病體不勝秋思苦，吟餘欲折九迴腸！

初秋雨霽飲謝成吾西園

西園富貴錦模糊，霽後風光入畫圖。樹鎖輕烟垂蓋幕，花含細雨綴璣珠。東山興懶閑銀鹿，北海情深倒玉壺。况是新秋良夜永，不妨坐待月輪孤。

送李茂齊將軍

北門華胄擁輕裘，一卷龍韜屬壯猷。白羽當關閑鼓角，青虹射斗落旄頭。風高玉壘狼烟息，霜凛銅標蜃氣收。撫髀只今思頗牧，好圖麟閣覓封侯。

寓晋陽館舍

迢遞家山草色萋，一氈留滯太行西。壯心未厭成蕉鹿，虚氣空消自木雞。作客風塵悲往事，逢人月旦問新題。夜來依劍閑堦立，北望長河斗柄低。

其　二

回首關山幾月明，不堪身世逐漂萍。荒凉漫憶翟廷尉，痛哭猶憐阮步兵。故國三春原草碧，鄉心一雁塞雲横。愁來濁酒澆腸後，卧聽高齋倦鳥聲。

其　三

一函短鋏掛并州，滿目風烟識壯猷。花落花開汾水曲，雲來雲去雁山頭。平蕪北望關河暮，遠塞西迴草樹幽。萬里鄉思勞入夢，飛魂夜夜遶沱洲。

其　四

乾坤何地振孤蹤，無那愁來鏁二峰。半世行藏真画虎，一身事業類屠龍。紅塵坱莽封錐穎，紫氣絪緼落劍鋒。獨有壯心消不得，長虹時向暮天冲。

夏日飲趙松軒將軍園亭

將軍甲第冠雄都，别有名園隱画圖。碧樹低垂花塢静，蒼苔密抱藥欄紆。戰餘龍種開金埒，坐對雞談倒玉壺。最是氤氳蘿薜裏，千尋紫炁鎖昆吾。

其　二

雨浥朱明色倍鮮，晚風斜月一留連。蘋吹入座供揮麈，桂魄當空解控弦。歌罷雪兒紅錦重，饌來雲子緑華偏。相扳不覺言歸莫，露濕奚囊犯彩箋。

不住上人以詩見過走筆步之

楊枝一灑便清涼，證入菩提路轉長。賸有金篦開法界，可無寶筏下芸堂？檀烟欲結三生果，蘭若期收萬里韁。何日追隨瓶鉢去，山中共對九年墻。

送彭小石總戎督兵登萊

雁門組練肅銅鞮，贏得君王賜紫泥。龍節首分三國重，獸袍新製五花齊。旋風旌旆閑刁斗，偃月艨艟卧鼓鼙。管領勛名高岱岳，磨厓海上有標題。

其　二

按轡曾歌出塞詞，節旄今復鎮東夷。柳營夜曉千屯靖，榆砦風寒萬馬嘶。銘勒天門高貝肙[二]，波澄渤海伏支祁。等閑鳴劍長城窟，尺一横飛下月氏。

其　三

十行丹札下層霄，都護新銜重百僚。塞上風馳天子詔，軍中日麗總戎貂。黄龍已見空沙漠，白雉還看候海潮。伫取東南消瘴癘，扶桑高處立銅標。

其　四

貔貅萬隊控滄瀛，羽檄牙璋照漢旌。劍氣方揮平虜陣，笛聲先發射潮兵。日高魚寨絲綸赫，霜冷龍山組練明。從此銀河戈甲洗，六符長見泰階平。

賀彭小石舉震榮遷代

玉帳風和塞草蘇，聯翩新寵照楊紆。石麟乍應熊羆夢，丹鳳俄銜虎豹符。泊海銀檣閑桂棹，傳家金板啓桑弧。相看奕世登壇早，巀業雲臺取次圖。

其　二

大帥分符幾躍鞍，朱旄到處慰彫殘。弓彎漢月狼星落，劍潑胡霜蜃氣寒。戰士争誇新虎節，島夷猶識舊貂冠。公常平倭，故云。即今飛檄傳三令，海上應銷赤黑丸。

春日郊行有慨

雁門三月尚餘寒，春色模糊未許看。桃綻錦衣烟欲暝，柳舒黄甲雪初殘。千村榆火燒新燧，萬壑冰澌瀉急湍。極目江天倍蕭索，飛鴻肅肅下河干。

客有求贈隱詩者書此以似

物外烟霞任去留，隨夷高致許誰收？半生歲月閑黄鵠，兩字功名等白鷗。菊徑自消彭澤酒，桃源未厭武陵舟。幾番睡起談蕉鹿，笑煞人間萬户侯。

挽劉景夷社友

風急霜寒璚樹摧，一朝千古重堪哀。月明鵑淚流翁仲，日暮猿聲遶夜臺。天上玉樓還壯麗，人間金碗忽塵埃。遥憐東郭分襟處，腸斷荒墳幾十回。

酬海音上人遊白人巖韵

招提深處一銜杯，夜坐冥搜蔫石苔。風度松濤來巨壑，月移花影下前隈。飛瀑乍聽懸岩落，古洞還看絶壁開。但得此中容大隱，不教名姓上三台。

其　二

回首雲岩色色幽，上方清冷自成秋。霞明北斗雙鋒見，月掛西天萬品收。禪定許誰登極樂？書成愧我尚窮愁。何當共證蓮花果，一笑相携渡寶洲。

送王錫吾三府之守安樂

絲綸一夕下明光，點檢圖書出冀方。虎節專城開玉帳，熊幡夾道擁銅章。雁山已足三春雨，遼海還飛五夜霜。此去去天應只尺，莫教勛業讓龔黄。

易水吊荆軻

風動燕山易水寒，白虹西吐射長安。忠憐慷慨將軍刃，髮指悲歌壯士冠。環柱未酬千古恨，負圖應許寸心丹。祖龍若稔當年惡，匕首寧教一笑看！

奉高太昆司馬

五馬西來意氣殊，一麾揺曳壯楊紆。天邊鳳彩朝陽麗，斗下龍文夜色孤。片月當軒開水鑑，清風入座逗冰壺。等閑消得蓴鱸思，指點家山聽螻蛄。

王貞翁民部長公入序走賀二首

緑野堂高映泰符，仙郎一鼓拔蝥弧。冥鴻未起商山羽，神馬先呈洛水圖。巇險世情憑九折，陸離文朵自三株。青箱舊是君家物，飲泮須從識鳳雛。

其 一

蚤歲才名跨子猷，三千禮樂屬箕裘。芹翻泮水香初發，梓媚南山幹始抽。騕褭乍嘶空冀野，鸊鵜方淬見吴鈎。三槐漫説王文正，也索將來遜一籌。

懷鄭海暘年丈

燕市悲歌酒半餘，相看意氣總渠渠。康成文雅君全擅，平子風流我不如。牛斗夜寒三尺劍，魚箋春滯一封書。西歸古錦知無恙，定有閑懷賦《子虚》。

有　感

蒯緱無奈厄侯門，况復鵷鵮感漆園。老大蕭騷雙短鬢，悲歌零落幾殘魂。元龍湖海空豪氣，司馬桁楊自覆盆。怪底秋風人命駕，世途傾側不堪言。

挽馮熙哩社友

十載論交臭味深，霜摧瓊樹慟難禁。芸窗寂寞春常掩，蒿里蒼茫夜永沉。元伯有時還入夢，鍾期何處是知音？愁聽《薤露》傷心調，腸斷西風淚滿襟！

北郊春燕

朱門别墅笑相過，指點韶光入望多。一段野田春水漫，數株烟柳夕陽和。鶯聲睍睆調弦管，草色芳菲襯綺羅。拚醉不知天已暮，西山山外掛纖阿。

寄宋于田年丈

燕山話别最堪憐，風雨頻經倍黯然。縹緲野雲横雁塞，微茫春樹繞汾川。南來有客梅誰寄，西去無人草自芊。獨是梁間深月夜，清光千里共遥天。

壽陳懷宇參戎

西山紫氣遶長城，十二樓開壽曜明。星落旄頭閑細柳，露凝仙掌浥神莖。龍泉漫洗銀河水，鶴算還高玉室名。爲報九重抒北顧，壯猷方叔已提兵。

賀任葆一續弦

昨夜星河駕鵲橋，天孫初整翠雲翹。風前蘭茝飄輕帨，月下絲蘿結大喬。白璧好將金屋貯，玄霜無復玉京遥。乘龍喜遂牽紅願，會看熊羆入夢饒。

午　日

門掩荒齋草自生，忽聞重午報朱明。誰家彩綫誇長命，何處靈符解辟兵？蒲酒細傾金爵艷，蘭湯初試葛衣輕。清時有地容疏散，勝讀《離騷》吊屈平。

過小蘭亭次西溟扁韵

雲净長空宿雨晴，西園景物乍相迎。薜蘿繞徑迴青色，燕雀當軒送好聲。亭闢八窗風味爽，堂開一鑑水紋明。坐來逸興翩翩舉，謾道山林在市城。

讀《宋紀》代郭后言

瑶華岑寂動經年，清問沉沉久不傳。正撥猊烟消永晝，忽聞鳳藻下中天。霜毫染罷愁凝黛，雲葉披殘淚滿箋。待罪一身知莫贖，敢將幽悃望君憐？

病中守歲

半生牢落逐風波，歲晚那堪强笑歌。苜蓿有冰難作飽，茅柴無火不成酡。空齋度臘寒偏劇，弱質逢春病轉多。只有詩愁消不得，掀髯猶自賛吟哦。

客太原寄懷滕養浩

雲樹微茫鎖塞垣，故交寥落不堪言。君臨池草思應發，我逐飛蓬願已屯。兩地紆迴空斷目，一腔繾綣欲消魂。何時歸去青燈下，别後文章仔細論。

馮圓明樓成詩以落之

覽勝樓成色色殊，朱甍縹緲射蓬壺。五千經史高門户，十二簾櫳隱画圖。遠岫雲來青障合，方塘月到玉輪鋪。更看清夜吹藜處，百丈寒芒貫斗樞。

始　皇

斧刀初試六王微，欲鑄金人壯帝畿。碑石有靈應汗下，簡書何罪亦灰飛！阿房二水愁空泊，蓬島三山願已違。可笑長城徒築怨，不知胡亥在宫闈。

晋

聞説清談解誤人，忍將典午易錢神？可憐石馬圖中記，不奈銅駝陌上春。白板無文徵國士，青衣有淚墮胡塵。渡江擊楫成何事，小吏牛金已問津。

宋

江淮萬里插胡旌，草澤英雄伯業成。未厭解衣資大盜，俄驚脱幘壞長城。元嘉空有文章俗，泰始渾忘儉素名。莫怪汝陰輕禪位，寄奴久已負昌明。

齊

戊丁何物肅然興，謾道天符累葉承。元尚存亡真奄忽，新安廢立亦凌兢。十王手刃宗先覆，六貴同朝亂轉增。可惜閑軒高嘯業，涪陵未已又巴陵。

梁

金甌一缺動欃槍，反噬彎弧不可平。櫪伏襄陽悲老驥，波翻淮海變長鯨。法衣未了三千界，戎服寧當五萬兵？抛擲春風成底事？只今愁霧黯臺城。

陳

天塹寒流涌碧波，東南王氣竟如何？謾夸紫霧摧侯景，無那黄塵送阿羅。狎客自矜新翰墨，東封誰賦舊山河？宫嬪不管興亡事，猶唱《庭前玉樹》歌。

隋

黄鉞空消馬上塵，可憐皂莢付荆榛。方訕熨斗盈寰望，忽謝宫花滿樹春。注海一渠流素怨，燒山萬斛化寒燐。今來鞏北河邊看，惟有柔楊歲歲新。

獨坐感懷

門掩牢騷百事闌，狂歌羞見唾壺殘。芙蓉猶自矜秋晚，苜蓿何人問歲寒？画虎行藏真可惜，雕龍術業等閑看。有誰會得鍾期賞，山水移來膝上彈。

靈丘道中

風雲萬里駕征輪，寶劍青氊入望新。縹緲熊幡隨計吏，迢遥驛路拂京塵。孤城塞險飛狐峪，古渡烟寒巨馬津。從此東來天尺五，家山不必問綸巾。

送周雲漸太守之任楚中

鳳銜丹詔出皇州，雙隼新懸刺史斿。遠道重帷褰宿望，邊城長笛發鳴騶。一錢争送劉明府，萬竹歡迎郭細侯。伫取勛名高七澤，早彈星弁集螭頭。

馮九澤過我持箑索和占以次之

三年悵别惜昂藏，此日相逢逸興長。郢調凌雲春寡和，齊紈裁雪午生凉。蒹葭玉樹蔦蘿意，苜蓿盤餐松桂香。幸有濁醪供笑傲，步兵未許獨清狂。

賀炳寰先生舉孫

君家仙桂兩婆娑，蘭玉還看入砌多。祖業晚榮蒼檜色，孫枝新長碧梧柯。鳳毛穴裹稱英物，麟定群中葆太和。况復貽謀饒式穀，青箱奕世起嶒峨。

贈講僧覺空

曾契天龍一指禪，踏翻鐵網透三玄。朝回庾嶺雲和衲，夜渡曹溪月滿川。不二門中誰嘿照，大千界裹自真詮。跏趺半偈蒲團上，火宅依稀化福田。

其　二

十二因緣定裹空，還將法雨沛龍宫。經幡貝葉傳三昧，水灑楊枝轉六通。鐵樹花明飛錫界，寳幢香散布金叢。犍椎遲爾西歸遠，九品蓮臺已向東。

過公主廢寺

千年古刹枕荒丘，野色蕭蕭淡不收。斷碣草青沿贔屭，空廊月黑叫鵂鶹。風吹劫火春秋發，水泊恒沙日夜流。見説仙臺成寂寞，登臨何處豁吟眸？

贈李文所文學

曾向南華悟纍丸，一函經史走江干。長裙不入芙蓉幕，短褐惟宜苜蓿盤。唱喁春風隨振鐸，濂瀸化雨浥彈冠。鱣堂會有三公兆，未許青氈老杏壇。

饋馮獻猷中翰以杏感悼存焉已

别墅葳蕤競艷陽，一株文杏欲垂芳。緗標帶雨離離實，絳質籠烟顆顆香。爲向午橋和柳黛，擬從漢苑伴梅黄。夜來無那風摇落，燕悄鶯愁幾斷腸！

南城春眺

雉堞崚嶒控上游，乘春登眺一凝眸。榆烟萬井寒初散，雪色千山霽未收。遮莫鶯花明雁塞，將無燕麥變沱洲？睥睨高處低回久，不盡牢騷種種愁。

其　二

幾載風塵殢壯心，叵堪惆悵此登臨。美人東望飛狐斷，涓客西來巨馬深。白草黄沙春漠漠，青山紫塞晚陰陰。悲歌欲豁憑欄目，才到憑欄思不禁。

高太昆司馬召飲蔣户侯園亭口占

勝地開筵引興長，相看春色幾徜徉。日移樹影紛牙杖，風度花香入羽觴。五馬騰驤塵外物，一龍夭矯座中光。留連不盡言歸景，爲囑奚奴貯錦囊。

其　二

使君愛客足壺飧，乘興登臺縱大觀。西下滹沱盤上館，北來恒嶽擁長安。龍堆天迴旄頭靖，雁塞風清鼓角寒。四十年來消戰壘，幾人樽俎讐樓蘭！

重　九

玉露瀼瀼薦爽秋，重陽無處不風流。花繁鶴寺冥搜入，酒泛龍山汗漫遊。黄菊紫萸供笑口，疏藤濕桂豁吟眸。獨憐病骨消情思，寂寞高齋擁敝裘。

壽王炳寰先生

瑶草琪花拱塞垣，桑蓬高處乙星騫。鼎中靈藥傳勾漏，物外神椿茂漆園。玄鶴飛來十萬貫，青牛到處五千言。等閑識得壺天路，指點雙鳧叩上元。

其　二

雁山佳炁接炎洲，陸地仙人下海籌。蓂草凌霜芬一葉，誕辰初一。蟠桃和露實千秋。開筵喜放金籠鴿，曳履行扶玉杖鳩。况復斒斕饒綵服，懸知華衮振箕裘。

陳瑩齋文學見過且惠詩求拙草走筆次之

大曆翛然未可陪，多君風雅屬奇才。文瀾倒瀉三江水，筆陣横飛六月雷。摇漢德星人健睹，連牛紫炁夜昭回。適來叩我奚囊物，幾度還令燕雀猜。

南墅漫興

蕭然一榻寄南堧，盡日關門覓太玄。睡起曉窗看蛺蝶，夢回春草拂蠻箋。書成不减虞卿况，賦就還疑潘岳篇。幾許冥思天地外，半空風雨落檐前。

送董雲泉二府晋守柳州代

紫誥新飛五色翰，一麾摇曳渡江干。帷褰象郡蠻烟曉，旆指龍城瘴癘寒。虎節行春看命駕，麟符刻日慶彈冠。伏波銅柱高千古，知有勛名勒二難。

其　二

六載經營塞上糈，雄藩今喜鶴書除。嶺南日月開王化，冀北風雲護使車。刺史權分唐節鉞，循良儀肅漢簪裾。虞廷報最歸來早，伫取勛庸冠石渠。

其　三

箕星消得咏飛鴻，一篋圖書兩袖風。地迴汾陰驅駟馬，天高嶺表建雙熊。三關餉轉春炊足，百粵城專鼎峙雄。從此蠻荒歌五袴，璽書應下建章宫。

其　四

竹虎初分太守班，旌幢遥指鎮鄉關。風清一鶴翩龍塞，日麗雙熊駕象山。紅粟久肥三晋士，朱幡行靖五溪蠻。懸知桂嶺磨厓遍，早見吴江晝錦還。

其　五

金檣飛輓佐均輸，贏得身懸刺史符。緋佩生風摇桂嶺，赤幢捲日照楊紆。隨車定擁臨淮鹿，到郡應還合浦珠。十萬户人弦誦滿，麒麟高處列新圖。

其　六

辛苦倉漕走玉珂，綸絲一夜出鑾坡。西陲粟輓籌全借，南國符分惠轉多。白草九原蘇戰壘，黄茅千里靖氛波。袖中況有鹽梅在，只尺還應鼎鼐和。

壽孔太史年伯

《雲》《韶》奏徹碧天秋，玳瑁筵開十二樓。袖擁煸爛紅艷艷，尊浮沆瀣綠油油。金華遥載天門寵，玉笈平分海屋籌。况復庭前多寶樹，幾看綸綍照丹丘。

送陸季寧年兄歸展

晝省新裁晝錦歸，白雲親舍失春暉。一經未厭饘堂老，五鼎應憐馬鬣違。風動松楸悲繐帳，露凝蘭桂冷班衣。《蓼莪》莫諗終天恨，遲爾絲綸到夜扉。

送汪東台藩相

山斗文章舊有聲，十年鞅掌促王程。芹香泮水饘初集，花滿河陽鶴正鳴。兩較南來寒谷暖，一麾西去雪山輕。不堪惆悵臨岐别，暮雨晨風塞上情。

賀王愚谷大理膺封

聖朝解網法無援，廷尉稱平世不冤。彩筆曾干雲五色，紫泥今見日三蕃。星高貫索明杓斗，露湛絲綸浥掖垣。最喜承恩雙製錦，龍山遮莫舞翩翻。

送曾遹雲庶常歸展

蓬島仙人晝錦還，叵堪愁色動家山。白雲不散松楸影，黄壤空凝雨露斑。望到九原思正永，感深三釜淚初潸。瀟瀟風木無窮恨，爲賦《南陔》幾黯顔。

《雙烈卷》爲劉滄嶼銓部母妹題

縹緲仙鳧度漢陽，鷸冠無奈嘯聲狂。白矛欲犯孤舟影，彤琯争流奕世芳。母向鯨波沉玉骨，女甘鼉窟葬明璫。只今寓内稱雙烈，楚水粼粼也自香。

其　二

精衛千秋恨不平，鳳毛蚤已兆文明。庭前瑞應三株樹，海内雄飛萬斛聲。啓事無私稱水鑑，公車有待重連城。天家次第移新寵，佇取綸音到九京。

入歲懷舊

天涯四見歲華新，回首家山入夢頻。芳草有情牽别恨，素衣無那化京塵。幾人獨醒烏皮几，何客偏宜白氎巾。遥憶故交零落盡，夜來風雨欲傷神。

遊極樂寺

空王臺殿帝城坰，積翠鋪金引百靈。西化青鴛今證果，東來白馬舊傳經。雙幡繞刹風逾定，六鏡玄龕日轉亭。聞道此中堪住世，幾人會得息心銘。

金剛石塔

神丁一夜破昆岡，削出浮圖鎮上方。千朵芙蓉天外秀，一函舍利洞中藏。即逢驍將難疑虎，任是真仙豈化羊？怪底五峰常自在，劫灰元不壞金剛。

都門别李季式

天涯忽喜度離鴻，握手殷勤話不窮。燈火十年憐夜雨，尊罏千里憶秋風。停雲半入山陽笛，白雪都消驛使筩。今日相逢拚盡醉，叵堪岐路又西東。

壽王年伯

朱明五夜乙星熙，報到仙翁介壽眉。海上香分桃七顆，堦前秀擁桂三枝。琅璈度樂翻金縷，玳瑁張筵倒玉卮。從此靈辰高絳曆，年年常聽祝籠詞。

張年伯雙壽

千秋蓂曆逢初度，六帙花年喜共過。瑞靄夜回南斗近，晴暉春護北堂多。真形自合圖黄耇，靈藥分明授素娥。勝日仙郎歸省便，萊衣五色映宫羅。

秋望有懷

西郊倚杖夕陽天，别墅秋容事事偏。菘葉緑翻新雨後，豆花香散晚風前。砧聲入夜喧還寂，雁陣驚寒斷復連。最是懷人千里外，蒹葭白露兩凄然。

壽唐元樸太史乃翁

解組歸來鬢未蒼，漁竿不負芰荷裳。千秋岳色留花縣，一片冰心寄草堂。綸涣鑾坡金作檢，筵開瑶島玉爲漿。承顔况是神仙侣，歲歲班衣製七襄。

報李渤海詩箑用韵

芝蘭室裏味初同，百尺龍門許刺通。劍氣不輸牛斗北，岱宗偏屬海天東。雪翻郢里推孤調，風度齊紈識化工。别後思君無限意，探詩刻燭夜燒紅。

題吉公《崇祀册》

松桂當年思不禁，一毡歸去卧喬林。收將鄒魯千秋脉，羸得羲黄太古心。豸史傳經庭訓遠，龍章飛綍主恩深。只今孔廟聯尊俎，山斗應知未陸沉。

爲周醫士書

煉就丹砂貯橘泉，平生踪迹在壺天。溪山春暖看芝秀，枕簟秋深伴菊眠。一匕神樓人盡起，千金龍訣世稀傳。不須更飲長桑水，杏滿沱陽即上仙。

聞夜宴志感

五夜何人興轉饒，分明天外動《雲》《韶》。筵開四座羅朱履，帳擁三金列絳綃。松液已拚澠水注，檀烟還任博山燒。豈知鴻雁于飛苦，肅肅江干願未調。

校勘記

〔一〕“萹”，疑爲“篇”字之誤。《秋水》爲《莊子》篇名。

〔二〕“貝屓”，似當作“贔屓”或“贔屭”。

句注山房集卷七

七言律詩

代送汪東台太守以藩相南歸有引

竊惟西藩望重，鶴書揚祖道之塵；南浦思深，鸞馭動臨岐之感。問青桐於上國，封玉增輝；折緑柳於長亭，離筵色黯。于時風清勾注，畫熊揺冀野以披嵐；雪盡滹沱，彩鷁下吴江而競渡。兼以賫錢父老，難回明府之驂；擁竹兒童，莫挽細侯之轍。方來借寇，知福星遠在金陵；既去思何，願愛日遥分玉塞。雖芝檢絲綸有待，未應久卧東山；然梅花驛騎無憑，可奈常懷北斗！敢將蕪句，共展離悰。

匹馬嘶風出雁南，翩翩劍氣照寒潭。鶯聲高囀皇州路，柳色低回太守驂。景入梁園堪載筆，榮分楚醴看遺簪。它年强起東山卧，世事知從刺史諳。

其　二

甘棠無處不成陰，投劾還存太古心。兩舄飛來千里露，片帆歸去一函琴。袖中長鋏芙蓉鎖，海上孤笻薜荔深。睡起白雲看鶴舞，漢廷丹詔有黄金。

其　三

風塵十載駕輕艘，荏苒蓴鱸入望勞。茂宰久翻雲外舄，専城還佩夢中刀。霜飛冀野明青幰，日麗吴江映錦袍。歸去儘饒繁露萊，可能長嘯卧林皋？

其　四

天上絲綸走玉函，使君緋佩動征衫。楊花故辟倌人路，桐葉新分帝子銜。日永常山明去旆，潮平淮海壯歸帆。滄江遮莫成孤興，鼎鼐還須待傅岩。

其　五

長亭柳色欲垂金，惜别其如萬里心！風力頻催班馬迅，月明遥憶塞鴻沉。小山叢桂香逾滿，南國甘棠廕轉深。他日相逢重回首，雁門烟雨一蕭森。

酬王炳寰先生見惠北上之韵

十載窮愁感博勞，壯心慚賦《鬱輪袍》。龍頭近喜風雲合，雉尾還瞻日月高。爲向九天披鳳藻，何妨萬里破鯨濤。多君曲致臨岐意，肯醉長安學酒豪？

元日即事書於燕山旅次

爆竹聲驅五夜寒，一天珠斗綴闌干。龍躔乍轉三辰次，虎朔還開四始端。剩有桃符分葦索，可無柏酒上椒盤？春風只尺催紅杏，不礙模糊醉眼看。

贈陳力如年丈

新散朝班出五雲，銅章遥應列星文。三春夜足花封雨，百里寒回黍谷曛。玩世飛凫猶賁止，在陰鳴鶴已升聞。漢廷不日開丹詔，青瑣聯翩幾似君？

賦得御河冰泮

東風昨夜入皇州，一帶寒澌出御溝。响雜鳴珂清瀝瀝，光浮禁柳緑悠悠。遥分内苑千池碧，俯映宫城百雉樓。從此洪濤涵萬象，朝宗咫尺到瀛洲。

聞趙介嵐年兄訃音詩以哭之

衰草斜陽塞上愁，東風一夕燒丹丘。靈根桂隕黄金粟，大雅文成白玉樓。合浦明珠光頓減，豐城寶劍氣全收。懸知月夜凄涼處，血染啼鵑恨未休。

其　二

燕山尊酒意殷勤，一别傷心不忍聞。投杼可憐予被謗，蓋棺何事爾修文？鳳簫聲斷閑清晝，馬鬣封高鎖暮雲。千載游魂招未得，海東佳氣正氤氲。

送劉雲松將軍之任京營

倚天長劍拂旄頭，黄石丹書次第收。日下琅玕披武庫，霜前組練壯貔貅。牙璋喜奮三千犢，羽葆行專十二斿。况是傳家金板在，雲臺佇取襲箕裘。

偶成集姓體

半生心事落青錢，張鷟。思入秋風倍黯然。張翰。老去漸堪廷尉禯，張釋之。向來空識孝廉船。張憑。麈中三戟誰師約，張儉。斗下雙鋒自茂先。張華。寶座委蛇何日事，張九齡。一竿孤負洞庭烟。張志和。

擬送陳修吾將軍歸里

十年榆塞控征衫，消得鴟夷海上帆。猿臂不封金印橐，蛾眉空妬玉釵緘。向來歌吹惟三箭，此去圖書只一函。珍重雪山繾綣意，臨岐遮莫語諵諵。

其　二

長風萬里駕飛菟，赤羽西來塞草蘇。正謂薊門蹲虎豹，可容梁國嚇鵷雛？車中薏苡誰能辨，匣裏芙蓉自不孤。歸去好收玄武節，虞淵未許負東隅。

其　三

八門飛度夢中天，無奈蓴鱸思已偏。自是金城維晋冀，誰將玉塞鎖幽燕？秋高五路猶鳴鏑，風動三陲未息肩。邊徼于今正多事，可能長嘯賦《歸田》？

似契真上人

一缽東南幾往回，法雲不散雨花臺。龕封貝葉龍常護，錫轉松林虎自來。生滅漸明無住性，敲推饒負浪仙才。獨憐黑業成余癖，何日江湖渡木杯？

壽太恒孫先生

中天忽報泰階平，列宿流輝照五城。東去仙鳧懷茂宰，南飛野鶴度新聲。庭前玉樹三枝秀，鼎内刀〔一〕圭九轉成。况有文孫能獻頌，不妨潦倒醉千觥。

其　二

勾漏何年采藥還，歲星今復在人間。開械妙入黄寧地，策杖晶飛紫氣關。宴擁蟠桃輸北海，衣翩萊綵媚南山。登堂愧我無余物，願祝金籠一解顔。

漫　書

塵寰何處問匡廬，徙倚高齋悵索居。感慨欲吞千日酒，窮愁恨讀十年書。侯門未許彈長鋏，狗監空聞薦《子虚》。顧影自憐還自笑，幾人天外别龍猪？

歲　晚

歲晚投閑劇漸拋，蕭然無偶坐衡茅。病來枕簟傷春思，老去琴樽憶故交。黄妳不醒蝴蝶夢，丹山空俯鳳凰巢。猥因閲世成多感，欲起揚雄問《解嘲》。

立春後邀友

駘蕩韶光艷欲排，午風遲日媚高齋。辛盤薦爽香初烈，綵勝迎陽候始諧。六驥叵堪成逝水，一年猶自足茅柴。知君剩有探春思，爲備奚囊貯壯懷。

春日寫懷

春深蠟屐尚含冰，坐對茅檐感百增。北斗氣沉三尺劍，西窗夜冷十年燈。幾人車馬羞原憲，何物江湖老杜陵？從此忉騷非一事，可能長嘯不沾膺？

代似麗人

弱態嫣然韵不凡，春深羅幌幾詀諵。雲迴蟬髩雙鬟合，月印娥眉八字緘。俠客醉來輸紫撥，騷人曲罷濕青衫。何當收拾鴟夷術，携爾烟波共一帆。

戲效西昆體

翠减紅消燕子樓，曉來慵整玉搔頭。風輕寶篆猶余屑，日午珠簾未上鈎。欹枕叵堪殘夢斷，小檐翻惹落花羞。支頤爲問南來雁，一札春愁寄得不？

再哭趙介嵐年丈

當年拔幟下油幢，百斛龍文鼎獨扛。何事風塵催《薤露》，頓令烟雨黯蓬窗。丹臺不注長生籙，《白雪》猶傳寡和腔。我欲招魂傷未得，夜深清淚落銀釭。

題孫新陽别業

南堧佳勝壓林皋，十二朱闌面面摻[二]。山展翠屏供眺望，河迴白練滌煩囂。蘋風夜度琴聲遠，蘿月秋團劍氣高。怪底紅塵飛不到，主人原自厭《離騷》。

擬奉張海虹憲使

碧幢絳節護輜軿，一劍横飛海上銘。地轉陽和春脉脉，天回法曜夜熒熒。素書自合高三傑，金鑑分明續九齡。况是鳴珂稱甲第，相看奕世擁銀青。

午日漫興

朱明轉午日垂垂，偃蹇高齋自捧頤。塵夢漸從烏几斷，懶懷偏與鶡冠宜。秖應斬艾扶多病，何事探符繫五絲？蒲酒一尊拚盡醉，不關風雨亂江蘺。

馬聘吾孝廉别墅樓成詩以落之

地主名園切大溪，新成傑閣俯丹梯。鳳岑高拱三千尺，碧甃低回五十畦。岸芷汀蘭春欝欝，晚菘早韭露泥泥。更兼鄴架饒書史，午夜依稀見杖藜。

其　二

南洲佳勝壓浯溪，更築飛樓跨石梯。涉趣平開彭澤徑，忘機俯瞰漢陰畦。朱甍綉闥凌黄道，白簡緗囊映紫泥。其先爲侍御，故云。它日投簪修緑野，應須此地一扶藜。

夏日飲聘吾丈園樓

雨浥南郊翠欲流，興來野眺一登樓。捲簾色擁千峰秀，倚檻凉生五月秋。賸有胡床邀夜宴，可無長笛送邊愁？坐深不覺星河轉，紫氣絪緼犯斗牛。

哭薛華宇社丈

悵望長阡宿草生，故人遥憶暗魂驚。乾坤漸老中原色，湖海空高我輩情。南部酒家誰是主，西陵詩社自寒盟。不堪潦倒經行處，腸斷山陽笛裏聲。

六月夜雨志喜

頻年旱魃妨三事，此夜甘霖遍九垓。自是瓶翻驄馬鬣，不煩車轉阿香雷。黄雲壓地迷青隴，白露浮階沁緑苔。明日西疇看黍稌，瓦盆知不負新醅。

題唐司理《夢蓮臺卷》代

春暉望斷起蓮臺，臺上愁雲悶未開。九品空餘菡萏夢，百年誰解《蓼莪》哀？猿啼夜月閑機杼，鶴下中天翳草萊。最是蕭騷風木恨，不堪屺陟太行隈。

落成孫新陽園樓

君家豪氣與雲齊，百尺樓成瞰大溪。夭矯虹梁懸碧漢，參差鴛瓦映璇題。光分花蕚千年美，勢壓麗譙萬隊低。園近敵樓。爲報五城縹緲客，無勞方外説丹梯。

其　二

危樓巀嶪倚平皋，捲雨飛雲射碧濤。檻拂斗牛天切近，臺邀黄鶴地全高。東來海氣連雙蜃，南到山形擁六鰲。更喜開樾明月夜，焜煌太乙續蘭膏。

南樓春望

平波如鏡草如茵，傑閣登臨正莫春。數點輕鷗浮碧渚，一川野馬散芳塵。鶯花半入高人宅，魚藻初開浪士濱。此際憑欄成獨嘯，欲從天外問綸巾。

其　二

霽色平分十二欄，河山入座鬥奇觀。晴嵐欲滴千峰翠，匹練常飛萬古寒。簾卷浮雲看太白，窗迎曉日見長安。主人况復能延眺，不道當時行路難。

過李正吾知兄園話舊有作

丹雞白犬竟誰憑，回首青衫思不勝。北斗遲君三尺劍，西窗殢我十年燈。龍門自合高元禮，魚膾何當老季鷹。把臂相看成一嘯，滄浪短髩已無朋。

夏日飲吴中山銀臺園樓

百雉城西艾草萊，嶚巢飛閣倚雲開。蒼龍獨抱山形合，赤蜃遥分海氣來。三徑清風生寶樹，八窗明月照銀臺。武陵况復當軒牖，前有桃園。日宴蟠桃醉幾迴。

其　二

延佇高樓落照殘，晚風披拂一憑欄。樽開北海星文動，簾捲西山雨氣寒。入座青雲團倚蓋，當檐白練掛飛湍。扳留賸有凌虚思，萬里晴空仗劍看。

酬心光上人元韵

定裏菩提認得真，鏡臺無用拂埃塵。三千界内窺金掌，十六人中悟水因。滄海杯浮銀漢動，靈山衲掛寶幢新。清涼許我歸蓮社，口問楞伽不厭頻。

其　二

紅塵何處問烟霞，普海空聞貫月槎。劍落豐城星自暗，賦成庚子日初斜。百年浪迹羞銀管，五夜雄心失翠華。方外忽傳甘露水，不知頭上有天花。

感　懷

風打貂裘片片毿，叵堪衰髩入無聞。赤烏端不留清晝，蒼狗應須變白雲。天上曉迷金粟樹，人間春冷石榴裙。頭顱眼見成如許，猶把丹鉛問落曛。

秋日訪心上人於施園不遇小頭陀煮茗相延已以詩草見示因而有作

孤城秋氣晚蕭森，策杖探幽訪道林。爲乞宰官身現相，即看長者地鋪金。青蓮自擁諸天座，《白雪》誰賡絶代音？更喜苾蒭能好客，煨爐煮茗話三心。

寄正心上人

雲擁方袍入薜蘿，山中動定近如何？心花合度紅塵遠，詩草知翻《白雪》多。此去毛應吞大海，向來面恐縐恒河。相逢愛説三生約，好把香烟篆密魔。

贈陳羽士

一卷黄庭度歲華，清風明月總生涯。藥燒丹竈飛金粒，飯煮青精飽玉芽。無物壺中閑鹿鶴，有天洞裏伴烟霞。幾回笑指蓬瀛水，曾見桑田百萬家。

春日郊居戲作迴文二首

長晝春和晴日遲，野蔬香遍暖風微。塘中舞燕隨鶯囀，苑内遊蜂逐蝶飛。墻矮出桃紅灼灼，浦深垂柳緑依依。芳辰晚霽雲天碧，觴對青山看落暉。

其　二

横橋斷處曲堤迴，遠望遥空接澗隈。晴絢日光紅靄靄，秀呈山色翠嵬嵬。輕烟淡鎖深塘柳，濕露濃封密砌苔。清氣爽然幽極目，傾樽玉簟小筵開。

咏紅梅

火煉芳心不肯灰，巧將朱粉散妝臺。風前裂錦輕纏額，雪裏匀脂漫點腮。爲護寒姿横醉臉，因憐瘦骨换丹胎。含章一種非桃杏，爲報奚童莫浪猜。

廷對橐筆口占

魚鑰葳蕤啓豹關，晨趨只尺對天顔。丹霄忽下金莖露，赤陛齊分玉笋班。禮樂三千争獻瑞，風雲九萬欲飛殷。微臣更有《長楊賦》，日暮抽思未肯還。

其　二

紫閣陰陰落照垂，丹墀獨對墨淋漓。雲間閶闔排三殿，日下文章絢五絲。深袖緑沾宫草色，彩毫香散碧桃枝。相看不減天人思，早夜臚聲定屬誰？

挽友作

森森玉樹照雙尖，無那昆岡火欲炎。一夜西風吹馬鬣，千秋白日送龍髯。星回曼倩乾坤黯，劍掛延陵草木黚。最是山陽懷舊笛，數聲愁絶不堪拈。

其　二

風悲大漠九河昏，露浥松陰黯石門。白馬不銷張邵夢，朱弦空斷伯牙魂。片雲斜日横高壘，衰草寒烟鎖故園。欲賦《大招》何處是？氤氲佳氣滿昆侖。

贈蕭將軍

曾驅鐵騎下金城，倚劍遥看瀚海清。太白秋高閑組練，穹蒼夜永落欃槍。西來鏁鑰三千里，北去雲霓十一征。見説薊門多警報，可容談笑解長纓？

其　二

年少談兵杖轆轤，匣中賸有太陰符。羽摇赤日驚飛隼，箭劈黄雲慣落烏。渭水久占熊羆夢，燕山還鞏豹關圖。即今事業高麟閣，海上銅標未許孤。

題楚節婦卷

何物冰霜賦女流，未亡身在恨難酬。雙分鸞鏡甘青塚，獨卧牛衣欲白頭。夜雨幾添湘竹泪，寒雲不散楚江愁。只今太史修彤琯，千古應傳兩《柏舟》。

其　二

湘靈寶瑟黯塵埃，淚灑松門濕未開。欲把丹心垂汗簡，肯將緑鬢對妝臺？辟纑自合乾坤老，藜藿憑交日月催。地下藁砧如有問，衮華今已照三台。

施誤翁有砌磁杯玉斑朱理瑩然可愛詩以咏之

碧色丹紋自大鈞，看來面面是龍鱗。剖開瑪瑙千絲細，迸出珍珠萬顆匀。菊乳香浮黄似染，月團濤泛白於銀。君家剩有和羹手，好貯鹽梅獻紫宸。

遊天壇同曾李二比部分韵

玉虚紫館净無塵，相對明霞意轉親。鳳腦爇爐烟細細，龍髯拂座冷頻頻。探幽欲問燔柴迹，覽勝同爲畫象臣。自是三階聯法曜，班荆許我溷簪紳。

其　二

南郊邂逅禮玄場，蹁躚冥搜舊典章。玉檢金繩藏漠漠，紫壇紺殿儼將將。周官琮璧山河固，漢峙枌榆歲月長。七十二家封禪事，何如此地叩天閶。

其　三

圜丘臺殿五雲高，展敬追陪屬望曹。座倚瑶林披爽籟，杯銜碧乳泛春濤。黄冠謾説蒼龍駕，丹鼎猶餘白鳳膏。獨惜明禋成曠舉，齋宫盡日鎖蓬蒿。

其　四

百年踪迹愛投閑，無那風塵殢壯顔。鷄肋久遲鄉國夢，蛾眉深鎖掖垣班。燕山西望雲迷岫，雁塞東來月滿關。蒼莽征途歸未得，可能不爲賦刀[三]環？

題《陳母挽册》

萊綵分明愛日敷，板輿何事逐黄壚？即看露浥金花重，忍見風摧玉樹孤！悲動高旻來吊鶴，慟迴長夜聽啼烏。可憐千古榮哀淚，灑向松門石未枯。

寄酬王炳寰

一自公車達帝閽，不堪雲樹鎖乾坤。故人隴上頻傳信，遊子天涯未報恩。邊塞可憐楊柳笛，家山空冷菊花尊。憑君莫話風塵事，話到風塵已斷魂！

送魏元伯年丈奉册徽藩

七舉輶軒屬俊髦，天書遥拜出東曹。周官龍節三河重，漢使星槎八月高。玉檢金函傳露藻，椒宫柏寢聽雲璈。懸知不減相如興，擬取新詩上綵毫。

壽周年伯七十

一從蓮幕謝玄圭，曾以縣尉治河有功，故云。贏得山中聽鳺啼。福曜久懸天極北，蟠桃初熟海門西。即看鶴算歌黄耇，未厭鸞書報紫泥。七帙古來稱國老，蒲輪應與上尊齊。

壽張瀛海太史乃翁八帙時太史奉册歸省

雲間紫氣擁狐[四]南，報道籌從海屋探。八帙花年顔欲赭，千秋桃實味初甘。鶴坡地迴連蓬島，龍洞春深匯菊潭。最好庭前看晝錦，鳳毛五色映魁三。

其　二

玉皇仙吏出蓬萊，瑞靄絪緼逼上台。六押久依紅日座，三花今度白雲隈。風摇絳節傳丹詔，露捧金盤佐緑醅。遮莫南山紛獻壽，綵衣端不愧循陔。

壽傅年伯

太乙高躔永夜天，五峰雲擁陸行仙。琪花瑶草明芳砌，雪藉冰桃薦綺筵。晝錦洊看華衮重，宫羅初製舞衣鮮。懸知海屋籌添滿，不數莊椿歲八千。

壽鄒年伯

南極星高拱少微，洪崖深處五雲飛。蟠桃欲熟千秋實，宫錦先裁八帙衣。穴裏鳳毛迎曉曙，庭前鶴髮照春暉。不須更覓長生術，會有金龍下北扉。

壽韋封翁

五城佳氣匝青冥，白帝秋高見歲星。蓂草正添堯曆算，蟠桃忽度漢宫馨。九城絳雪飛丹竈，三變玄雲護紫庭。最喜仙郎夸晝錦，晴窗點檢舊傳經。

題傅星垣柱史《榮壽册》

法星遥映掖垣西，赢得絲綸涣紫泥。玉室喜開千歲曆，琅函快睹五花綈。日高豸繡明黄髮，風動魚軒見寶笄。梓里暫過榮晝錦，蓬壺佳氣正低迷。

其　二

堂開華祝列堯蓂，剩有新圖五嶽形。南極乙星纏瑞氣，西池甲子注黄寧。環庭玉樹枝枝秀，沸鼎丹砂顆顆靈。謾説鹿門成大隱，何如雙健擁銀青。

登閱武臺

層臺百尺鬱嵯峨，大帥分旄幾度過。晝永旌旗閑上館，秋高笳鼓靖滹沱。壁門不散秦城紫，戰士猶傳漢馬歌。我一登臨成獨嘯，欲將長劍倚天磨。

南樓晚眺

塞上危樓瞰九垓，平川一望夕陽開，雲間句注排天下，樹杪滹沱劃地來。朔氣絪緼盤大漠，晴霞縹緲護仙臺。凴欄不減登臨興，染翰誰當作賦才？

貧女吟

緑窗無夢到星河，寂寞春閨恨轉多。爲向鏡鸞羞隻影，不將螺黛試雙蛾。吴姬越姊皆衿帨，北里南鄰自蔦蘿。獨苦爲人供綫縷，長年軋軋伴寒梭。

病　馬

力僨風塵厭月題，斜陽伏櫪幾悲悽。嚼殘野蓿噴沙細，卧斷寒莎曳練低。自惜鹽車消霧鬣，誰將金埒貯霜蹄？秋來處處饒傒秣，争有龍芻付駃騠？

其　二

曾逐龍媒散五雲，病來憔悴不堪云。風吹瘦骨崚嶒起，露浥焦毛次第氄。鬃影半翻垂竹耳，淚痕雙墮見蘭筋。何人爲具孫陽目，一顧還空冀北群。

壽王炳寰先生

投閑早歲逐冥鴻，九館三山許刺通。走筆片言飛白雪，解囊千古重高風。柳塘花塢吟將遍，麥酒蓮漿醉不窮。昨夜狐〔五〕南紛獻瑞，氤氲紫炁滿長空。

聞　警

長城萬里鎖金微，百二分明拱帝畿。瀚海自歌朱鷺後，陰山誰射白狼歸？蒹葭夜永鴻初集，苜蓿秋深馬正肥。見説甘泉烽火急，君王未許罷宵衣。

秋　興

孤雲片雨度高秋，寒日悲風起暮愁。江上芙蓉還寂歷，山中鴻雁轉夷猶。自憐司馬千金賦，誰坐元龍百尺樓？摇落年來傷旅况，故人且莫嘆仙舟。

其　二

矯首停雲思欲飛，故園松菊轉相違。可能世路逢青眼，無那京塵染素衣。四海弟兄原不惡，五湖烟月竟誰歸？半通勞碌知多少，贏得滄浪入鬢稀！

其　三

久客逢秋倍寂寥，感時懷抱不勝焦。馬鳴虞坂青泥滑，龍卧豐城紫氣遥。一夜西風驚枕簟，百年歸計繫漁樵。山靈有約遲吾往，慚愧塵纓掛市朝。

其　四

半世行藏幾黯顔，牢騷心事欲成慳。筆端共訝龍蛇字，天上誰嚴虎豹關？未許連城酬白璧，不妨傲骨寄青山。秋風忽動蓴鱸興，懶向人間説賜環。

都門惜别

一官摇落逐京塵，風雨寧堪别故人！報爾慚無青玉案，遲予惟有白綸巾。幾年蠟屐羞從事，何日羊裘吊富春？聞道家山多宿草，那能相對不傷神？

壽徐年伯母

北堂青鳥報春暉，十二樓中見綵衣。瑶草琪花香不散，玄雲絳雪色初霏。鸞書夙載金泥寵，翟服新裁玉女機。勝日西池紛獻壽，蟠桃贕有一枝肥。

送朱叔熙司寇賫敕過里

西署風流滿玉珂，爲傳天語出鑾坡。真人紫氣高燕部，使者星文動絳河。兩袖白雲官况冷，一函丹詔主恩多。聖朝雷雨須君作，莫向家山問薜蘿。

送王元起督餉宣鎮

明光草罷敕軍容，身拜丹書下九重。治粟權分秦内史，持籌節擁漢司農。九圜刀布資長策，萬灶貔貅借宿舂。聞道三雲多警報，一丸西去許誰封？

其　二

望郎遥領度支籌，上谷山川屬壯游。邊草漸肥胡地馬，征人欲唱塞鴻秋。夜深燧色連河鼓，風動笳聲入戍樓。最是諸軍庚癸急，可能不爲廟廊憂？

賀韓大理考績膺封

丹筆常開四面仁，棘林無處不生春。三章漢法稱平久，六計周官報最新。解後雨雷沾艾韠，涣來綸綍照楓宸。于公門第君須大，奕世懸知歷要津。

挽王督撫

緑野新開近翠微，何來薤露故雰霏。泰山未掩千秋色，東壁俄沉五夜暉。鼎上龍髯扳欲墮，天邊箕尾馭初歸。叵堪四海蒼生望，引領中原淚滿衣。

春霽郊行有作

雨浥青郊正莫春，韶華無處不精神。杏沾蛤粉枝枝濕，柳染鵝黄樹樹匀。瀲灩平波疑作鏡，蒙茸細草欲抽茵。家山賸有尋芳侣，何日雙柑酒數巡？

校勘記

〔一〕“刁”，疑爲“刀”字之誤（“刀圭”爲成辭，而“刁圭”未聞）。

〔二〕“摻”，疑爲“操”字之誤。因異體字字形相似（“摻”異體字作“㨻”，似操）而誤，且“摻”不韵，於文意難通；而“操”字合韵，於文意亦通。

〔三〕“刁”，當爲“刀”字之誤。

〔四〕“狐”，似爲“弧”字之誤。《晋書·天文上》：“老人一星在弧南，一曰南極。”可證。

〔五〕“狐”，見前校。

句注山房集卷八

排律

福邸告成有述

我皇維泰運，制裂犬牙符。畫野明王極，分藩鞏帝圖。白茅周典禮，朱邸漢規模。邦建三河利，宮開二室紆。麒麟通閬苑，鳷鵲隱蓬壺。棟宇翬飛敞，樓臺蜃氣孤。中霤搖翡翠，左堿印珊瑚。虎栿黄金鏁，蜂房白玉塗。厩聯銀匼匝，殿列錦氍毹。輪奐千秋盛，山河四塞都。萬方瞻衮冕，五等拜彤旅。准擬琉璃椀，偏宜玳瑁厨。縑錢俱不薄，鐘簴總相扶。呵導龍文仗，追陪豹變儒。好書元足適，爲善轉堪娱。楚醴尊方滿，梁園雪正鋪。梓材能有毖，桐葉自無虞。何必連阡陌，時王請田四萬頃，故云。倌人始戒途。

壽李槐墅憲師

泰運開皇極，中原有歲星。猶龍綿舊業，倚馬壯新硎。息化南溟羽，波翻北海腥。懷香依日月，仗節走風霆。已靖飛狐虜，還看相鶴經。丹砂迴絳雪，紫氣匝玄冥。桃實三千歲，椿長五百靈〔一〕。斑襴饒戲綵，華祝許充庭。瑶草瓊芝麗，交梨火棗馨。木公傳素履，金母錫黄寧。灝采渾無量，元精詎有停？九仙成蜕骨，五岳鍊真形。整頓乾坤了，甄陶民物惺。萬年鐘鼎上，數外有遐齡。

午日飲蘭亭呈張惺寰郡師

景媚端陽節，公餘可滌煩。携尊開北海，曳履過西園。柳菀青褰蓋，葵明錦作樊。簾櫳凝翠靄，山斗照朱幡。蝶板高低按，鶯簧遠近喧。蘭湯傳盛事，蒲酒酹中元。《白雪》篇初和，春風座轉温。二難真不負，一榻喜相援。話引三閭恨，文搜《九辯》言。劇談忘坐久，返照入層軒。

過七佛庵

古刹開靈迹，諸天隱化人。幢幡千劫浄，燈火萬龕新。寶鐸傳清梵，金繩轉法輪。林蓁巢鵲穩，潭静鉢龍馴。慧日明三界，慈風盪八垠。園多長者地，人盡宰官身。衹樹重重合，牟尼色色真。都無藤葛相，賸有水雲因。偶過扳僧話，翛然破六塵。

似玄上人

結夏小衹園，跏趺鍊五門。觀空窮色相，習静斷塵根。鵲止巢常穩，鴉棲樹不喧。四禪成嘿照，萬法入無言。坐久龍馴鉢，居深鬼築垣。幾看飛雁墮，時伏野狐蹲。一粒收普海，三車轉大坤。曾聞溪虎嘯，還見石牛奔。南岳磚俱就，西江水盡吞。何當登覺路，於爾證青鴛。

感　懷

天方回四始，人忽逾三旬。歲月慚虚度，遭逢嘆不辰。長年甘骯髒，半世苦湮淪。寂寞羞彈鋏，崎嶇感掇薪。門閑須設網，甑冷欲生塵。謾道撑腸富，誰憐見肘貧！青衫幾誤我，赤仄解欺人。已悵頭顱改，還驚露霧頻。揶揄能作祟，洴澼豈勝龜。髮短蕭騷景，魂摇落魄身。衹應看鼠鬥，寧復問龍賓？癖性難諧俗，孤蹤且卜鄰。蓬蒿栖仲尉，蓑笠隱玄真。病起神樓散，愁消土窟春。放歌惟白石，炙手任朱輪。未許鳶鴟嚇，何勞虎豹蹲。委蛇雙葛屨，偃蹇一綸巾。桃葉詞偏妬，蓮花社轉親。向來平子賦，此去季鷹蓴。滄海紛紛變，箕山的的新。烟霞同有約，猿鶴總相馴。好作漁樵長，憑言骨象屯。三珪從復楚，二畝足耕莘。叵猒呼牛馬，生憎説鳳麟。荷衣堪寄老，菽水自頤神。

萬壽聖節

皇明國運軼蒼姬，聖主凝圖茀履綏。飛電繞星回北斗，流虹貫月照西池。探來軒策苞符遠，種得堯蓂甲子隨。箕範九疇初用吉，華封三祝正當時。八千欲衍春秋盛，五十先孚天地奇。縹緲紅雲環雉尾，霏霺絳雪護龍姿。御爐香裊氤氳篆，寶炬光摇爛漫枝。殿擁煸爛明黼黻，筵開玳瑁醉醁醽。鸞聲合奏簫韶迴，虎拜相將劍佩遲。元老瑶觴應獻瑞，微臣金鑑亦陳詞。卜年卜世綿鴻造，如至如升集駿禧。萬歲嵩呼原有道，八方衢咏本無私。不須漢帝神仙術，管領周王壽老詩。麟趾振振傳玉笈，螭頭永永匝丹葵。九仙已抱真人骨，五岳還開大耋期。更願作朋胥與試，同歌喜起樂雍熙。

校勘記

〔一〕“霻”，疑爲“齡”字之誤。

句注山房集卷九

五言絶句

冬　夜

蓮漏冰澌斷，蓬窗火力微。可憐龍貝冷，獨坐掩柴扉。

其　二

淅瀝風敲户，微茫月掛棱。夜寒清不寐，倚案一挑燈。

其　三

劍氣連牛動，書聲徹夜寒。狂歌纔一闋，不覺唾壺殘。

其　四

蘭焰高藜杖，茶濤沸竹爐。硯池冰欲解，撚落數莖鬚。

旅　次

長河澹欲流，清夜凉如許。空山宿鳥鳴，疑是人相語。

其　二

孤燈旅舍殘，夜冷不成夢。起閲篋中編，寒光吐白鳳。

春　曉

微雨沾階濕，輕風入座寒。乍回春草夢，無語一憑欄。

扇頭小景

虚閣開清暑，平湖擁翠微。孤舟何處客，摇曳片帆歸。

都門感懷

心煩墨翟絲，淚洒楊朱路。誰指澤中謎，相將還太素。

其　二

水落芙蓉冷，秋深雁鶩肥。祇應抛竹刺〔一〕，未許裂荷衣。

其　三

蟪蛄不知秋，蜉蝣豈信夜。顧余輪彈身，且自隨玄化。

其　四

玉石俱焚日，蕭蘭並燼時。故園有松菊，惆悵意何爲？

其　五

金檣摇颶母，鐵索斷支祁。不分持竿手，猶來泛巨緇。

白人岩一宿

搦管才偏拙，扶筇興轉賒。眈幽歸意懶，命僕駐雲車。

夢王寸所

不見芝眉久，雲山悵遠離。神魂如有意，夢裏慰相思。

紙

魚網三都貴，鸞箋五鳳高。等閑供啓事，白意滿東曹。

筆

品分三管重，夢入五花鮮。不惜顛毛改，勛名照簡編。

墨

臨池翻霧影，落楮散天香。自得玄中旨，黟然守豹囊。

硯

方性應難毁，虚中豈易淄？平生貞確守，不爲墨封移。

六言絶句

閑　書

世態都來流水，塵囂不到柴扉。獨坐小窗無事，閑看燕子飛飛。

除　夕

寳鼎香浮蘭屑，金尊酒泛椒花。簫鼓萬家歡足，可憐人在天涯。

元日遇雪獨酌

門外斜飛玉霰，爐邊倒酌椒觴。借問暖寒何處，東鄰桃葉初香。

旅　思

澤國風烟渺渺，江天雲樹漫漫。檐雀似知心事，聲聲報到平安。

四時吟

浪蝶輕翻玉板，流鶯巧織金梭。爲愛韶華滿目，香車寶馬頻過。

其　二

荷葉如翻翠袖，榴花似結紅巾，深院晝長人静，輕摇紈扇揮塵。

其　三

一簇螢燈照夜，兩行雁字横秋。無奈寒砧聒耳，披襟獨上南樓。

其　四

料峭玄風透户，縱横凍雪敲籬。冷沁蓬窗不寐，呼童呵筆吟詩。

夜　坐

玉漏初傳十刻，蘭膏忽吐雙葩。點檢芸窗事業，個中消息無差。

曉　行

茅店寒雞喔喔，山村惡犬狺狺。借問征夫何處，飛狐巨馬關津。

其　二

西嶺半輪孤月，東方幾點殘星。山寺曉鐘數杵，敲開萬里青冥。

閨　情

兩兩黄鸝對語，雙雙紫燕穿簾。欹枕忽驚殘夢，起來針綫慵拈。

其　二

銀鴨香消午篆，銅龍漏下更籌。剔盡殘燈無賴，金錢暗卜床頭。

其　三

金釧寒鬆玉腕，翠裙寬褪纖腰。侍女不知心事，曉妝猶進雲翹。

其　四

縹紫新裁半臂，流蘇巧結同心。何處青樓繫馬，不堪冷落鴛衾。

踏　春

别塢桃紅綴錦，平疇麥緑翻雲。無限春光入眼，不妨屐破苔紋。

其　二

瀲灎蒼溪東注，嶙峋翠巘西迴。徙倚高臺頻眺，花香何處飛來？

其　三

夾岸柳陰垂幕，環堤草色鋪茵。指點平波如鏡，坐來鷗鷺相親。

其　四

跳浪魚争撲刺，窺人鳥習鈎輈。日暮冥搜未猒，一尊相對淹留。

雜　咏

楚璞何當漫售，隋珠未許輕投。自習江東米價，從他呼馬呼牛。

其　二

楊柳春風摇曳，芙蓉秋水荒凉。人世浮沉休問，只宜寄興滄浪。

其　三

金馬風塵漠漠，銅駝陌草離離。萬事到頭蕉鹿，不須漢水沉碑。

其　四

四國樊蠅易亂，三人市虎難明。可惜《離騷》孤憤，千秋遺恨誰平！

其　五

簡要寧夸西晋，廉平不數東京。一片冰壺皎潔，十分水鏡空明。

其　六

中使磨牙擇食，大農蒿目持籌。入草戊丁可慮，呼山庚癸堪憂。

其　七

爛漫金臺集瑞，葳蕤玉笋争妍。可喜明廷籲俊，莫嗟空谷留賢。

其　八

雲塞秋嘶胡馬，星河夜燦天狼。幾處金湯玉壘，何人紫電青霜。

其　九

画像曾聞艾鞸，輸情共説鈞金。底事圜扉日密，却令貫索星沉？

其　十

五柞雲中結搆，九華天外安排。試問秦宫楚榭，何如禹室堯階？

漁

紅蓼灘頭晒網，緑楊灣裏投竿。釣盡晚風斜月，一聲欸乃江寒。

樵

板斧磨將風利，芒鞵踏遍雲根。砍得茅柴兩束，歸來飽卧黄昏。

耕

十畝田堪抱甕，一犁雨足揮鋤。早辦公家税事，不妨斗酒成醵。

牧

短笛長鞭出隴，烟蓑雨笠呼群。日夕牛羊欲下，放歌白石干雲。

七言絶句

塞下曲

胡兒垂帳煮黄羊，戰士關弓射白狼。見説封侯金印貴，不知汗馬鐵衣凉。

其　二

臘月交河凍不流，羯胡個個擁羊裘，橐駝背上笳聲急，却欲乘冰夜渡洲。

其　三

角弓獵較下陰山，羽檄徵兵出雁關。報道六花多勝算，長纓縛得左賢還。

其　四

燐火横飛塞上魂，金繒何事媚烏孫？謾夸振武高銅柱，争似修文閉玉門！

老將行

歷盡黄雲識夜烏，戰袍老去血腥塗。少年不解龍韜壯，却笑歸田賣湛盧。

其　二

手挽烏號慣落雕，三軍猶識舊銅鐎。秋高莫訝胡兒問，海上于今有柱標。

少年行

誰家俠少六街頭，玉勒雕鞍跨紫騮。彈雀時來楊柳陌，臂鷹遥過蓼花洲。

其　二

裘馬翩翩意氣饒，劍横秋水自消摇。黄金白璧酬知己，醉入章臺折柳條。

望滹沱

滹沱六月水連天，何處相將有釣船？我欲長歌欸乃曲，不堪蓑笠蔽風烟。

清明感雪

二月山城暖未歸，清明何處問芳菲。西園桃李都無色，惟有漫天冷霰飛。

便面小景

西風蕭颯萬山寒，林下秋容獨自看。蓴菜鱸魚隨處是，不教烟雨殢纓冠。

聞砧

秋老邊城木葉飛，清砧和淚擣寒扉。君王不罷交河戍，閨閣年年寄遠衣。

夜坐

疏星寒雁點秋空，此夜相看對晚風。兀坐胡床清不寐，一聲長笛月明中。

南墅秋吟

一葉梧桐下静欄，蕭森秋氣逼人寒。荷衣不奈黄花老，好向山林製鶡冠。

其二

白雲飛盡亂山青，遠樹微茫入画屏。望到前村縹緲處，斷鴻孤鷺下沙汀。

其　三

竹枕藤床困黑甜，爲驚涼吹下疏簾。夢中消得邯鄲思，不到尊艫意已恬。

其　四

傷秋無奈髩毛氉，徙倚閑階對落曛。何處晚風三弄笛，梅花愁絶不堪聞。

其　五

漢宫仙掌碧闌干，露湛金盤月影團。十二樓臺何處所，晚烟空鎖茂陵寒。

其　六

滹沱七月冷蒹葭，遠浦西風起豆花。夜静波澄雲影澹，擬從銀漢問仙槎。

其　七

蕭瑟清商入夜奇，戍樓高處角聲悲。幾回伏枕傷摇落，幽谷芳蘭有所思。

其　八

金柝分明轉漏籌，胡床獨擁黑貂裘。忽驚旅雁穿雲度，地北天南無限愁。

其　九

燒殘銀燭夜遲遲，檐外星河黯淡垂。松影乍看明月上，棲烏驚起最高枝。

其　十

關山夜月照流黄，砧杵千家散晚凉。因憶古來征戍苦，鐵衣常掛玉門霜。

雨後聞布穀

一犁春雨散東皇，布穀催耕過短墻。遥憶故園園裏地，不知高下幾荒凉。

漫　興

雨餘小院動微凉。簾捲輕風入画堂。三十六宫閑玩罷，翛然我亦見羲皇。

館舍不寐

寒夜偏生作客愁，半床蕭索擁孤裯。起來無語南軒下，把劍横襟問斗牛。

風竹爲滕恒陽乃翁題

嶰谷移來一種筒，喜隨烟雨度西風。歲寒不改青青色，老去還應化作龍。

春　雪

三月風光春欲殘，山城猶自雪漫漫。茅檐不醒袁安睡，何處笙歌醉暖寒。

曉風過繁峙

渺渺長途獵獵風，貂裘歸去自蒙茸。翻思十五年來事，多少温凉更不同。

海音上人落水占以戲之

聞説年來泛法航，如何身也陷陂塘？袈裟想被紅塵染，故洗摩尼一段光。

七　夕

何事陰雲障碧波，東風一夜雨雱霑。人人道是牽牛淚，安得牽牛淚許多？

對　菊

露冷風凄木葉丹，園林無物不凋殘。北堂惟有周盈在，肯伴幽人耐歲寒。

同任葆一過廣武因憶微時留詩之事

荒山古刹雪初分，倚馬相看對落曛。因憶題詩十年事，鳳凰斥鷃自爲群。

雪夜次原平

凍雪凝寒積未消，夜深撩戾起清飆。吹開月色明如練，疑是山陰駕小刀[二]。

歸渡紫荆

蕭蕭書劍出神京，關吏相逢問姓名。過去驪然成一笑，知予不是棄繻生。

午日憶亡兒

昔年此日笑聲嘻，手付吾兒續命絲。不謂于今成寂寞，夫妻相對兩漣洏。

月夜哭殤女

新秋午夜月光寒，獨坐空齋待漏看。病眼忽傷兒女事，西風和淚濕闌干。

送陳碉雲計部督學左廣十首　有引

使者佐崇文之化，執牛耳以傳經；同人伸永好之私，薦鵝毛而祖道。于時寒回北陸，暖屆東皇。零雨晨風，纔斷高低岐路；暮雲春樹，頓牽南北離悰。文星一道下珠崖，光生奥㶁；瑞氣千尋分紫塞，望切玄提。敢輸南浦之思，用壯西昆之色。碧桃紅杏，倘收爲國笥籠；九棘三槐，佇晋居官鼎鼐。詞慚蟬噪，吉叩鴻儀。

槽伍西陲鞏壯圖，望郎遥領度支符。烟横戍壘春炊足，何物氊裘犯鹿盧。

其　二

金部分明屬上籌，北門萬竈飽貔貅。君王爲拜匡時略，三錫聯翩出鳳樓。

其　三

絲綸一夜下明光，絳帳遥分雨露香。十萬户人弦誦滿，佇看玉笋列門墻。

其　四

年來四海欲銷兵，文物東南更有聲。况復使君模範在，六符應見泰階平。

其　五

揮麈宜登七寶臺，百蠻瘴癘爲君開。漢家不日虚前席，東壁星光切上台。

其　六

斗氣高懸八面鋒，擬從湖海識元龍。而今會有鱣堂兆，好向虞庭典秩宗。

其　七

昨夜星文動絳河，雙龍縹緲渡滹沱。任教百粤猶椎結，無奈三千禮樂何！

其　八

百尺冰條逗紫氛，長亭高柳黯離群。相看一作臨岐别，遮莫天涯有暮雲。

其　九

河梁風雨促行初，絳節油幢護使車。慚愧勞君無長物，欲將詩草佐圖書。

其　十

海天無際月明高，白酒青山感二毛。最喜故人能用世，擬分瑞色到青袍。

硯

十年磨硯硯將穿，噴霧流雲體太玄。縱使封侯無骨相，可能不位客卿前？

杵

十年磨杵杵成針，九孔玲瓏見苦心。近説衮衣多缺失，好將綫縷綴華紟。

鏡

十年磨鏡鏡無塵，緑暈朱斑色色新。向夕月中開玉匣，分明天地兩冰輪。

劍

十年磨劍劍生光，龍藻龜文照尚方。昨夜床頭風雨急，遥知天外落攙槍。

夢中作無題

洛陽芳草碧於絲，年去年來祇自知。寄語梁間雙燕子，棲飛好向萬年枝。

画中小景

印草舍嶙峋山色，帶危樓瀲灩湖光。凝望處疏林極浦，片帆飛野水孤航。

題漁父

箬笠蓑衣不繫舟，烟波深處狎眠鷗。幾番睡醒蘆花夢，明月清風滿釣鈎。

樵　夫

山前山後慣丁丁，活計分明檐子瞥。赤米白鹽新换得，春炊絶勝五侯鯖。

耕　叟

布穀俄驚促曉眠，一犁分破隴頭烟。西疇播得離離種，不信秋來少税錢。

牧　兒

春深芳草緑於蘿，三五追隨扣角歌。踏盡斜陽牛背穩，數聲羌管落梅多。

元　夜

上元佳節夜偏晴，銜璧金釭處處精。徙倚星橋遊不倦，暗香明月度三更。

元通惠古堤

長堤百里枕寒流，草色依然勝國秋。泊海帆檣何處是，獨餘荆棘滿荒丘！

病起見刺梅

九十春光日已殘，病來芳事總闌珊。忽傳一樹黄梅發，爲倚奚奴帶笑看。

秋日旅懷集古八首

竹影當窗亂月明，戎昱。何人不起故園情？太白。愁心自惜江蘺晚，皇甫曾。一夜秋風白髪生。陳祐〔三〕。

其　二

海天秋思正茫茫，柳子厚。隔水青山是故鄉。戴叔倫。把酒看花想諸弟，韋應物。可能垂白待文王？許渾。

其　三

萬里誰留楚客悲，劉長卿。鄉書無雁到家遲。許渾。何當共剪西窗燭，李商隱。下盡羊曇一局棋。李郢。

其　四

蟬鳴黄葉漢宫秋，許渾。畫角三聲起百憂。王涯。家在夢中何日到，盧綸。寂寥燈下不勝愁。陳羽。

其　五

朝聞遊子唱離歌，李頎。起聽新蟬步淺莎。王涯。近北始知黄葉落，劉長卿。天涯歸計欲如何？張喬。

其　六

烏鵲争飛井上桐，于鵠。每驚時節恨飄蓬。來鵬。柴門流水依然在，韓翃。得就閑官即至公。韓退之。

其　七

紅泉翠壁薜蘿垂，錢起。嶺上山川想到時。薛逢。瑶草秋殘仙圃在，楊巨源。及瓜歸日未應遲。太白。

其　八

鴻雁新從北地來，李益。故園黄葉滿青苔。顧況。鱸魚正美不歸去，趙嘏。苜蓿殘花幾處開。張仲素。

校勘記

〔一〕“剌”，似爲“刺”字之誤。

〔二〕“刁”，當爲“刀（舠）”字之誤。

〔三〕“袥”，疑爲“祐”字之誤。按（明）楊慎《升庵集》卷七十七“無定河”條：“（唐）陳祐詩：‘無定河邊暮笛聲，赫連臺畔旅人情。函關歸路千餘里，一夜秋風白髮生。’”此詩收入《全唐詩》卷七百八十五，作無名氏詩，文字略有不同：“無定河邊暮角聲，赫連臺畔旅人情，函關歸路千餘里，一夕秋風白髮生。”其中“一夜”作“一夕”。張鳳翼蓋引自《升庵集》，但楊慎作“陳祐”。祐從礻，不從衤。

句注山房集卷十

詞

賀陳碉雲計部晉學憲詞並引

聖世崇文，五典重臨雍之治；賢關推轂，三蕃膺晉錫之榮。捧丹詔以提衡，詞林仰斗；攬青衿而入彀，吾黨披雲。

恭唯〇〇道德規模，文章冠冕。學湛千尋，碧海匯荆溪、蕪浦以迴瀾；才峥萬仞，丹崖矗梅塢、蘭山而聳秀。秋深桂苑，葳蕤分兩袖天香；春暖杏園，蓓蕾擷半空雲錦。六館人懷雅範，立螭頭擬入冰條；九圜帝廑邊籌，領雞舌遂司金部。書除雁塞，三關舞蹈以扶笻；旆指龍沙，五路歡呼而解辮。管東南之財賦，飛芻輓粟駢來；壯西北之儲胥，飽伍騰槽鼎盛。屯田蘇逋負，菑畬漸復于狐丘；鹽策飾流通，乾没潛消于兔窟。凌陰贊化，赤熛回塞上之眚；《周禮》救荒，白骨起溝中之瘠。且也心存《棫樸》，興寄縹緗。執牛耳以訂盟，高懸赤幟；據虎皮而論道，大啓玄關。洵哉一代宗工，展矣百年名世！頃者爰升茂烈，載陟清銜。披日下之琅函，綸紛五色；轉雲間之玉麈，座擁千裾。矧兹左廣之區，寔係尉陀之地。九賢四德，雖移儋耳餘氛；百粤五溪，猶踵雕題故習。微公過化，曷爾昭明？粉署散黄離，喜見鋒摧五鹿；珠崖占紫氣，佇看瑞叶三鱣。師道立則善人多，聞俎豆人人孔孟；教化行而風俗美，見羹墻在在唐虞。此日涖羊城，璀璨文星光絳帳；異時登鳳閣，濂瀸霖雨潤蒼生。凡瞻範範模模，率企趨趨步步。

不佞叨陪宸宇，叩洪鍾竊附鳴鯨；快睹喬遷，依大厦期隨賀燕。敢將《下里》，敬達中台。伏望麟角鳳毛，蚤集春官罘罳；碧桃紅杏，盡歸天子�籠。蟬噪非工，鴻儀是祝。祠〔一〕曰：

南國風雲氣合，西昆星斗芒寒。絲綸飛下含香署，多士慶彈冠。　漸洽三千禮樂，行蕃百二河山。麒麟高處勛名重，鼎鼐列朝班。

右《錦堂春》

賀劉静臺道尊晋方岳詞並引

西臺總憲，張弛騰良翰之猷；北闕推恩，綸綍進維藩之任。金板平臨於紫塞，已昭細柳森嚴；琅函寵賁夫黄泥，伫待甘棠廕庇。朱紱懋方來之祉，蒼生揚有俶之休。百辟其刑，萬邦是慶。

恭惟○○南宫碩彦，東魯真儒。斂荷野之晶英偉矣，山輝澤媚；接杏壇之脉絡嵬然，玉振金聲。才名山斗高懸，與泰山並秀；器度海天恢擴，將渤海俱澄。披繡虎以傳經，陋校讎於漢向；跨雕龍而掞藻，侈藴籍於梁緦。千言日記，會真詮授受，遠宗白水；十策時陳，孚廟略淵源，近祖青田。鵬路壯扶摇，萬斛秋香分月窟；龍門從變化，千層春浪破天池。擁鳧舄以鳴琴，惠溥和風甘雨；峨豸冠而攬轡，威行烈日嚴霜。八座聯班，夜覆錦，曉含香，雅望時高畫省；三關主計，馬騰槽，士飽伍，豐功獨茂天倉。肅庶僚，三尺明刑彰癉，化行於嘉石；貞百度，一廉司憲激揚，績著於中階。

頃以固圉長材，提衡重地。碧幢離雁塞，潜回青海之寒；絳節指龍堆，忽度黄沙之暖。牙排玉帳，銀河色暗旌頭；羽驛銅標，鐵壘聲閑鼓角。緯武經文，敷大略可稱方叔臨戎；攘夷安夏，壯長城擬是令公作鎮。日者，元勛有赫，帝眷攸歸。白登事業方新，勝算妙五兵之利；紫誥恩光特盛，崇階躋二品之尊。蓋以屏翰謨訏，匪明庸莫報；而旬宣責重，惟厚德能勝。芸械涣出殊榮，陟紫薇而列象；芝檢傳來異數，擁方岳以承休。彈冠喜晋蕃臺，建纛行開幕府。人人舞蹈，在在謳吟。

某仰止高山，鴻私向切；瞻依大厦，燕賀情深。敢拜手以揚言，謹攄衷而效祝。伏願衡齊七政，樞筦三台。蘭省擅黄麻，作帝股肱調玉鼎；楓墀綬赤舄，象天喉舌覆金甌。將陶冶陰陽，業配奢龍召虎；範圍天地，和收瑞鳳祥麟。小引恭疏，荒詞敬附。詞曰：

雷夏祥開，天門運啓，貞元還會窮桑。河岳誕生名世，篴羽鵷行。瑞錦窩中珊玉佩，控花驄千里飛霜。笑談處，輕裘緩帶，風清地雁天狼。　　焜煌，經緯望，隆朝宁，招懷伐滿旂常。且喜榮躋方岳，化被甘棠。佇看蟒服登台鼎，好圖麟閣照縹緗。更祝願，龍種鳳毛相繼，紫綬金章。

右《晝錦堂》

賀趙明宇道遵晋方岳詞並引

三關地重，綏懷允賴於龍韜；九陛恩深，寵渥用頒乎鳳詔。赤羽壯招摇之色，喜看細柳森嚴；紫垣高法象之躔，佇待甘棠廕庇。朝臣結綬，野老扶笻。

恭惟〇〇靈孕三階，望隆八柱。苞天符地，祥呈渭水之龍；戴日披雲，瑞應岐山之鳳。南車推授受，文章價軼三蘇；西夏接淵源，兵甲威同一范。鵬程蚤奮，氣凌秋月之輝；雁塔高題，名璨春霞之錦。蓋天生佐命，潛回五百貞元；故身荷主知，特佩三千禮樂。初握籌於畫省，燕臺卓異無雙；繼綰篆於黄堂，晋國循良第一。兵提北鄙，碧幢絳節肅牙旗；法執西臺，玉律金條清肺石。葱珩懸豸服輕裘，坐靖黄塵；鈐閣擁魚書長劍，横飛紫氣。况此渥洼故隩，寔爲沙漠孤墉。羌鏑流星，幾見桑田没緑；胡笳嘯月，頻驚斥堠煬紅。公頓轉旌旄，隨嚴鎖鑰。招携懷遠，河隍無牧馬之虞；緯武經文，斧座有非熊之望。且浚銀潢，增鐵障，愈深陰雨之謀；搜白屋，課青衿，更布春風之化。屯田墾闢，荷陳因之盛者，共仰營平；鹽法疏通，免飛輓之勞者，咸歌仲父。緊偉伐獨隆於觀察，遂崇階洊進乎宣旬。冀野春融，良翰已騰申伯譽；堯都日暖，勞民行籍召公陰。此時方岳列清銜，薇省政敷榆塞；异日中丞開幕府，柏臺路近楓墀。凡在栟幪，率皆踴躍。

某叨游至治，敬仰龍光；僭隸編氓，久沾鴻芘。借方塘之半畝，慶洽龜魚；瞻大厦之千間，歡同燕雀。敢忘固陋？用祝休嘉。伏願世掌絲綸，官居鼎鼐。象天喉舌，鳩司之統紀兼裁；作帝股肱，麟閣之丹青獨擅。行且璣衡手轉，扶二曜於常明；帷幄身參，佐一人於有道。恭疏小引，敬附荒言。詞曰：

扶輿西拓，喜名世挺生，經綸揮擢。九賦分曹，一麾領郡，隨處剖開盤錯。申甫望隆臺省，韓范威傳沙漠。報政也，荷皇恩、紫綬金章融爚。　奇焯蕃錫處，龍檢鳳函，華衮膺新爵。二品階崇，三台路近，榮遇洊加誰若？從此黄樞入筦，曳履平登魁杓。佇看取，作舟楫鹽梅，高標麟閣。

右《喜遷鶯》

賀彭小石將軍督兵登萊詞並引

雁門嚴鎖鑰，師中高長子之籌；鳳闕涣絲綸，閫外重元戎之寄。練犀渠於渤澥，弩射潮低；綰龍節於夷嵎，麾行柱遠。五位臨軒而推轂，三關截鐙以留鞭。

恭惟〇〇帶礪名家，簪纓世胄。發祥濠水，箕裘遠續錢鏗；攬揆燕山，弧矢近承思永。握壯猷於馬服，五兵閑虎豹之韜；收勝算於鷹揚，一卜兆彪龍之夢。弓彎漢月劈黄雲，夜落旄頭；劍潑胡霜掣紫電，朝摧鼓角。郊關提戍卒，六花氣讋風雲；幕府將奇兵，八陣機回天地。車臨古北，赤囊消黑水之氛；幟轉昌平，白羽靖黄花之砦。薊門森細柳，昂酋瞻太白魂摇；遼左奮長楊，倭虜望青山膽落。名高大樹，望重長城。尋移北地之旌幢，用作西陲之保障。霜前號令，平城鶴唳壯軍容；雨未綢繆，上館烏栖閑戰士。推赤心而馭下，恩同挾纊投醪；礪素志以行邊，念切枕戈擊楫。開屯養士三千人，玉壘耕雲；築塞防胡十八隘，金湯斷地。涖滹沱之涘，洗兵欲挽銀河；躡句注之峰，空幕期清鐵木。展矣護疆都尉，居然破虜將軍。

兹者峻烈升聞，洪恩簡在。功收召虎，眷四方以告成；詔起非熊，懷萬邦而錫命。謂登萊重鎮，寔山海雄藩。野從箕尾而分，國本斟尋之舊。島夷出没，鯨波渰日月無光；海市浮沉，蜃氣幻乾坤失色。敕公仗鉞，知汾陽望布先聲；受命登壇，料武惠威行不殺。樓船到處，來白雉于周庭；笳鼓競時，集飛鴞於魯泮。允爾殿東南奉朔，寧渠邀西北歸琛。凡藉鴻猷，率懷燕喜。

不佞雲間瞻豹變，無能借箸以資籌；日下見鴻飛，有意扳轅而獻頌。伏願麒麟繪象，大書特書，屢書不盡，煌煌鐘鼎垂休；鸑鷟傳芳，一世再世，百世無疆，滚滚公侯濟美。聊因小引，敬附荒詞。詞曰：

鐵券平收，河山永，綿綿閥閲。酬壯志，六韜金版，誓吞胡虀[二]。黄石書傳三略遠，白猿劍授雙鋒絶。請長纓，萬里駕天風，清回泬。　渡遼海，鯨波折；臨雁塞，狼烟撤。賁新銜，都護首分龍節。鈇鉞西來綸綍重，舳艫東下欃槍滅。看麒麟，高聳五雲邊，星辰列。

右調《滿江紅》

賀蕭荆山都督誕舉元胤詞並引

龍韜恢玉帳，九關虎豹肅威稜；燕豫集金鈴，五夜熊羆徵吉夢。喜應蘭香馝馞，伫看寶樹葳蕤。瑞啓桑蓬，歡均蘿蔦。

恭惟戲下，五軍大樹，九塞長城。帶礪承家，壯雄藩於二室；簪纓衍祚，綿奕葉於三川。胸中武庫星羅，凌白旄而振采；筆底文昌露湛，映黄石以生華。策射鄉闈，百發烏號碎柳；麾分幕府，一函紫炁迴蓮。守常山，雨浥畿南；遊上谷，風清漠北。七營練勇，貔貅萬隊倚青冥；五府决機，旌旆千屯摇赤羽。展矣明時召虎，洵哉聖世非羆也。

兹者載錫之光，克昌厥後。墻帷茂祉，忻孚"一索"之占；莞簟鍾靈，會兆"三多"之祝。月明珠有色，寧云老蚌含胎；日暖玉生烟，可道白虹吐氣。三朝湯餅，争傳天上石麒麟；四座犀錢，共慶人間金鸑鷟。此日提戈取印，擬當跨釜之英；異時聳壑昂霄，定襲充閭之盛。是父是子，羡掌珠奕奕重光；難弟難兄，料頭玉稜稜繼起。橐中金版，懸知百世續箕裘；閫外丹書，管領四方高鎖鑰。

不佞葭莩係義，莫罄蛩鳴；瓜瓞揚休，何勝燕賀！薄言舉箸，醲陳秋水之詞；錯寫弄璋，滿擬青雲之器。伏願三槐纘序，五桂昌宗。羯末封胡，繞砌芝蘭葰蕤；瑶環瑜珥，一門圭璧輝煌。將滚滚鳳毛，引絲綸于斗極；振振麟趾，收黼黻於雲臺。小引爰疏，荒詞用附。詞曰：

顥炁開清淑，映長空，太白星高，瑞流金屋。虎帳氤氳香漸滿，五色雲盤白鵠。報道是、桑蓬懸六，釋氏送來天上種。喜磽磽、丰骨峥頭玉。啼可試，神堪掬。　　食牛氣概真奇矗，看他年、撞破烟樓，乘風馳逐。紫電清霜千里迅，豹略虎韜自煜。又説有、蘭馨桂馥。滚滚公侯相濟美，畫麒麟，閥滿檀欒竹。知奕世，據華轂。

右調《賀新郎》

賀蒲汭田少府奏績膺封詞並引

雁山司筦籥，福星揚一路之輝；鳳沼涣絲綸，湛露渥三蕃之寵。燦龍文於錦軸，槐棘騰華；瞻虎拜於瑶階，松楸動色。章縫舞蹈，軨弁歡呼。

恭惟〇〇北斗崇標，西秦絶照。丹崖崒嵂，聳華岳以撑奇；黄度汪洋，匯汧流而擢秀。胸羅二酉，錦心横萬軸牙籖；筆埽三辰，墨汁染一天香霧。金盤承碧落，清摇百尺之蓮；玉樹拔瓊林，皎敞一班之笋。乃從薦鶚，遂用儀鴻。紫塞風高，别駕翩翾隨一鶴；黄堂日麗，箳篁璀璨照雙熊。鶡鶡初淬於燕都，金牛立解；騄駬方來於冀野，凡馬皆空。核屯田，萬灶飛紅，庚癸絶登山之警；防礦路，千封轉緑，戊丁無入草之謡。行軒則兩袖清飆，三闢並肅；署篆則一犁甘澍，四履俱濡。且也躬拮据于長城，雉堞壯連雲之險；布噢咻于遺孑，鵠形沾覆露之仁。莅宫墻，化洽青衿，人人孔孟；簡櫓伍，謀周白烏，在在孫吴。

兹者三載報成，兩臺推最。民之莫矣，榆溪將麥隴皆平；帝曰"都哉"，芝檢及芸函再錫。鸞書紛五色，松門喜溢焚黄；象服焕三章，彤管榮生曳紫。身膺尺一，先收朱紱于堯封；手握魁三，伫捧紅雲於帝座。昭明有俶，褒逮何窮！

不佞懷燕雀之私，心懸賀厦；任馬牛之走，勢阻登堂。敬陳草野微言，用導材官釀舉。哇鳴蟬噪，愧律吕之均調；虎嘯龍吟，祝風雲於會合。一言是引，八韵恭成。詞曰：

間世人龍，喜冰壺露湛，冰鑑天空。踏翻層霄萬里，叱御天風。朱幡皂蓋，擁篳篁，旆指河東。還羡是、西陲轉餉，福星高照蒼穹。　　最好虞廷課最，任大書九載，獨懋群工。堪嘉紫泥謐辞，花誥菁葱。玉麟銅虎，待相將、飛下瑶宫。從此便、官居鼎鼐，鹽梅調燮無窮。

右《漢宫春》

賀盛躋崖老師奏績膺封詞并引

五馬振青緺，久向日邊明黼黻；雙龍迴紫誥，俄驚天上賁絲綸。琅函瑞映三階，華衮榮彰五服。松楸動色，桃李沾輝。

恭惟老師函丈下，金薤才華，瑶林品格。胸羅星斗，撑腸多二酉之藏；筆走雷霆，义〔三〕手敚五丁之氣。淮海程遥，萬里摶羊角以飛騰；燕臺價重，千金逐龍媒而展驥。初臨璧澤，長空來四座春風；再莅琴堂，永夜對一簾秋月。迺從特簡，遂陟崇階。天子殿邦，徵九牧之金而鑄鼎；大夫宣化，佩五侯之玉以專城。維此臨清，夙稱劇地。商民雜處，紛於渤海之繩；水陸交衡，错似朝歌之節。藉令鋒非八面，寧能斗視一州？老師半虎纔分，全牛立解。淮南晝卧擁黄紬，鈴閣常閑；河内時巡拄皂蓋，襜帷漫捲。熊轓到處，一犁甘雨隨車；鵰繡披時，兩袠清風拂案。嚴四知而潔己，庭有懸魚；總三善以宜民，野無哀雁。釐奸剔蠹，鬼神破膽避他方；保善旌賢，士女揚眉歌大德。芹宫舒化日，六齋漸滌蓬心；黍谷被陽春，四履咸回菜色。且堤分地紀，永消昏墊之虞；更藥拯天灾，頓起膏肓之疾。幾見蝗飛緑野，時聞虎渡清流。

兹者績奏三年，功高六計。民之莫矣，訾四方以告成；帝曰“都哉”，懷萬邦而錫命。龍章鳳誥，寵逾七寶之床；芝檢芸椷，香散五花之軸。百年桑梓啓玄扃，喜溢焚黄；一室蘋蘩照彤琯，芳流曳紫。此日王言涣汗，合幽顯以推恩；異時揆業崚嶒，盡華夷而造福。誠良明之盛事，亶光裕之榮遭也。

某忝廁門墻，謬分衣缽。借方塘半畝，慶洽龜魚；仰大厦千間，懽同燕雀。奈羈職守，莫展摳趨。敢陳下里之音，用賀中台之祉。緇衣又改，即看化普帡幪；朱紱方來，佇待官居鼎鼐。瞻依念切，歌咏情真。詞曰：

名世經綸，暫分絲製錦。先試南國，廉吏神君，又道照天明燭。花蒲河陽似簇，真個芳馨堪掬。循良特簡宸衷，玉麟銅虎相促。　　榮施未足虞書，考勛庸獨懋，介兹新福。日接三蕃，盡是衮衣朱襮。壠上松楸對緑，更芝檢芸函騰馥。還看取、九棘三槐，燮元平攬樞軸。

右《萬年歡》

賀趙翀南大尹奏績兼壽詞並引

赤縣分符，三載懋鳴琴之治；丹臺注籍，一元開繫紱之辰。當課書奏最於西藩，正壽曜躔輝於南極。鴻休未艾，燕豫何勝！

恭惟〇〇滄海含靈，泰山毓秀。龍昂邴首，振八距以騰祥；鳳翥謝毛，備九苞而絢采。學駕西山之富，五總資深；才蜚甲觀之奇，三都價重。雲摩鵰翮健，掠殘桂窟秋香；風送馬蹄輕，占斷杏園春色。蓋天生名世，宜從玉署升華；乃帝軫民岩，遂假銅章出牧。惟兹晋鄙，如彼周餘。墳首無生，幾見"三星在罶"；剜心有痛，常聞"二月新絲"。况稱繁劇之區，允藉神明之令。喜從樂霧，得睹郇雲。靈雨東來百里，花封轉潤；福星西耀千年，黍谷回春。甘棠垂覆壠之陰，野無哀雁；苦蘗勵凝冰之操，庭有懸魚。賦就一條鞭，汾水鷄豚不擾；政成十樣錦，行山襦袴重新。張膽鏡以燭奸，鬼神避食；横口碑其載德，草木知名。

兹者績上蘭臺，姓題楓柱。周官計吏，歷三歲以告成；漢殿稽功，應六條而首善。行晋三階之位，先收五岳之圖。鳳曆頒春，正椒柏承禧夏正；龜齡介祉，更桑蓬斂福箕疇。玉室集豐，徵仙籙與緇衣並改；瑶函隆晋，接海籌將朱紱俱增。龍章遥載紫泥封，喜見皇恩有奕；鶴算洊登黄耇數，佇看胡考無窮。

某忺睹陟明，歡同賀廈；恭逢攬揆，願切稱觥。敢將下里之詞，用祝中台之祜。伏祈青瞳住世，黄耳持衡。依列柏于薇垣，晋領鵷行鷺序；醉蟠桃于蕙圃，永怡鮐背酡顔。不盡蛩鳴，可勝雀躍！詞曰：

漢循良，離燕闕，下堯封。正一簾、明月横空。墻桑壠麥，帶烟含露菀菁葱。弦歌鼎沸，慶春澤，甘雨和風。　羡三年，虞廷簡，方召杜，亮天工。况函關，紫氣溟濛。玄霜絳雪，夜來低護水晶籠。正朝人祝千秋歲，接武夔龍。

右《金人捧露盤》

賀劉大尹膺薦帳詞有引

赤縣播仁風，茂著翔鸞之績；皂囊霏湛露，重膺薦鶚之榮。茹茅連泰道升華，桃李向天街豫色。光分黌序，喜溢章逢。

寅惟金斗儲精，玉繩誕瑞。朱標峑嵂，聳衡岳以峥奇；黄度汪洋，瀉廬江而濯秀。萬言揮筆陣，披錦繡於三吴；千卷富詞壇，括珠璣於二酉。材高東箭，一彎成貫虱之能；價重南金，百鍊壯飛虹之選。詔明經而特起，應偉薦以裒登。六館論文，壓虎闈之玉笋；九重分秩，先雉野之銅符。衡水夜鳴琴，坐度一簾明月；繁山春命駕，行驅兩袖清風。種陶秫以資身，不必咤還厨果；植潘花而導利，無煩拔去園葵。理縣如家，視民若子。下芹宫而課士，凌空白雪環橋；蒞桑畦以勸農，匝地黄雲覆壠。謂婦休蚕織，授之寒也，則户有機絲；謂吏恃狐城，階以亂焉，則庭無珥筆。心存筦庫，萬箱同穩宇齊恢；念切宫墻，五鼎及榱題並焕。撫逃亡之屋，日高中澤集哀鴻；開簡練之場，霜冷邊城嘶戰馬。審情辭而聽訟，理殨牙肺石無冤；酌贏詘以均徭，蘇犢鼻口碑有頌。其優於治劇，若庖丁握刃而立解全牛；其捷於超乘，如伯樂登閑而盡空凡馬。政成製錦，五絲堪補垂裳；賦就條鞭，九貢無虞脱版。季子路蒲稱三善，何以加諸？王元規清咏十奇，不是過矣。故輿人騰譽，豸史推賢。素剡遥馳，功著蘭臺之籍；丹扆下詔，名題楓陛之屏。此時百里宣猷，茂宰已旌明御史；异日三台報最，循良還晋漢公卿。凡屬帡幪，率懷忻忭。

不佞半生碌碌，厄閏歲之黄楊；遠念依依，偃盛時之朱草。識荆有願，幸從蔀屋披雲；報李無能，祇效康衢擊壤。

敢藉師生之舉，用輸民子之情。使君業邁龔黄，大書莫罄；顧我才非元白，短韵何勝！伏祈尺五去天，蚤列鵷班鷺序；魁三運斗，常扶兔影烏輝。瀆聽高明，陳言《下里》。詞曰：

製錦才華，烹鮮手段，雙凫到處生春。瑶林玉樹，丰韵總宜人。座擁蹁躚一鶴，泠泠見、秋月精神。滹沱遠、波迴匹練，流出個中仁。　　巡行，看四畦，墻桑壠麥，極目翻新。果然是循吏，瑞鳳祥麟。露草乍來鶚薦〔四〕，功名懋、應有絲綸。重瞳簡，三階可待，曳履上星辰。

右調《滿庭芳》

壽吴中山七十雙健詞並引

南極星高，耀龍光於大耋；西華日永，綿鶴算於中閨。啣嘈十屋籌添，聲流玉笈；爛熳千秋桃實，色映金莖。丹臺懸不老之名，青鳥報長生之術。臺萊襲祚，蘿蔦騰歡。

恭惟〇〇望重三階，聞隆八柱。胸繙大酉，傳奕葉於縹緗；筆掃長庚，散芬葩於簡策。銀臺夜曉捧紅雲，身近蓬壺；緑野春長咏白雪，神怡菊塢。恭遇夫人簪纓世族，閥閲名門。蕙馥蘭馨，宜著夭桃之美；金和玉節，静符匪石之貞。推四德于坤維，惠孚《樛木》；萃三多於巽質，慶演桐枝。惟歷山先嬀水以升玄，中台獨朗；斯渭涘佐岐陽而正位，内則咸熙。是以道備剛柔，一體叶家人之吉；而化行壬丙，百年收既濟之功也。

緊此八月良辰，適值二人初度。蓂滋九葉，引萱花秀發葳蕤；桂滿一輪，照椿樹光浮葰蔚。青瞳射晃，依稀形合地仙；艾髮垂笄，彷佛神來天姥。於時木公蕭史，同輸火棗交梨；金母麻姑，共獻冰桃雪藕。綺筵張玳瑁，下五老於雲間；雅奏沸琅璈，邀九華於日表。斑襴遶膝，争稱萬壽之觴；錦軸充庭，並頌三徵之履。或承庥於紫府，或葆粹於青城；或颺曆〔五〕過松喬，或贊班聯董許。蓋至人膺上壽，無須句漏之沙；淑德衍遐齡，不必姮娥之藥。龐眉鮐背，寧誇三守庚申；翟服鸞車，永占一元甲子。凡在乘龍之屬，同懷賀燕之私。迺繪新圖，以綏后禄。真傳太白，祝年年醉酒宜人；像列瑶池，祈歲歲行籌度世。

某仰扶鳩於玉杖，莫罄瞻依；思放鴿於金籠，何勝舞抃！敢陳《下里》，用叩洪禧。伏願金書妙入黄寧，飽沆瀣之漿而天長地久；玉女傳來真誥，擁襜褕之服而月皎星輝。敬附荒詞，聊申華祝。詞曰：

雁山秋霽，五夜香風細。玉宇廓，瓊樓麗。老人光乍啓，婺女躔初晢。相符契，雕弧錦帨懸高第。　絳曆紛紜計，綵袖徧斕製。跨鳳女，乘龍婿。碧螺松液舉，銀鴨檀烟遞。齊祝願，遐齡共衍千秋歲。

右《千秋歲》

壽范太師母七十詞並引

九天開壽域，鴻芒躔婺女之墟；五福萃箕疇，鶴算領仙人之籍。度西池而襲吉，青鳥來賓；映南極以呈祥，白龍税駕。慶綿綦履，喜溢門墻。

恭惟太師母秀毓華宗，文徵顯胄。天孫月姊，秉靈異於大鈞；巽質恒貞，備柔嘉於内則。鳳鏘占五世，帨孚荇菜之求；鸞馭肅三周，車擁棠華之盛。職蘋蘩而展敬，湘釜無違；奉滫瀡以伸誠，盥巵有毖。杼機甘力作，勤操邠女之桑麻；絺綌念劬勞，儉載孟姝之荆布。從容挽鹿，德既楙于内官；静好宜凫，業更聞乎中饋。且儀嚴割彘，教篤和熊。搤臂腕以呼歸，剪髫鬟而佐客。是以書傳蘆荻，無殫一經；節耀洛濱，有光三釜。紫薇依鳳沼黄麻，日奉絲綸；青鎖綴鵷班白簡，霜飛黼黻。蘭斯馨，桂斯馥，看玉樹之菁葱；芝爲檢，芸爲函，撫金花之爛熳。紅雲捧敕，已膺福地三壬；絳雪延年，更占壺天六甲。

維兹建戌，適值靈辰。堯階三葉，蓂滋趍萱花而獻瑞；漢殿千秋，桃實聯菊萼以敷芬。玳瑁筵開，露湛金盤浮沆瀣；琅璈樂奏，風高玉宇送斒斕。堦前迴愛日斑衣，堂上匝齊雲錦軸。想麻姑薦履，縈來碧乳怡顔；金母傳籌，報道青城駐世。酡顔鶴髮，攬玄祐于三庭；翟服魚軒，總純禧于二室。誠太母分甘之樂景，亦我師錫類之榮遭也。

某等桃李向陽，松筠叩祉。天邊逢孔鑄，隨雨化以螢飛；斗下望潘輿，次嵩呼而雀躍。是用合二十四人之悃，祝百千萬歲之春。伏願天姥綏齡，坤元殿位。玉女傳來真誥，入黄寧海鶴同棲；宫羅剪出新褕，迎白賁山龍並耀。將魯侯燕喜，常依壽母融融；太任思齋〔六〕，坐撫斯男穆穆。敢陳蟻舉，共祝鴻庥。詞曰：

慈幃深處，報道黄寧聚。南極拱，西華注。瑶臺月正輝，寶婺星初步。堪夸也，青瞳白髮玄霜護。　座上琅璈度，膝下斒斕附。迎愛日，浮甘露。烏堂玉樹森，鸞册金花鍍。從此看，紫薇真誥年年賦。

右《千秋歲》

壽路太翁七十詞并引

東山地迥，白雲留高卧之蹤；南極星熙，紫氣映長生之籙。曳鳩形于玉杖，雅稱鴻冥；伸鴿祝于金籠，偏宜鶴算。疇先五福，慶列三徵。

恭惟〇〇八柱參霄，六符應運。朱標壁立，聳恒岳以苞奇；黄度淵澄，匯瀛川而毓秀。探書窺大酉，撑腸滿貯星辰；掞藻跨長庚，舉手仰扶雲漢。迅鴻毛於鶚薦，萬里雄飛；收駿骨於燕臺，千金獨售。觀光槐市，賫函從六館人文；載質楓宸，捧檄布九重德意。始也班聯十望，駟箳高佐郡之功；繼而夢叶三刀，虎節著專城之績。朱幡皂蓋，方看刺史行軒；白酒青山，忽戒倌人命駕。迺尋初服，用賦《歸田》。開三徑以怡神，綜一經而燕翼。松風蘿月，未輸泉石之盟；芝檢芸椷，世載泥金之寵。奉寒暄若司馬，《棠棣》情深；感風水於皋魚，《蓼莪》孝篤。且好行其德，常傾囷以活溝渠；更樂取諸人，每虚襟而延韋布。香山社裏，久推國老之尊；五嶽圖中，洊合真人之炁。

兹者天綏后禄，帝與遐齡。序屬朱明，正蓂草祥霏一葉；人登絳曆，適蟠桃瑞啓千秋。午橋添入海之籌，座上集木公金母；甲第萃如川之祐，階前紛桂子蘭孫。龍光隨大耋駢臻，鶴髮照上尊鼎盛。蓋五百年名世，將壽民壽物以無疆；故八千歲爲春，遂杖國杖朝而未艾。展也山中宰相，洵哉地上神仙！

某等誼忝通家，情均戲綵。欣逢勝日，願切稱觥。敢將《下里》之言，用叩高堂之祉。南山日永，年年看瑶草琪花；北海霞明，歲歲見金莖玉露。蕪詞不腆，華祝維殷。詞曰：

中元夜曉，報道弧南皎。輝五嶽，明三島。靈分莊圃椿，瑞靄堯堦草。堪夸也，青瞳艾髪人難老。　　大外琅璈嫋，膝下斒斕繞。迎愛日、風光好。朝傳崧岳歌，野效華封禱。從今後，千秋萬歲稱胡考。

右《千秋歲》

壽楊同野六帙祠[七]並引

伏以卿月凌霄，映紫薇而吐瑞；壽星拱極，度析木以流輝。蟠桃欲實千秋，絳曆初登六帙。年稱多歷，福介維祺。

恭惟〇〇潞水涵靈，燕山毓秀。雀環啓祚，丕承四世之基；鱣座升華，克纘三公之續。文章有標格，不減大年；學問自淵源，寧誇子幼。對丹墀而掞藻，九天高玉笋之雲；綰墨綬以宜民，百里湛金莖之露。西曹平反，陰森叢棘回春；南國旬宣，蔽芾甘棠遍野。頃袖經綸之手，遂尋泉石之盟。蘭澗柳塘，任夷猶于屐齒；蓮漿麥酒，供笑傲于齋頭。

兹者序屬中秋，日臨初度。蓂堦兩葉，應堯曆以呈祥；花甲一週，屆孔年而稱順。蒼麟横赤紱，久占大耋之祥；青鳥報丹書，爲衍長生之術。堂開緑野，留宰相于山中；人醉青田，識神仙于地上。名世當五百年間出，嶽降非凡；大椿歷八千歲常存，嵩呼未艾。莘華封之祝，兼多福與多男；延魯《閟》之章，更"爾昌"而"爾大"。疇先五福，祉見三徵。

某等快睹生申，有懷放鴿；忻逢誕昴，欲效鳴蛩。醵將北海之樽，共上南山之誦。伏願靈承帝眷，保合天倪。彌劭彌高，已習文潞公之榮隱；如升如至，還同卓褒德之封侯。不裴[八]巴言，可勝凾禱！詞曰：

正金飆薦爽，玉露含滋，凉生商素。潞水燕山，報歲星初度。彩射南弧，光摇北斗，散氤氲香霧。壽域方開，壺天乍敞，海籌無數。　　堪羨投簪，委蛇多暇，緑野怡神，丹臺得趣。沉醉蓬萊，賸有乘鸞路。管領瑶階，寶樹婆娑，看玄雲低護。洛水衣冠，香山圖畫，百年長聚。

右調《醉蓬萊》

賀王霖宇舉胤詞引〔九〕

水鑑懸空，九品官清于鷺序；金鈴入夢，一陽瑞叶夫熊占。當乾元用吉之時，適震索凝休之候。慶綿瓜瓞，喜溢枌榆。

恭惟〇〇參井含靈，峻漳毓秀。學窺大酉，七襄錦繡胸蟠；才駕長庚，三峽波濤筆瀉。溟海風斯下，趂六月以圖南；丹墀日未斜，絢五雲而拱北。烏棲署裏，獨觀萬化之源；鳧舄班中，早振十奇之迹。春風吹朐野，河花將壠麥齊蕃；化日被濰陽，馴雉及祥鸞並集。旋膺帝簡，持〔一〇〕晋天曹。攬金鏡以程材，白璧玄珠歸朗照；啓冰壺而範世，丹崖青壁借寒輝。洵哉祗慎廉平，展也清通簡要。

日者勛崇四善，不顯其光；祉受三多，克昌厥后。應燕蘭而錫祚，氤氳香滿墻帷〔一一〕；滋謝樹以流芳，菱蘛榮敷莞簟。玉芽開手瓜，光摇老蚌之胎；秋水湛精神，采奪流虹之色。駒生渥水，知龍骨之非凡；雛孕丹山，信鳳毛之有種。會三朝湯餅，試啼共識佳兒；指兩字之無，摩頂争誇令器。桑弧蓬矢，遥連紫電之華；芝草醴源，的係青箱之葉。此日挈來戈印，嶢嶢已見鬚眉；異時撞破烟樓，岳岳定峥頭角。蓋有是父有是子，堂搆元因；而學爲箕學爲裘，家聲自遠。可信仁人有後，詎云天道無知？

某等快睹石麟，歡同賀雀；恭聞玉燕，喜效鳴蛩。敢將舉箸之詞，醵展弄璋之慶。喬高高，梓晋晋，會看俯仰重光；印若若，綬纍纍，更祝公侯濟美。聊陳子墨，用表寅丹。詞曰：

秀啓槐陰，芳傳桂籍，佳辰喜誕麟兒。羡掌珠的皪，頭玉岐嶷。精神湛徹涵秋水，争説道、送自宣尼。一聲啼罷，滿堂賓客，共識熊羆。　　真個汗血權奇。待昂霄聳壑，騰踏雲逵。看充閭衍慶，邁種綿禧。瑶環瑜珥相輝映，人人是、寶樹瓊芝。青箱世系，蟬聯鼎祚，累葉重熙。

右《金菊對芙蓉》

壽都弘若太守帳詞並引

伏以駿烈炳朱旛，久著三台雅望；鴻禧綿緑牒，新收五岳真圖。千齡高松柏之姿，萬井動萲萊之誦。懸弧日永，酌斗春長。

恭惟台臺赤水神龍，紫霄威鳳。苞角亢而會萃，允稱天上星精；符嵩洛以凝神，亶是人間嶽秀。一經傳桂籍，聯祖孫父子之芳；累葉載芸函，荷金紫銀青之寵。蚤依獨座，洊綰雙旌。駕隼旟熊軾以專城，擁鶴傳龜囊而入境。周原六轡，時時聞太守行春；晋鄙十連，處處見小民安堵。蓋已詒十萬户之福，豈止高二千石之榮？洵哉叔度來遲，展也張君爲政！姓題楓陛，行看上宰升華；名勒丹臺，更喜長年住世。肆當建子，載值生申。十五葉蓂肥，瑞應堯階之曆；三千年桃實，靈乎漢殿之饈。玳瑁敞華筵，萃群仙而介祉；琊璈鏗雅奏，度廣樂亦迓庥。如川至，如日升，何但幾週甲子；若天長，若地久，不須三守庚申。烏紗將白晳齊明，光摇羽袖；朱紱與青曈並耀，彩射牙旗。凡分玉笈之輝，率抱金龍之悃。

某澤沾河潤，望切岩瞻[一二]。千里絶塵，幸叨榮於驥尾；九逵用吉，尤慕采於鴻儀。忻逢皇攬之辰，敢後崧高之咏？是用恭從醵舉，肅上蕪章。祈君子萬年，爵一齒一德一；效野人三祝，多福多壽多男。不腆巴言，聊當禧頌。詞曰：

梅蕊盈堦，雪花當户，真個黄堂清曉。玄圃雲飛，青城霧歛，十二璚樓縹緲。共報道、太乙星高，天南璀璨祥光饒。更相傳，春臺壽域，阜康處，不羡玉京瑶島，海岳精神，待整頓乾坤欲了。望重黄樞，料名覆金甌應早。賦儛音一曲，用效華封三禱。

右《法曲獻儛音》

賀王文石覃恩帳詞有引

伏以龍韜安紫塞，十連推百辟之刑；鸞誥出彤廷，三錫重萬邦之命。福禄與師貞並吉，經綸將賁惠齊昌。將吏歡呼，軍民抃舞。

恭惟〇〇瑚璉粹品，黼黻閎才。滉瀁三川，匯涵珠之碧海；崚嶒二華，峥蘊玉之金山。筆花摇東璧西昆，禮樂三千在手；劍氣通參旗井鉞，甲兵十萬蟠胸。纔搏雍水之鵬，即售燕臺之駿。芳傳蕊榜，祖孫誇一德相承；序衍韋經，作述羡兩明獨振。昭容瞻紫袖，含香署裏挹爐烟；建禮藉青綾，覆錦行中珊玉佩。漁陽轉餉，貔貅炊萬竈之春；雁砦提兵，鵝鸛肅千營之陣。

屬者夷氛不靖，征調殷煩；兼之虜款弗堅，要挾備至。途危局變，人多利於處錞；節錯根盤，公獨恢乎游刃。誓偏師，率敝賦，東征之士馬皆儲；修武備，詰戎行，南牧之胡雛盡寢。且屯開大鹵，百千秋玉壘耕雲；障列長城，十八隘金湯斷地。軍中軌範，賊□〔一三〕之心膽俱輸；座上夔龍，帝借以股肱是弼。

頃以覃恩廣被，峻秩駢加。法星高映乎三階，卿月洊升于九鼎。彤弓兹矢，旌旄臨七命之章；玉檢金泥，綸綍涣五花之軸。封典率親而上，總被龍章；貤恩逮内以推，同施翟茀。邦家胥慶，夷夏均瞻。誠華衮之榮遭，堂廉之盛事也。

某恭逢駿祉，孜孜喜效鳴蛙；快睹鴻休，趯趯忻同躍雀。敢附稱觥之舉，用申賀廈之忱。崧雅方宣，即未許皇葵博舌；羲暉在仰，豈能忘野藿傾心？不斐一言，聊當三祝。詞曰：

華岳參霄，河流亘軸，間氣千古盤迋。可羡篤生名世，奮翥揚旍。七策方調庚癸餍，五兵不試戊丁無。帝心簡，秉鉞擁旄，輕裘坐鎮西隅。　還殊，金虎節，丹鳳詔，後先飛下皇都。從此三蕃日接，閾滿麟圖。柳城毳帳秋空馬，柏臺油幕夜棲烏。行看取，名覆金甌獨早，手握黄樞。

右調《晝錦堂》

賀鄭宿海晋總協帳詞〔一四〕

雁門嚴鎖鑰，軍中高長子之籌；鳳闕涣絲綸，閫外重元戎之任。師貞襲吉，晋錫承蕃。

恭惟〇〇望重長城，名崇大樹。清霜紫電，羅武庫于胸中；黄石素書，妙陰符于掌上。勇具兼人之概，亶稱猿臂將軍；相雄飛食之姿，展是虎頭都尉。箕裘綿世澤，映五花丹詔常新；帶礪振家聲，控十乘朱纓獨奮。枕戈鑿〔一五〕楫，恒懷許國之忠；挾纊投醪，時溥恤軍之惠。統師干于薊鎮，縱横嫺三道三官；操勝算于常山，變化合五兵五教。滹沱壁〔一六〕壘，方揚赤羽之靈；勾注烽烟，頓覺黄塵之靖。

兹者帝心特簡，人望攸歸。晋裨帥以扼三關，踞老營而防五路。營圍細柳，振熊羆當道之威；士練長楊，壯虎豹在山之勢。旌干初出塞，懸知天北落旄頭；鐃吹一當關，轉見幕南空鼓角。獸袍新製，喜煌煌白澤盤胸；螭紐平分，看漸漸黄金繫肘。三單扸額，百辟皈心。

某幸聯蘿蔦之榮，竊附芝蘭之味。魚書膺大命，此時快睹遷鶯；龍塞勒崇勛，异日還瞻繪像。有懷賀厦，莫罄扳轅。敢上巴言，用當祖道。詞曰：

長虹氣吐，羡豹略龍韜，後先繩武。鳴劍心雄，請纓志壯，真個追踪召虎。金版望隆黄石，玉帳機傳玄女。談笑處，擁碧幢，油幕威宣胡虜。　　希睹、丹鳳詔，飛下層霄，受脤標旗鼓。紫塞千屯，黄沙萬里，從此烟銷樓櫓。虎幄舊勛重茂，麟閣新圖再數。還看取，事春農銷甲，兩階干羽。

右調《喜遷鶯》

校勘記

〔一〕“祠”，當作“詞”。

〔二〕“蘗”，疑當作“孽”。

〔三〕“乂”，“乂手”難通。蓋用“八叉手”典，是爲“叉”字之誤。

〔四〕“鳫”，疑當作“薦”。

〔五〕“颺曆”，通作“揚歷”。

〔六〕“齋”，當爲“齊”字之誤。按此典出自《詩經·大雅·思齊》：“思齊大任，文王之母”。

〔七〕“祠”，按上下文例，當爲“詞”字之誤。

〔八〕“裴”，依文意（作者謙辭，“下里巴言”爲無文采之語）當爲“斐”字之誤。

〔九〕按前後文例，“引”字前當脱一“有”或“並”字。

〔一〇〕“持”，依文意，疑當爲“特”字之誤。

〔一一〕“惟”，依文意及前文例當爲“帷”字之誤。

〔一二〕“瞻”，依文意當爲“膽”字之誤。

〔一三〕□，漶漫不清，依文意似爲“款”字。

〔一四〕本題目後按作者撰寫體例，當有“並引”或“有引”二字，此處脱。

〔一五〕“繫”，依文意似當爲“擊”字之誤。

〔一六〕“璧”，當作“壁壘”字，從“土”，不從“玉”。

句注山房集卷十一

序

送陳礀雲司徒督學左廣序代

廷余治兵易水，當畿輔孔道，日奉諸使者顔，聞陳公聲稱籍甚。蓋其文章山斗，鼓吹休明，海内人士率司南望之。冰條鈐索而外，不敢問也。已，繇尚書郎奉敕督餉吾代，余得晤公于傳，領其風裁言論，綽有楷模。竊謂瑶林玉樹，不當以錢穀計溷之。然公庖刀在握，淬以鵜膏，任寬髀軱戾，無不中桑林之舞也。故甫下車，即獮城社，汰冗役若而人。尋取秏庾大滑置諸法，舉前敝竇，一切剗之。凡三關之芻之粻之屯種之兵馬之鹽法，種種剨然。諸胥第磨鉛抱牘，駔商輩即善行乾没者，亦兢兢然摇手咋舌，求逭禍譴已爾。

會歲侵藴隆之灾，歷二陰不解，守土士臣秏斁是懼。公爲甿請雩，不旋踵而甘澍洽於四封。且出常平粟議貸，所全活無慮數萬人。度支之暇，又館博士弟子員，講求三物。肆今魚魚雅雅，有環橋樂泮之풍焉。雖文翁化蜀，未足多也。

天子嘉乃績，閲月而晋秩者再。今年廣東督學使缺，主爵者以望推公。天子曰："可。"於時木鳳飛綸，旌幢戒道矣。

鄉大夫席公宸宇，將裝軸以佐行色。時余抱病居里第，因相率徵言。余自維黤黯，何能爲公贈？然私心嚮往，又不能不爲公效一言也。

嘗讀《周禮》，"司徒修六禮以節民性，明七教以興民德，齊八政以防淫，一道德以同俗”，大都以模模，以範範爾。今國家功令日嚴，士習日波流茅靡。卑者掇飣餖，高者竄竺乾，甚而見草悦，見狼走矣。此非人心不可入古，良由上以文售士，故士亦以文冒。前者既藉以梯榮，後者遂視爲捷徑。轉相效，轉相蒙，總之不知爲贋鼎也。公以命世才司教化于東南，可謂登高之招，順風之呼矣。试取《周禮》司徒所掌與多士更始，進而明堂、辟雍、兵刑、漕賦，次第商之，當必有窺足以先應者。异日羔雁明時，爲朝廷奏實用，皆公造也。矧羊城之域連百越，控五嶺，山川緬邈，英靈之氣，往往勃發爲人文。如張曲江、丘瓊臺輩，照耀今古。公取而振德之，追蹤往哲也何有？昔韓昌黎、周濂溪不難以竹虎通綸，振絶學于彼，而公文衡在握，有不使儋耳珠崖之地大暢玄風邪？耀粤濮于光明，日爲公引領。若夫修鞶帨以拾青紫，公於提命饒爲之，而指不再也。余何庸于贅説？

又

初，公從民曹領度支也，未浹期，而上念金部篆非公莫可筦，將詔還。會五路戒嚴，弗果。已，又思甌閩介在荒服，所共釐唯良二千石，因以郡屬公。命且下矣，三關父老瞿然錯愕曰：“縣官不忘西北，而一旦奪公去，如儲胥何？”相與借寇於司馬、御史臺，臺臣以聞，天子可其奏。用故節，仍理邊餉。然而眷公終不置也。今左廣學使者缺，太宰上除書，不報。已而，特疏推公。天子曰：“俞！”遂拜副憲階，提督學政。夫學使於秩爲清銜，左廣於地爲望省，微公，當不及此，而縣官從千里外知公，國有人哉！時余承乏治兵代上，與公從事于戎馬間，更得以枌榆修世講，聞報而喜可知也。

雖然，公竟舍我而去矣。吾無能重留公，窃聞諸善狀于鄉三老云：“公之來，亡歲者二，主客餉什伯不支。大帥日廪廪，脱巾是慮。公曲爲調劑，而庚癸不呼矣。往歲開中鹺引，强半爲長安貴人所據，商坐是解去，鹽法亦淤。公取常額均之，而泉府通矣。先是，賦歛非人，屯政之敝至不可問。逋負有積世未蠲，菑畬有累年未報者，公一一檢之，甿不苦而塞下粟實矣。其它良法未易屈指數。讀公督餉條議，可概見焉。且以暇日延縫掖，講説經義，又鍥《洗腸藁》爲刑，識者逆知其執牛耳，主海内文盟也。”

兹行矣，吾何以致區區？伏睹國家文軌通四輿，百粤之區盡成鄒魯。故廣東在昔爲雕題，《周禮·職方氏》所不隸，而今斌斌然人文甲天下，十之五履鳳城，炎海四德十賢之懿躅在焉。公更爲之範，即易猺獞于冠裳也易易耳。獨占城、交趾、暹羅、佛郎機諸國，瀕廣而阻兹聲教。聖天子圖《王會》，將不望修文德以來之耶？《詩》曰：“受小國是達，受大國是達。”念哉！公行興禮樂以來三譯，當不得謙讓未遑已。

屬大夫蒲君輩謂余以通家故習公，祈一言爲行李重，故不辭而爲之序如此。

送邵徵實民部之任通倉序代

今上御極之三十九稔，通州粻使缺，主爵者疏請，不報。已而推民部邵公，詔曰：“可。”蓋天子雅重公，且不欲以大命爲异人任也。時公督餉代上，制下，人人若敚毗然。於是鄉薦紳以洎父老子弟，相與走御史臺借寇不得，公裝促矣。屬大夫蒲君輩悵福星之東也，圖爲公祖道，而祈余言以壯行色。

余自維不斐，何能重公？然與公咨籌於戎馬間者浹歲，頗習公也，又不能墨墨。夫今天下所稱“盱衡莫辦”，有如錢穀使哉？太倉之出歲溢而司會絀，將作之需輒發而水衡絀，騋牝之供頻移而冏寺絀，飛輓不繼，庚癸張皇。九大塞時有脱巾之慮，而雁門郵甚。蓋大侵後，主客餉交窘，當事者方不勝仰屋。公之來，調京運幾何，民運幾何，而西陲晏如已。前此，悍商附社召買之緡，率后先影射，故庾廒坐是不登。公發其蔀，尋取大猾榜掠之，乃今而後無碩鼠也。往豪胥援羨嬴例，交關多高下其手，以佐乾没。公咄啐曰：“是涴吾簠簋者，吾安能嚄唶睨若曹面孔哉！”遂一切報罷。口碑翕然載道矣。更以八議上大農，請假便宜，利國凡幾，利民凡幾，利軍若商凡幾，井井皆石畫焉。肆天子嘉乃丕績，晋正郎，俾[一]之總餉通州。

夫權利害則邊重，權緩急則漕重。蓋三關甲士壯西北，儲胥養之不善，偲相搆而爲板升。東南歲輸四百萬石，由通以達之京師，則朝廷咽喉在也。且五府三大營七十二衛，暨緹騎、羽林諸扈士，以之銜枚不足，以之蹴餕有餘，調停一不當，有煽中貴以嘩輦轂者，自非衹慎廉平，酌盈虚而輕重布之，其何以厭心？公命世才也，芒刃斧斤，當無不中解。况以理邊者理漕，有砉然已耳，又何軏戾之格哉？雖然，余猶有説焉：國家榷利至矣，括鍰鍰盡，加額額浮，鬻爵贖刑，舉不足以實尾閭。即劉晏三難、計然七策，何善之能爲？善理財者補苴罅隙，計莫若節之便，顧節亦不必省宗藩、裁戚畹、散六宫湯沐、罷三鎮金繒也，唯有汰冗役爾。先臣王司馬忬有言：“國家以有用養無用，汰之，可歲减漕粟數十萬。”今京軍强半不勝旗鼓，而坐靡陸海之需，主計者可聽其耗蠹而不問邪？

公往矣，行將以宰相領度支，此不可不爲之所。如徒曰“會計當”而已，是時艱所不藉也。諸君唯唯。遂序其言以志别。

又

往年天子用民部陳公督餉代上，無何，而拜學使者去，鄉三老悚然曰：“縣官忘西北儲胥哉！胡不久任，爲三單大命計，竟敚之速也？”暨聞代者邵公，則又相與抃蹈曰：“是鄉以循良聲著留都，且從大司寇爲天子開三面者也。必能深有造于我人已！”居頃之，公至。至則不爲挨攩祕抗、引繩批根之術，而吏民奉三尺唯謹。所抶下不滿十，然一左顧，而大猾輒𡡉息無人色，故片檄出，若布春煦，又若廩秋霜也。其所按三關兵馬數萬，鹽糧數萬，屯種、召買合數萬，一一洞其源委。已，公猶以爲詳非其要，要乃在覈主客餉支，峙〔二〕京民運出納以暨行省、少府之盈縮，不再計而得其肯綮。已，公猶以爲要非其亟，亟乃在蘇解官之困，減大户之贖，核責率之侵漁，詧悍商之乾没。既下令更始，于是諸解尉人人加額曰：“吾曩者傾橐中裝，不足當豪胥一盻，而今亡或高下其手，吾乃寬然有餘矣。”其甿亦私相勞苦曰：“吾儕省贖鍰以佐公家，則吾身可爲吾有，又何眼瘡心肉之足虞！”至兵率而下洎埤堠長，亦莫不凛冰霜之概，争飾簠簋以避譙訶。其它開中衆商知罔兩不容于神鼎，舉茭芻粟秣之入，罔敢甲乙移。已，更小間，條《庾政八議》上大農，就中爬疏利病殆盡。至議查盤截收經識，則又前計臣未析之奸也。今年，主爵者撮績以聞，天子嘉之，晋八座正郎，以通州漕餉敦焉。

鄉三老復愯然曰：“國家用寧嵐雁平諸砦以扼台酋，唯是選蹄健兒之騰飽，制五單于解辮。公去矣，雪山輕重如三單大命何！”余曰：“不然。今天下西陲頗晏，無所事，錢穀使日夜勞軍。東南歲輸四百萬石，爲五軍十二營龍驤虎賁諸衛士之養，一不劑，而咽喉鯁矣。微公，孰與佐三虚哉！且公在疆場能使京師重，在京師顧不益重疆場邪？况通自嘉靖中，胡燹蹂躪，阿魯台遺孽往往窺關，自非才兼經緯，恐無以阜槽伍而庀折衝已。聖天子于公推轂，庸詎一度支之仔肩云？它日勛崇大拜，秉司馬節鉞，犁老上庭，以封狼居胥。其所以庇我三晋者，豈其微也？《詩》曰：‘惠此中國，以綏四方。’余于公跂予望已。”衆僉曰：

“善。”遂筆諸軸，以祖公于句注之陽。

送任念峰計部復命序代

文皇帝定鼎幽燕，山之西寔神京右臂，其綦重者曰雁門、寧武，以息偏、老諸砦。蓋接壤羯羠，風鏑霜笳，時窺塞月。所藉翰者緊是數萬甲士，而此數萬甲士所倚命者，緊是芻稈粟秣之佽心。往鴞音未好，脱巾倚矛之變常聞。頃雖脅息，而一二悍卒猶未湔也。且鹺滯屯荒，槽羆儈詘，至不可問，度支使率跆于調劑。

萬曆乙巳歲，東魯念峰任公以尚書郎奉敕來督兹餉，至則前任袁公以外艱去，不及面代。諸所未竟緒者，群胥首鼠，以伺公之諳不。公無俟鉤距囊拳，一按而鹽法疏壅之故，塞田墾廢之繇，洎士馬之所以精疲，庾廪之所以盈縮，悉收其筋絡節腠于掌股之内。故片檄一出，剨然中庖丁之解。三關裨校莫不翹跂醉心。諸大猾第摇手咋舌，求逭禍適已耳。會中丞下金十餘萬徵粟，粟所在價踊。役人即什五包之，局未結也。公悵然曰：“本爲救荒，而益之水火，忍乎？”於是委曲調停，議寬、議貸，國與民兩不病而事卒竣。

先是，鹽引多爲長安貴人所據，每當派，挾刺者叠踵駢肩，邊商輒爲所苦，公稍稍謝絶。今即未盡剗，而巧射者亦强半去矣。其最巨者，協臺憲鼎椓邊墉，以藩全晋。長城之伐至與天壤俱流，則八赤碑不獨載其錢穀之清通也。又嘗虞雁門天末，衍陽伏陰、苦雨淒風之患不免，乃捐俸若干緡，創凌陰以節宣陽氣。今而後，關以南無夭瘵者，公所賜也。

更雅好文，時進博士弟子員，以課藝業，斌斌質有其文矣。佗日斷犀剸蛟者出，不將歸神于歐冶爐錘哉！公德澤在人者，未易婁數，大抵爲廣儲胥、固圉計也。兹當復命，副大帥彭公、陳公以與公有共事之誼，將賦《驪駒》，因徵言于余，爲行李重。余固習公者，其奚以贈公哉？聞昔蕭相國饋餉關中，寇子翼轉輸河内，兩人無蹇厥職，而高帝卒不次庸焉。公之勛之望亦何孫之有？是行也，天子嘉乃績，必且下金帛勞問，陟卿貳以酬公。即不然，藩臬使亦可持左券責已。《詩》云："釐爾圭瓚，秬黍一卣。""告于文人，錫山土田。"微公，其誰與歸？二將軍善余言，遂相與軷道，而書此以佐征裝。

又

明興，策士之得人莫盛於嘉靖間。蓋肅皇帝手加批閲而品騭之，故乙未榜稱旨者以十人計，皆爲名世，先中丞東魯任翁其最也。文章勛業聲施，臮今籍甚。兩胤君皆後先成進士，海内推世家者歸焉。其仲氏歷青瑣，以直聲動天下。皂囊封事具在伯氏，則司徒念峰公也。

公初以銅墨授大城尹，慈龢徧服，雅有槐里、桐鄉之范。嘗得反側書，燔之，所全活亡慮數十百千，仁棊渥已。尋以最晋尚書郎，握蘭起草，望矗民曹。天子念西藩兵餉之劇，敕公爲三關錢穀主者。夫三關，古趙地，西北瀕胡，與阿蹬、擺言諸部僅隔一衣帶水，驕弁悍卒往往發難。飛輓一不繼，則赤黑丸交搆，板升之事可鏡也。公下車，爲之權重輕，調緩急，酌盈縮，謹關支，京民運歲若干緡，主客需歲若干緡，健兒選蹄之養歲若干緡，裨校胥員之秩歲若干緡，諸台酋撫犒之費歲若干緡，衆所出納，不沾煦而無不饜心，且恤商有例，簡士有方，核屯有條，疏鹽有法。間嘗與治兵，使横槊賦詩，有折衝尊俎之風，讀《雁門集》可概見焉。説者謂吾代置計部以來，廉平祗慎，代不乏人，靖共如公，殆未數數見矣。

天子楙乃德，嘉乃丕績，曾未幾而晋副郎，又未幾而晋正郎已。下貤命榮旌，即中丞翁未膺之典，且寵受之已。兹秩滿歸闕，吾儕留之不得，釀以一言觴公。

夫中丞受知世廟，爲名太史，名給諫，名京兆，名督撫。崇庸偉伐，麟炳來兹。公塤箎叶響，鵲起明廷。率乃考攸行，以贊襄我后，非其優爲者耶？今國家多事，滇窮於銑，饒窮於器，蜀窮於豫章，吴、晋、洮、蘭窮於杼軸、皮毛，豈不足佐縣官用？而緹騎使猶然四出，使環海不勝貐猰之苦。主計者得無秦越其見邪？人臣念虞君國，安可不爲之所？公資深望重，將洊晋大農，居高則澤易究，用是調停中外，俾蝨臘無訌，而《萇楚》、《柔桑》[三]之咏漸邈，又何有哉！公行矣，長安尺五，獻替方殷。倘不鄙蒭蕘，采以庀持籌之末議，廟堂或有“俞”焉者。謹序。

送劉文軒將軍督兵京營叙

余少治經生業，嘗抳腕毛錐之論，洎讀《左氏傳》，見悦禮樂而敦《詩》、《書》有郤縠者，又私心嚮往之。蓋絳灌無文，隨陸無武，兩長而兼濟之難也。今國家材官雨集，亶不乏投石超距之雄；至搦三寸管，講《周官》俎豆，則偃師、優孟已耳。余自釋褐履疆埸，閲人誠不啻夥，而今乃厭心劉公焉。

公束髮而修舉子業，其操頤頞攬指腕，尺蹏片語，無不雅馴。所試冠諸生，若取諸寄。已，復棄去，曰：“丈夫弗獲挽繁弱，封狼居胥，而第咄咄焉屈首鉛槧，亦覗已！”乃習《司馬穰苴法》臮《陰符》、《素書》、六花、九變之術。無何，而第武闈矣。

初出守黄花，即以賢能著。尋擊河間，尋將太原兵，所在有大樹風。萬曆己酉歲，銜上命，以副大帥移鎮東路。夫東路，古雁門也。邊胡扞圉，在昔戒嚴。款貢以來，將嬉士墮，兜鍪、鞅軨之屬，强半不完，兼以責豪浚削，轉餉維艱，主計者時虞蹴踧。公酌時勢調劑之，而首山不呼矣。更下令進諸弁，誡曰："若曹久紕軍政，今而後，部曲不治，器械不精，簞篹不飾者，法無貰！"片檄一出，凜若雷霆。暨多方優恤，又投醪挾纊不敵也。且以暇日觴治兵使，講折衝樽俎之猷，娓娓可聽。説者謂其雅歌投壺，輕裘緩帶，有祭征虜、羊叔子之度，而絳灌隨陸居然拜下風矣。

今天子録其伐，晋京營大帥。五軍機務，公實與焉。都人士欲走軸爲賀，而屬余言，余不敏，何以贈公？竊思我國家兵莫重於京營，而亦莫敝於京營，尺籍徒存，勾稽罔效。太倉紅朽，盡耗於厮役工匠之徒。一旦有警，若輩何足與緩急！雖然，此猶其小者也。往刑餘煽虐，遼陽諸處逃之奴兒哈赤地方者六萬餘人。頃復稍稍窺藩，倘其中有吉囊、火篩、奄答者出，可爲寒心。公往矣，無事而爲有事之圖，主持在政府，參贊在樞府，定算在制府，料敵設奇則在戎府也。儻未雨綢繆，履霜戒備，俾五千禹服永奠金甌，將河山帶礪勒之盟府者，亦永永不替矣。異日"文武吉甫，萬邦爲憲"者，微公其誰與歸？時萬曆歲次重光大淵獻律中仲吕之吉。

送李槐墅憲使歸田序代

萬曆戊申，余從版曹銜上命督粮三關，至則槐墅李公以藩使者治兵代上。其涖代也，繇僉臬晋今秩，蓋七易春秋云。公性軒爽，不習畫喏態。明允，所核城旦、鬼薪而下不誣。居恒鮮嘌齗猰犽之氣，而吏甿奉三尺惟謹。暨片言藉恤，則冬之日不啻也。故紀綱毖飭，無緒不釐。七年所肇弁之訓刑者若而人，甲乘之騰飽者若而伍，屯畛塞糈之露積者若而區，龍盾、虎落、鶴膝、犀渠之精鋭者若而數，其它摧〔四〕秣錢穀以梟烽堠、塹隍、砦垣、亭障之告成者，又若而條。

天子嘉乃丕績，婁釐褒逮。于峕推良翰者歸公，公恬如也。余度支之暇，間以斗酒相勞苦，取勛閥爲公壽，公謝弗勝。已，復曰："某束髮綰通綸迄兹，皸瘃于疆場戎馬間，無善狀，二毛且種種至矣，安能以骯髒骨走風塵，不自爲頭顱計哉！"尋出所著《思歸賦》示余，鳳舉鴻冥之概溢於楮素，蓋公雅不欲骫骳取世資也。今年挂惠文簡，投劾而歸。父老子弟呼號錯愕，若失所天。相與扳卧遮留者，填交戟下。余心爲公冤而不能回公轍，因浮一盂觴公。公囅然曰："吾無愧松菊主人矣。一蓑烟雨，兩袖清風，儘足寄東皋舒嘯，又何必丹朱其轂，使梁苑、夷門久虚吾屧迹哉！"遂引滿而罷。

屬州大夫朱君輩欲展河梁之緒，祈余言爲行李導。余固習公、善公者，其奚以贈公？夫今天下人情嚚呶，至不可問，然公論久之未有不定。公行矣，清議在朝，口碑在野。他日，聖天子思公治效，命尚書下尺一徵公，公即欲長卧東山，得邪？昔范文正、韓忠定解位，歐陽公疏奏："有可用之賢，無可罷之罪。"洎再起，卒爲名世，用輝史册。然則桑榆之得，亡問東隅矣。矧公去無何，薦剡旋上，鍾山璧固不火也。長城望重環，旦夕到雍丘焉。慎爾優游，公其如蒼生何！

大夫善余言，遂筆之軸，以續《驪歌》。

送高太昆之任懷仁序

按漢神爵、五鳳間，良吏爲盛，天子下璽書，勞賜金帛。至公卿缺，則以次入補。於，都哉！千載一時也。我明洪、永間，猶沿往事，故長材不詘於短馭，銀章綠綟率崛起半通之銅，洎資格限，而魁壘品始蠖屈銅墨矣。如古雍高太昆使君，以弱冠弁賢書，玉鉉金甌曾不足當一睇。以不偶春官故謁銓曹，僅得一三巴令。公不薄其地，倣文翁廉范之風，盰戴之不啻畏壘之爲便。尋以最晋留都别駕。平刑均賦，戢虣優良，政聲奕奕徹吴楚間矣。緣賦性鯁介，不習脂韋態以梯榮，竟爲惡璫所齮齕，而解組者數載。顧公不起，如蒼生何！前年起家，授雁門守丞。至則悍五馬方眈眈下視，民苦攫噬，燔廬舍、挈妻孥徙者什伍焉。公惻然曰："守代天子牧民，而虐至此！彼李光顔、張齊賢何人耶？"慨然勞來，還定而安輯之。鴻雁集於中澤，而攫噬者負白簡去矣。又墨胥捕一二瓦注之徒，利其贖，嗾連善類，桁楊黴纆纍纍於途。公訊得其狀，盡解三木而釋之，舉手加額者徹四履焉。

先是，庾大猾敢爲碩鼠，侵牟粟秣幾數萬，歷年影射，莫發其奸，公一按而城社立破，三關單赤，蓋人人頌神明也。故三年所，廉訪直指之旌，曾不一足。今天子嘉乃績，調懷仁尹。夫懷仁，古沙南大利地。外扼三雲，内藩全晋，固要圉也。往胡氛蹂躪，編氓困兵革者二百年，頃雖告恬而餘燹未靖，匪仁人，其誰與柔綏之？主上不它借而借公，蓋知久瘵之區，惟大德能調劑耳。公出其芘雁門者以芘彼，白草黄沙，有不頓回春煦邪？且公文章山斗，足以鼓吹休明。登錦屏金龍而吊趙忠亮之遺迹，何難俾陰山椎髻懷好音、集泮林乎？展爾且將軼漢良吏而上之。璽書金帛，聖天子又何愛哉？

鄉三老曰："俞！是可以贈公。"遂筆之軸而浮公以觴。

送劉大尹晋守鞏昌序代

侯前宰衡水時有異政，衡人深相德，起生祠祀之，更鍥侯政體數百千言，尸相祝也。時守相、監司以臮御史大夫無不口侯才且賢，其所褒奬，視它令有加。會上御明堂，裒天下群吏而殿最之，侯循良聲藉甚，天子嘉之，用調繁例，移任繁峙。

其之繁也，衡吏民遮留，車枳不得發，侯勞苦久之乃行。至則屬歲大眚，户口之逋者什三，田疇之蕪者什伍，常額之不舉者什七。更置驛使相望于道，而期會徵發遝如也。侯下車曰："縣官不愛通綸以蘄休養我百姓，我百姓不勝罷敝至此！《苕華》、《長〔五〕楚》，司牧者之謂何？"乃進鄉三老祭酒於庭，而諏所爲便，計利何似、害何似，利害之相半何似，侯具得其狀而次第布之，甿歡然有樂生心矣。肆三年所，爬搔垢弊殆盡，復逃亡之屋以千計，活溝中之瘠以萬計，故歌"來莫"者，田畯、婦孺無間也。且侯性軒豁，不鉤箘鈎距而得民情于掌股，部使者訟牒旁午，直以片言慴服，即舉手加額去，舂稾、白粲無覆盆焉。嘗坐堂皇，爲編户一均傜役。問大姓主名若而人，某也租，某也庸，某也調，罔不劃然與籍相宜。其應復者，絶不問府史胥徒。已，又椓庾以弘儲偫，又置簿以杜侵漁，又詰戎兵以崇保障，又嚴斬伐以壯藩籬。至捐俸緡，取先師籩豆大房一新之，則萬代所瞻仰也。

今年復以最聞天子，拜二千石守丞，埤〔六〕之郡國，居信宿矣。二三僚友將浮大白以祖侯夏屋之陽，相與徵余言爲贈。余嘗讀漢史，見龔少江以西行，且咏《棫樸》矣。時余從諸大夫後，抃而喜，曰："有是哉！國家官人之當乎！何虞於士不古若也？"余嘗慨嘉、隆以還，天下竞干〔七〕文而呰於行，至核所爲文，又不過棘矦〔八〕、楮葉、偃師、優孟已耳。此非舍拔之左，亦其張之鵠者衰也？今上取文衡畀公，有謂哉！蓋公少負瑰材，在八閩聲稱籍甚，臯得雋，所對公車藝，伯仲瞿唐，海内人士尸而祝、社而稷者，無問識不識矣。其以尚書郎視事西曹也，上寔念維刑一成而不易得也，貫索未必明，失則厄雨飛霜、蘘燐化碧隨之，自非惟明克允，牿拳鮮不冤者。而公佐爽鳩，多所平反，即舂〔九〕稾而下無失經。嘗銜命讞獄，關中雷雨所解一二，爲開三面，草纓艾韠，只今載遺惠已。政間更不廢吾伊，又時時搦管唫哷，所至金薤琳琅不啻也。夫七十子身通六藝，文學、政事不能不判爲二科。舜之咨臯陶也，亦第責以五流三居，至“敬敷文教”，則屬之契，蓋兩長而兼荷之難耳。公獨稷其任，懋哉！天子采輿望下檄，居無何矣。

同寅諸公將裝軸敘别，而徵余言，侑祖道之觴。余不斐，何能爲公贈？竊思古今推人品者，往往左袒江西，不第南州之道德，長沙之事功，盧陵之文章節義，照耀史册，即本朝若忠文、恭順、東里、高陽輩，譚之津津，潤人齒頰。此雖地靈人傑，要亦所倡者善也。頃落落不少概見，説者爲司南咎已。以公之才之望，廣布陶甄，當必有虎嘯風生、龍興雲致者焉。試取多士牖之，俾道德毋浸假而撮囊，事功毋浸假而敗絮，文章節義毋浸假而鞶帨縶匏，則真儒輩出，將與往喆争烈，其所以借手答我后者，又寧在齗齗帖括間哉？

公往矣！鹿洞鵝湖，昔人之懿範在焉。倘不薄芻蕘，即以大宗伯佐聖天子壽考作人之化道，亦應爾，夫何俟于更端？

賀姚震宇侍御考績序代

國家倣《虞典》，以三載課吏治。自黄綬而上，守文法無害，俱以最聞，而黄綬獨御史之職難稱。蓋百執事智效一官，能辦一職，故其事省而易奏，御史則代天子爲耳目者也。吏治之污隆，錢穀之登秏，士馬之精罷，刑名之允濫，將作之經縻，以臬諸監司守令之狀，一切待察焉。自非廉善、廉能、廉敬、廉辨、廉正、廉法如《周官》所稱，鮮有能勝其任而媮快者。以余所睹記，埋輪使不啻夥矣，而今乃得之姚公。

公當辛丑，用奇策取進士高第，尋拜大行，銜綸而出，慶賀致禬，靡不當也。已，以望擢殿中執法，巡都城事。時凶璫悍戚略取民貲無算，大吏莫敢問也。公廉得其狀，取二三豪奴搒掠之，作奸犯科者熄矣。更理冤抑，減贖鍰，輯萑苻，罷司坊供億，屈軼所指，稱“真御史”者歸焉。會西寧茶馬政敝，太僕之廄幾空。朝廷慮之，敕公往按其事。公至而招中引目，柔撫屬番。且酌盈濟虛，補累年未給之賞。由是商夷胥悦，是歲額篦之增，以數萬計，而駒駼從三千里外至矣。先是，火酋猖獗，河州路戰騎不充，當事者浚兢，計無所出。公以市馬二千躪寔之，槽伍彭然振焉。又奉命代閱延寧軍務事，寧自劉孛而後，驕弁橫卒往往借庚癸發難，封疆臣第以賦芓術馭之，無能譙訶也。公片檄一到，讋於雷霆，將若士慯然更始矣。其它城隍之繕，器械之修，庾藏之清，屯鹺之理，與夫舂稾薪旦之平，口碑所載者可按也。頃歲起休沐，與視廠庫，不經之費，多所裁抑。中貴人或銜旨取若干緡，爲張燈具。繕部欲予之，公曰：“古聖王不作無益害有益，即有例，亦當諫止，况創爲乎?”堅持久之，竟報罷。再視十庫事，其軫物力、惜漏卮，爲國家慎守府之司，大率類此。

公爲人伉爽忠貞而濟之以嚴恭寅畏，天下事知無不言，言無不盡。與人絶無競氣，而立朝之度，雖賁育莫能奪也。兹當考滿，以三六年最上天官，《周官》所謂善、能、敬、辨、正、法，公寔兼之。天子俞乃績，下司封議典，懋官懋賞，又何遜哉?《易》曰：“受兹介福，以正中也。”余於公無能爲役，廿四考冠中書，有“跂予望之”耳。雖然，猶有進焉。今之御史，非古所稱峨豸乘驄，俾天子改容、宰相避席者耶？乃進言等於沃石，待用幾爲積〔一〇〕薪，甚且賜玦時聞，投扉日密，使鳴鳳神羊之氣盡沮，豈盛世所宜有哉？昔漢唐宋雜伯夷之主，猶能重八使三院，今若此，可以覘運會已。公行將持斧而出，倘有所以回天聽、生色柏臺者，幸毋吝皂囊也。余不能以梔言諛公，謹撮公之實，爲公佐醵觴。

校勘記

〔一〕“埤”，依文意疑當作“俾”。

〔二〕“峙”，依文意疑爲“恃”或“庤”字之誤。

〔三〕“柔桑”，當爲《桑柔》之誤。按《詩經·大雅》有《桑柔》篇，《詩序》云：“《桑柔》，芮伯刺厲王也。”《鄭箋》云：“芮伯，畿内諸侯，王卿士也。”與文意正合。

〔四〕“摧”，疑當作“催”。

〔五〕“長”，今本《毛詩》作“萇”。

〔六〕“埤”，疑當作“俾”。

〔七〕“干”，依文意疑爲“于”字之誤。

〔八〕“矦”，當作“猴”。

〔九〕“舂”，當作“春”。

〔一〇〕“禛”，當作“積”。

句注山房集卷十二

叙

賀滋陽劉侯考績叙代

三載考績，古制也，昉於《虞典》“試功”、《周官》“大計”。其法稯群吏而覈之。𡨥神爵、五鳳間，守令之秩洊重，而後六條、五術、八計、九事之課浸假以繁，故唐文皇臨軒册授，宋仁宗引對便殿，昭異數也，旌懋勛也。

我祖宗留心氓社，百司庶府揚勵維寅，而近民之官郵詳哉！其課之肆二百年來，赤縣花蕃，蒼生草偃。其間脱銅綸、躋華膴者，往往霞變雲蒸，增光鼎吕，然未有循良之伐不啅而倏陟隆階者，亦未有父母之任不勝而猥號循良者，尤未有卵翼㲉雛、噢咻乳哺之道不聞而遂成其爲父母者。執此以考我滋陽侯，亶可最矣。

侯陽平拔萃，魁壘不與世隱，遂起家進士，筮仕吾滋。夫齊魯之衝，兗爲重，而滋寔附之，蓋劇區也。其期會徵發視它邑不啻夥，而頻年彫瘵，百務不支。且懷磚珥筆之猾與諸豪宗相搆者，囂陵嘘唶，日訌于庭，即豶牙童牿不馴也。往令率虞其掣肘。侯以甲辰歲來蒞兹土，軫其罷且偲其疑且分也，一切蹩躠踶跂、澶漫擿擗之術，絀而不事，第與民休息，惠以揉之，正以帥之，平以馭之，徐以調之。未嘗噭咷恣睢，而吏民之服習，“神君”戴焉。故不三週鑰而政通人龢。稽撫字，則户口之蕃者以若干計；稽巡行，則塍疇之墾者以若干計；稽征繕、聽斷，則賦役之均、案牘之省者以若干計；稽决滯、禁禦、教導，則囹圄之清、萑苻之化、薪櫄之儲者，又以若干計。其他孅政芸芸，更僕未易數。滋人士口碑嘖嘖，微第歌"來暮"、誦"無私"已。故兹考績上之郡守，郡守曰："賢。"上之監司，監司曰："賢。"上之御史，御史曰："賢。"行且升冢宰以報天子，顯忠遂良，有明制在，福履之臚，更何疑耶？

嘗觀班固史，載循吏最悉，如朱桐鄉、黄潁川、召南陽諸人，荷主上眷注，勞問有加，至賜金、賜帛、賜爵關内侯。公卿缺，以次入補。遇合之隆，詎非千古艷譚哉？問其治，則曰廉平寬大、視民如子焉耳。侯蒞兹三年所，不陖崖岸，不骫簠簋，不操薪濕，不逐茅靡，其於氓如慈母之呴嬰兒，即進而與西京争烈，當爲左辟，彼六條、五術、八計、九事，惡在不上上哉？楊〔一〕子有言："從政者，審其思斁而已。"窃怪翹然自負者，以鍛鍊爲法理，以洗索爲嚴明，以巧竞爲材幹，以會斂爲功能，大率既其斁未既其思，貽民以思如侯者，寧可數數見也？遷喬在即，余遠羈雁塞，無能從二三父老後，詣闕借寇，敬以此效華封之祝。侯汔可推惠滋者以惠天下，余它日且扶杖而往觀之。

賀繁峙李侯膺獎序

古稱："相近天子令近民。"夫民，載天子者也，厥命乃寄之令。令視相，不啻懸也，其所托至與相埒，令之仔肩巨哉！故張文獻謂："欲治之本，莫重於守令。"有以也。第邑之劇者匪艱衝，則艱衝者匪艱衝而疲，則郵艱已。繁峙之隸代，版籍僅小九之五，而夾於雁門、蜚狐之間，北枕三雲，東連畿輔。計使者旁午，委積糺紛，凋瘵之餘，十啖九噎，幾負租庸，而一二健譎者且相與巧嘗而術矙，往令率惕然銜撅〔二〕是虞矣。

自我侯之税駕也，修廢舉墜，剔蠹釐奸，敦禮崇士。戎受嚴辭，賞善優良，除苛滌濫，以批以導，綦善也。曾未幾時而亂繩告理，未幾而哀鴻告即，未幾而獖牙鼠首告恬。甫期月而政通人和，圮罔不新，虤罔不輯，教無不彰，篚無不飾，化無不成，刑無不措。即鳴琴卧理之治，未易云逾。彼敲扑喧囂嘍嘈踔厲，治鮮徵者，烏足擬也？

大司馬楊公首加獎勵，知人哉！鷹繡廉訪而下，無庸筵已。厥僚屬飫侯之德，抃侯之遇，懇余言爲侯贈。余曰："今天下吏治之弊極矣。鷙愎者深密其文網以爲法理，殫竭其廬地以爲功能；懦繆者梔蠟以爲容，縮朒以爲讓，苞苴囊篋以營私已尔。緊令而求所謂近民爲民，不愎不謬如我侯者，不既少哉？即置之誰昔，當與季之平、城之寬、茂之實、壽之正、堪之清争烈。本朝銅墨之纍纍若若者，又何可輕軒輊也？蓋嘗横覽西北，華嶽参霄，河流匝軸，英靈之鍾鬱，往往勃發爲名世。故周、召、畢、散而後，代不乏人。侯實發祥湟中，又爲戕鈐望族，'文武吉甫，萬邦爲憲'，是侯鄉古先哲顧少遜耶？今上神留民社，不難破資格以擢循吏，侯之義問昭矣。顯忠遂良，有明制在，而黄堂粉署安見不次第登焉？語曰：'風之積也不厚，則其負大翼也無力。'然則枳棘豈侯之所棲？而百里豈足以展侯者哉？入計伊邇，銓曹奏最，當必有紫泥丹誥，以荷天休，寧直一獎之爲榮也？侯不以余言爲佞，請尚論于神爵、五鳳之間。"

賀繁峙劉侯膺獎序

蓋聞郎官上應列宿，出宰百里，甿之休戚關焉。粤稽漢代循良，於斯爲盛。天子嘉乃伐，賜金幣璽書，至有徵入爲公卿者。而後世因之，亦勒名屏風，書績印紙，貢相望也。我國家倣古，凡諫議大夫、御史大夫，往往繇縣令拜，而次者亦不失爲含香視草。蓋以令去民甚邇，其於教化之良楛，風俗之善敗，賦役之利病，政刑之煩簡，一切籌之已諦，故蒞巨任靡不勝矣。

繁峙于吾代爲附廓，其期會徵發，額外之征，視它邑孔痗。而地枕邊垣，白草黄沙，半侵疆埸。雨暘稍盭，則拾橡啖蕪之衆枕藉于道。且二三珥筆大猾，穿屋牖，憑城社，即夏楚桁楊纍纍，不悛也。侯甫下車，即進父老于庭而詢所爲鼎革計。已，復下令曰：“民風視上轉移，俗士苦不知變，我且爲若曹更始。”于時修舉廢墜，振勵茅靡，曾未期而百度告犁。先是，碩鼠適郊，牂羊載道，今則鴻雁集於中澤。先是，婦不習萑葦，女不識蠶桑，今則杼軸之聲相聞于里社。先是，隰原磽確，極目汙萊，今則載芟載柞，四履有藨蔉之望。先是，積蠹假叢，煬竈時鼠時狐，今則齰口求退，無敢有夤緣爲弊竇者。先是，乾胏腊肉之紛錯，即摘决摯擊，有所不平，今則稟山火而不得盡其辭。先是，幪赭不經，岸獄有填寡之嘆，今則雉羅解而徽纆爲之一清。至若賑惸蠲逋、勸學均徭，井井施爲，舉足爲當官式。故無何而監司曰：“賢。”無何而部使曰：“賢。”無何而直指曰：“賢。”

兹當報命，例不得薦。康公亟獎之，旌殊績也。厥僚屬王君、孫君欲稱觴以賀，而屬余言爲贈。余距侯治僅兩舍，得之輿論者最真，故稔其治爾爾。且耳侯宰衡水時善政，轔轔生光仕版。衡人洎兹德之，爲樹石樹祠，且鎸政體數千言，以闡揚其化。夫鈎盧發硎，水斷蛟螭，陸剸犀象，罔弗銛也。而况治不火無以見金之躍，山不斧無以見木之良。侯於衡既不難爲召父，爲杜母，爲神君，乂何有吾蕞尔繁峙哉？固宜其見治之捷而獲上之速也。

昔卓子康由密令徵爲太傅，黄次公由潁長入爲丞相，載在信史者，日星爛焉。明制即較古不逮，而諫議，而御史，而含香視草，獨不後先晋國士耶？侯以通材朗識、雅度清操，何弗克任之有？而第一銅綸墨綬之瑲煌哉？魯肅曰：“龐士元非百里才，處以治中别駕，始展其驥足。”余之願侯，更有進於是者。

賀繁峙劉侯膺薦叙

按《輿圖誌》，天下九塞，首雁門、飛狐，爲其控邊徼衝也。繁峙，古武堅郡，寔夾處兩關之孔道。在拓拔頑顔時，甿厄胡燹播蕩之餘，僅成甌脱。國家休養二百年所，而彫劝未起，肆三晋稱罷邑，必曰繁峙，當局者往往難之。以余耳目所暨前後令亡慮什數，居無何，率以仔肩之艱解去。間一二悉心批導者，輒戾所格，尋亦觳觫從之。故嘉、隆以來，銅墨相望而鮮成績。監使者操九事以問，靡不蹶已。

今上莅極之三十五稔而得劉侯，侯初宰衡水，有異政。會天子坐明堂，大計群吏，侯以最聞，主爵者請從優叙。既報可，遂用調煩例，量移我繁峙。夫繁較衡，里第三倍，而期會之紏紛，租庸之逋負，郵傳之驛騷，蝨賊之訌鬭，不啻蓰焉。且守牧藩臬之牒蝟投，即鞅瘃以應，弗勝也。更鼠牙雀角相搆於庭，城旦鬼薪不能創。侯甫入境，愀然曰：“彈丸黑子之區敝至此，令漫不揚歷，敝且何極已！”諏得屬因者若而事，屬革者若而事，屬便宜鼎創者若而事。已，權輕重次第布之。議蠲、議貸、議撫、議鋤，孜孜不倦。諸公移未嘗衡石程而寸楮無稽者，金矢之入，片言摺服，即釋去，曾無庸鈎距得白粲懲也。邑故無學田，侯捐俸營晦，博士弟子員緩急有藉已。邑故無儲胥，侯闢教場，以農隙講武，殊得古“三單”法焉。邑故無女紅，侯導以績紝，杼軸之聲相聞于里。邑故無皇佃，自巨璫首䍃，歲起科數十萬石，民不堪命，而徙者幾伯户，侯多方調劑，悉勞來還定而安集之。且勸學通商，均徭却饋，桁楊徽纆無所事，而赤黑丸盡讋之掌股之間。纍纍善政，視衡水倍卓已。故司馬臺、御史大夫走金帛以旌者婁婁。

今直指喬公首列薦剡，稱其“民瘼關心，邊城生色”，洵哉！懋賞懋官可計日俟也。侯之丞朱君、靳君徵余言爲侯賀，余嬲黯不能爲侯諛，謹據鄉三老頌不容口者，撮其實，序之如此。咫日，聖天子褒循吏，建五丈旗迓侯，惠文所疏當是前茅。余雖不及負弩，願歌《泂酌》三章，持一盂水，祖侯於滹沱之滸。二君曰：“善。”遂授簡而進諸琴臺。

賀陳敬吾榮授鴻臚序

吾鄉屈指禮法大姓，蓋陳氏爲右云。毋論衿弁而遊者，習《周官》俎豆，雖儼然執鷟乎，而厭薄賈豎，蘄與士君子頡頏，武相接也。以故漸劘所曁，其子弟無不才且賢。即不能取螯弧先登，致身鼎吕，而萬石、卜式業，且跂予望已。如吾友敬吾君，少負奇概，當弱冠時遊膠序，爲文咄咄驚人。謂不難破烟樓跨釜，乃載雉一不售轍〔三〕棄去，曰：“丈夫何地不可樹立，奈何齪齪家塾爲哉？”遂負笈遊太學，旦晚合六館譽髦講唐虞禮樂，未幾而閎彪璧澤矣。

今年應例復晋秩爲鴻臚，鴻臚在漢爲奉置典客，掌諸侯及歸義蠻夷，仔肩亦重且劇，故晋山巨源啓事，選御史能人刁攸爲之，而魏韓宣稱職，亦有“大鴻臚、小鴻臚”之謡。此寧可以謭淺當者？我國家倣古以建，所任不減誰昔。而三孤、九列、百執事朝儀得失，以洎諸屬國象譯鞮寄虫書鳥篆之來，無不取政，自非端嚴精敏、長於幹局者，鮮不覆公餗矣。以君八面鋒，剸蛟斷犀，肩之所踦，目之所攝，何在不割然中桑林舞哉？夫七十子身通六藝，寧第多才，乃束帶與賓客言，端章甫爲小相，僅許一公西赤？君饒爲之，即聖門所稱，何以加焉！雖然，今天下纍若〔四〕，蓋不啻碗脱櫂推矣。君倘能“靖共爾位”，不自即於鶂濡，異日躋華登膴，寧直與刁、韓争烈？萬石、卜式家事業可計日待已。

屬鄉人趙君輩裝軸以賀，而乞余言，余固契敬吾者，故不辭而爲之序其事如此。

贈德甫劉君療疾有效序

間嘗治博士家言，見醫緩走二豎、秦越人起虢太子事，心竊異之，謂左氏好誕。洎讀太史公雜傳，則倉公顛末，又詳哉其言之。蓋軒岐一泒妙敓陰陽，有其矚之俞跗、雷公不足問也。輓近世，肱不三折，輒取人命寄之掌股，其不爲七十二神所誤者幾希。吾代有德甫劉君，殆進乎技矣。

君少喜方書，嘗喟然曰："達則爲良相，窮則爲良醫，司馬氏豈欺我哉！"於是舉劉河間、張仲景、朱丹溪、李東垣遺術，無不精研厥旨。已，復喟然曰："是法耳，非法法者也。"更取《八十一難經》細抽之，遂視見垣一方人，以之療病，杳且種種遍沱陽矣。今年，余室郝孺人就館，越二日，熱發，腹彭彭然大于未娩，而兩脅刺痛如百劍相攢，命奄然若懸絲。延君診視，君曰："無虞也。此敗毒相攻，寒邪薄於臟腑故爾。急則治標，其回生丹乎？"飲一劑而痛已，再劑而腹消矣。唯是脾虚，不能攝元。一晝夜或十數下。更時熱時痰，時痹時眩〔五〕，幾成蓐勞，不可治。君用六味丸，兼補中益氣，凡兩閲月而痊焉。夫瀕危即泰，今而後齒髮皆君賜也。明德敢諼哉！

昔人有肘後千金，神樓一匕，君汔可近之。而所謂"六不治"者，君又嗒然若忘矣。余無以酬君，敬以一言爲君贈。

嘗聞扁鵲過邯鄲，聞貴婦人，即爲帶下醫。過洛陽，聞愛老人，即爲耳目痹醫。入咸陽，聞秦人愛小兒，即爲小兒醫。隨俗爲變，故扁鵲之名遍天下。君由此推之，人人可以躋春臺矣。況其仁愛可托，聰明理達可任，廉潔淳良可信，展有如《物理論》

所稱者。即進而與良相争燮理也何有！君勉旃！它日余倘從銀璫後，當晋君《名醫傳》中。

贈禪僧契真出關序

竺乾之教不著于三代，有之，自秦穆公高四臺始，或曰自漢明帝四十二章始。其説天龍人鬼，澶漫無邊，薦紳先生遂鮮言之。然韓昌黎諫佛骨而不絶文暢，元亮、子瞻與遠公、佛印爲方外交也。此其中有不以彼易此者，亦顧鄔波遮迦爲何如耳。

余生鄰五髻童子，雅弗距西來意，見優婆塞精持戒行，輒津津道不置口。邇閲諸鵬耆，得一人曰道相，其别號契真，蓋初從大法眼月川爲宣灑者也。果證三藐三菩提，余不可知，乃結夏吾代北斗祠，已三歷春秋矣。余間一過之，見跏趺闃室，鉢塞莫外無所御，十二部皋几部《修多羅》已爾。法輪所轉，殆人人祈金鎞也。今禁滿啓扃，且將之留都，繪水陸爲焚修地，衆檀越懇余一言爲契真贈。

余曰：唯唯。浮屠家以宗、教兩端爲出世法界，教開五毒，宗透三玄，此波羅末陀也。契真攝静三載，當必了魔登伽而繙宣大藏，庸詎止泛僕呼繕那于慈航哉？昔達摩九年面壁，入不二法門，而天雨花、石點頭者，一歸解脱，則宗若教統見如來也。契真兩存而守之，雖證大涅槃也何有？彼二梵之福，特人天小果，余不爲契真望。

贈高母李孺人節孝雙全序

蓋高處士之不禄也，其二人春秋高矣，遺子拱方在襁褓云。處士當易簀，執父母訣曰："天乎！兒[六]不孝，中道已矣！顧此呱呱弱息何！"已，復張目視李孺人，孺人潸然涕下曰："自吾爲子家婦，業已身荷蘋蘩。倘君子不諱，先朝露，誓奉垂白以立藐諸孤，安能效里中婦再醮，令人致咥於淇梁哉?”言未既而處士瞑焉。孺人抱拱日夜泣也。曰:“何渠兒得一日長乎? 庶藉手以謝先君子於地下。”於是攻苦齾淡，傭箴萧辟纑，以佐朝夕。即借光東壁，不輟已。久之，舅氏亦殂，孺人琀斂如禮，養乃姑必曲圖滫瀡。嘗親浣厠牏，怡如也。且以饔飧之餘奉塾師伏臘，俾拱得就學。如是者汔三十年，而拱亦辟爲刺史掾矣。所事事隨在有霹靂聲，前後守土者皆知其爲節孝婦兒也。先是，兩宫徽號成，天子布覃恩，大旌海内。凡女貞之著者，命有司表其門，加棹楔焉。而孺人一匾于田大夫，再匾于朱大夫，其爲鄉評推重可知也。

今年，督學使王公復表曰:“奉垂老之舅姑，養生送死而無憾；撫伶仃之弱息，吞糠茹蘗以自甘。節比孤松，行稱完璧。諒夫!”諸戚屬將裝軸稱觴，而乞不佞一言，以侑匕箸。

不佞因憶日者言，天地剛正之氣鬱勃西北，其鍾于人，微第忠臣、孝子、義士、貞夫古今相望，至于淑媛閨秀，如王霸之匹、裴矩之女、上黨之周、臨汾之李，其所以安貧守節，扶老立孤，往往有烈丈夫風。孺人者豈其有待而興邪? 抑亦天性然邪? 聞處士父以三考銓督道倉史，不受禄而掛冠，家徒壁立矣。孺人黽勉操作，曾不以韃瘃爲勞，而其供菽水也以孝著，矢《柏舟》也以信著，厘荻晝藜烟也又以慈著，即進之《列女傳》可已。异日天報善人，當必有致五熟釜，以焚草處士之墓者，能無追“靡悔”于孺人也乎? 遂書以贈。

壽蔣母汪太孺人六帙序代

萬曆癸丑，蔣母汪太孺人春秋六帙矣。八月五日，政設帨之辰，其子中翰君將奉觴上壽，計無所爲母氏娱者，因介不佞而乞言，曰:“自先君子之見背也，不肖甫就口食，而二三男女弟猶然褓褓云，母不難分甘茹蘗以字藐諸孤。今幸及升斗養矣，匪藉大君子齒頰餘芬，其何以侑匕箸？”不佞因喟然曰：“有是哉！蔣子之知以志養其親也。夫今之孝所爲，身都將相，家累烏石〔七〕，烹鮮擊肥，裁縠曳璫，奏鐘鼓竽瑟，以悦其口體耳目者不少，不然則繪金母元君、玉京瑶島，以洎冰桃雪藕、火棗交梨，幻邈不可知之事耳。蔣子獨欲借史氏言，識不朽以慰母心，知孝哉！”

不佞承乏禮曹，敷宣風教，職也。方蘄賁幽潛，庶幾無閼聖天子作人之化，内德可叙，其何靳一言？

聞太孺人婦順昭矣，女貞楙矣，母儀劼矣。蓋當其歸徵君也，手摻摻耳。舅若姑頗操切，督過無已。孺人職井臼不少怠，筐筥錡釜，一以身任。奉盥匜饋湯，紉箴請補綴，且躬浣厠牏，怡如也。亡何，徵君不禄，孺人嚙指，誓以死相從，勺水不下者累日。其父母諭之曰：“女不念蕭然垂白、衆呱呱弱息耶？義殞何似仁存？”孺人聞而糜粥稍稍入口矣。頃之，屏紈綺，椎布操作，更課兒就業，曰：“乃公逝，我不及從而稱未亡人，以有若輩。若輩不克飯熟釜于長阡，亦何以對乃公地下乎？”由是以洴澼絖佐讀，達戊夜不歇。肆右史顯而餘率蜚英膠序焉，之所謂婦順、女貞、母儀合而爲德政，太孺人所繇迓昊眷以培壽命之源者也。前年，聖天子旌壼節，敕有司綽楔加門，猗都！榮矣。

只今中翰以三年考上天官，貤命可旦晚下焉。魚軒翟服，何樂如之！且子姓如雲，斑襴遶膝。太孺人襲慶，伊于胡底哉！

昔文母思齋〔八〕，歐陽母節，孟母嚴，魯僖母壽。太孺人交踵其芳，則不必如世俗悦口體耳目、繪金母元君之事，而斂福侈矣。試以此壽太孺人，太孺人得毋融融色豫也乎？

蔣子曰：“唐哉皇哉！壽吾母者至矣。”遂再拜受辭，箠之軸以佐瑶觴。

壽高母閆太孺人八帙序

高潤昭成進士之明年，適當母閤〔九〕太孺人八帙云，子若姓斑襴遶膝，洩洩也。于時葭莩之屬將稱觴上壽，因走傔徵余言，爲瀹灉導。余通籍年家子，削辭申祝，禮也。可無言以侑七〔一〇〕箸？

竊惟母氏之德淵矣。其先寔太原望族，以大父業鹺于淮，遂生淮，爲淮人。潤昭祖亦自晋之襄陵賈淮而誕贈君，因卜吉焉。先是，贈君父任俠，好施予，遇急難輒傾橐中金錢，以是家徒四壁立。贈君尋故業修之，算子母，無少貸。母日夜操作，以佐什一。久之，家居然素封矣。贈君既食吉，由胄監授光禄丞，善于其職，又時時爲人作祭酒，故襄淮間無問樵青牧赤，無不口贈君才且賢。明府榜其門曰"一鄉善士"，母内助之道維多。已有伯氏子，早孤，纔齠齔耳。又悍不可馴，母多方育誨，俾以成立。復捐千金，使遊太學，頭角嶢嶢起焉。歲戊千〔一一〕，贈君捐館，潤昭已有聲膠序矣。母猶晝荻無怠朝，和熊無怠夕，且囑曰："而父逝，我不即從，庶幾而博一第，以謝乃公地下。不者，寧能久稱未亡人耶？"潤昭聞之，淚泫然下。由是愈自攻苦。丁酉，舉于鄉，癸丑，上春官，取高第。捷書至，而母喜可知也。今年登八帙，鬓皤皤垂白，而五官之用不少衰。嗣是魚軒泮涣，食報寧有既哉！

余嘗讀《烈女傳》，嘆閨媛多士行，然猶或偏至耳。母事舅姑以孝聞，處妯娌以穌聞，馭臧獲、待姻懿以寛睦聞，且有舉案之風、斷機之教、《柏舟》之節德，猗與完矣！厚德鮮薄償，天之綏之又奚翅享五熟釜養哉？

母舉丈夫子三，仲入成均，季游鄉校，伯則余同年友潤昭也。孫男子九人，復鼎鼎繼起，異日者，千秋濟美，當頌母德于無涯。若夫酡顔鶴髮，翟茀鸞車，固已著之，符必膺之祉也，亦何足爲母致亂〔一二〕？

賀李二溟老師考績序代

按九邊要害四在關中，而西寧一隃郵稱扼塞。蓋其地三面偪虜，獨以一綫道東界莊浪，綦孤懸也。往火酋猖獗，抗我鞭箠。擐甲之師頓於荆棘，而松藩威茂諸羌又時爲出没，逆我顔行。繇是驕弁悍卒乘之發難，庚癸一不饜，則相率而内訌。天子憂之，下廟議。特敕治兵使，填撫其域，而諸使者復縮朒不就檄，河西一帶幾甌脱矣。朝廷爲固圉計，采輿望遴公。時公方持行省節，參知滇事。制下，滇人士若失所天，遮公枳〔一三〕不得發，公下令曰："人臣許國，東西南北，唯命是從。吾身非吾有，若安得常有吾哉？且湟中多事，若不爲我脂車，將叱九折者終無人乎？彼班定遠、傅介子何人也？"于是即日戒道。至則徵飛輓，毖儲胥，謹烽燧，繕垣隍，搜選蹄、健兒，簡犀渠、鶴膝。凡屯田、鹽策爲軍興之所倚辦者，無日不討而綜覈之。又籍土兵以劼防禦，中茶馬以實騰驤，清影射以充伍俩，撫番族以固藩籬。故不期月而聲靈赫濯，百度改觀。酒泉、張掖之間，莫不推西寧軍爲最。金城鎖鑰，居然屬公矣。今年任滿，穪三載績上天官，主爵者以最聞，特晋公三秦觀察使，稱不次矣。余猶以爲，此馭邊吏無疏失者耳。

公刺川沙山之役，捕虜過當，獲首功五十餘級，是册府勛也。即不得如漢制綰金鈕，世列通侯而建牙開幕，豈異人任哉！昔韓忠獻、范文正以安撫招討破西賊之膽，出入將相，爲宋室元勛。公由民部掌文衡，歷楚臬、滇藩，所在聲施麟炳，今復爲國家當一面，出司經略，入總機樞，又何孫哉？《詩》曰："樂只君子，殿天子之邦。樂只君子，萬福攸同。"然則功懋懋賞，公當旦晚即台衡，疆埸[一四]之上亦烏能久羈公也？

余不佞，愒居諸于史館，無能倚長劍封狼居胥耳。公治狀，私心竊向往之，因某君輩所請，僭爲之序如此。若夫垂休耀世，有景鐘大册在，余不敢以三寸管當也。

賀李思敬戚畹敕晋揮使序

嘗讀司馬子長列傳洎范蔚宗書，見漢室戚寵爲盛，微第朱輪華轂後先接軫，彼位大將軍、爵通侯者，賁相望也。乃其爲謙讓君子，不以富貴驕人，質誠畏慎，不貪權勢者，獨稱竇少君與馬敬平，抑何寥哉！蓋壘棋易墜，攲器難持。自非賢哲，鮮有能勝其任而愉快者。

我國家禮遇外舍，遠逾誰昔，而外舍亦莫不斤斤矩矱，以副榮施之典。肆二百年來，蔦蘿松柏，休有烈光，綦善矣。頃郵喜得李公。公爲今上元舅子，寔孝定聖母之介侄。生而穎秀，骨相倜然。齠齓治博士家言，輒能了大義。諸嬉戲未嘗過問。聖母聞而畸之，爲賜名云。已以恩補錦衣驍騎將軍，食邑千户，稱貴倨已。而公嗛然曰："國家勛胄之階，賞首功也。吾以戚畹故得之，異數哉！藉令自處維鵜，庸詎無以仰承皇眷？其如我二三兄弟循循自守何！"於是厚自挹損，言非法不道，行非法不履，事非法不舉。輿馬服飾悉裁于制，一切聲色貨利澹然寡營。至親賢樂善，則孳孳如不及，以故朝士大夫以㚖樵青牧赤，無不口李公賢者。

今年聖母升祔禮成，皇上覃不匱之思，施恩外氏，賜金、賜帛、賜禄秩有差。公繇是晋親軍都尉侯，横金曳紫，輝映一門。猗與都矣！吾鄉薦紳修榆社之誼，將釀觴稱賀，屬不佞一言爲庭實導。不佞因維三代發祥率由外氏，如塗山之於夏，有娀之於商，摯莘之於成周，一德佐命，載在《詩》、《書》者爛焉。漢世寵溢而善不升，其疆者多招權納苴，並峻争暉，而孱者遂湛溺于鳴瑟跕[一五]屣、陸博蹋鞠已耳。此於國何毗哉？故明德賞謙素、和熹戒謥詷，有以也。

我國家有道之長駕軼三代，諸外戚無不訓刑而奉法循理，善于其職，公尤其表表者也。异日金貂玉珥，洊歷元勛，以羽翼萬曆無疆之運，將塗山、有娀、摯莘氏不得耑孅於前矣。竇少君、馬敬平何足方哉！《易》曰："錫馬蕃庶，晝日三接。"是公必受之祜也。昔人謂"福協貞信，慶延自己"，公其勉敬而毋與俗同。

校勘記

〔一〕"楊"，當作"揚"。

〔二〕"撅"，當作"橛"。

〔三〕"轍"，當作"輒"。

〔四〕"纍若"，疑當爲"纍纍若若"，應下文所言"碗脱櫂推"也。蓋書寫時二字下各加兩點，爲刻工略去。

〔五〕"眩"，依文意疑當爲"眩"字之誤。

〔六〕"兄"，從前文"執父母訣曰"，當爲自稱，乃"兒"字之誤。

〔七〕"家累烏石"，此句難懂。依文意"烏"字疑似"萬"字之誤。

〔八〕"思齋"，誤，前文已見。

〔九〕"閻"，標題作"閆"。

〔一〇〕"七"，當作"匕"。

〔一一〕"千"，當爲"子"字。下文言"丁酉舉于鄉"，從戊至丁十年、從子至酉十年，則其父去世當爲"戊子"年。

〔一二〕"亂"，依文意，蓋爲"辭"之誤。

〔一三〕"枳"，依文意疑當作"軹"。

〔一四〕"塲"，疑當作"場"。

〔一五〕"跕"，疑當作"跕"。

句注山房集卷十三

序

賀朱九皋太守救荒膺薦序代

大夫之刺吾州，銓曹寔以高第拜云。至則亡歲者二，半菽之嘆，四履相聞，常額殆不舉焉。公愁然曰："縣官其難我哉！胡輒試我以艱也？"既而曰："天子不愛大官，奉以寄赤子於掌股，吾而難，孰爲易者？且陽道州不嘗熟二斛粟與饑民共邪？"於是晨起坐堂皇，召鄉賦長而喻之："若曹毋苦歲，吾將請旦夕之命以蘇若。"某里腴，其寬什之三；某里瘠，其寬什之六；某里在腴瘠間，其寬什之四五。它逋負一切報罷。甿稍稍有樂生心矣。越明年，復大旱，塍疇龜坼，二麥俱枯，殿屎之民易子而咬其骨。公齋居告社者久之，更走百里外，雩於嶽靈，繭胝纍纍，不恤也。

會天子下帑金賑貸，御史、民部以贖鍰、羨余佐之有差。前後檄公所散無慮數千金，公一一別其等，手封給之，無濫焉。最焦者，煮粥飯飢。拮据于寒烟蔓草之墟，計口而炊，均炊而啖。鞅掌凡七閲月，而所活溝中瘠幾千萬人。肆今父老子弟居恒相勞曰："微大夫居居究究，吾儕其不瘳乎！顧安能從千里外叩縣官也？"公用是循良聲日著，而臺使者亦廉得其狀，大中丞疏薦"四境安堵，萬灶生烟"，信哉！關以南加額可知已。

屬僚某侯輩，圖所以觴公而徵余言，爲庭實導。余唯唯，曰："是固可賀也。朝廷爲民置官，蘄以官牧民。至'碩鼠'、

‘牂羊’不爲之所，甚且以搏攫從事，未諦皮盡而毛安傅也？公下車即周諏疾苦，舉孑遺，民再踣而再起，即遇古召、杜，當宛然左辟，庸詎沾沾乳吏之爲？昔汲長孺矯詔發粟，孝武侈爲孅舉，而范文正賑三千餘户，富鄭公活五十萬人，椶〔一〕之爲名臣。他如畢仲游、曾子固亦以救告聲施後世，然則公之事業，此其嚆矢耳。况視學有鼓篋之風，馭吏有蒲鞭之化，勸鄉約不啻祭酒，而聽讞即鈞金束矢，亡言平已。進而三年報政，所以惠吾民者，寧有窮哉！只日聖天子走璽書徵拜，公當爲黄次公。不佞即無能爲役，亦將操寸管以獻王褒之頌。”

又代

萬曆屠雍作噩歲，海内大饑，而三晋之雁門爲甚。孱者轉溝壑，悍者率挺險而走萑苻，不能無探丸之警焉。守土臣以聞，天子惻然震悼，曰：“無民何以有國？無良牧何以有民也？”乃詔三事大夫，簡楚材爲晋用。于是，主爵者推元皋〔二〕朱公。公至，覈正供二萬有奇，而告逋者半。蓋以逃法心不勝逃死之心也。公悉其狀，曰：“我寔司民命而重困之，芻牧之謂何？且古所稱‘催科政拙，撫字心勞’者，非夫也邪？”爲之蠲畝税，爲之解征徭，爲之罷鬼薪、城旦。居頃之，他邦返黄鳥而中澤集哀鴻矣。

越明年，復旱，五月乾封，食草餅砂之甿亦顑頷待盡。二三執事惘乎有孑遺之悲。公齋居露禱，走方社，爲民請雩，未幾而瓶翻馬鬣矣。故今有“大夫西，雨隨車”之謡云。時上下内帑數萬金以賑，布雁門者若干緡。公虞滲漉之未周，鳩里胥誡曰：“朝廷德意，凡以爲窮民。爾濫豪右者罪，爾遺閭左者罪，爾首灾傷不確者罪。”已，乃按赤籍呼名給之，民歡然視爲慈母，而又廪然奉爲神君也。

屬御史移檄煮糜，四履之外蒙袂輯屨而來者日以千計。公酌地遠近爲場，場有粥，更單騎巡行，務使噭噭之衆不踣于嗟來。肆生死而肉骨者億萬人，公所活也。且米鹽薪藿之存積者數什佰金。政聲嘖嘖溢西陲矣。

監司撮其實而報之督撫，督撫稷其行而薦之天子，曰："忠誠無我之心，博大宜民之政。四境安堵，萬灶生烟。"諒夫！

余觀今天下吏治綦敝，卑者涴簠簋以行私，巧者刎苞苴而市譽。即不然，亦畫諾坐嘯，傳舍其官耳。孰有惓惓爲民如公者哉？矧當如毁之余，勞甘頳尾，而曾不難呴濕濡沫，起胔骼于更生！即汲黯、郭默之開倉無以軼，而陶侃賤糶、王薈私饘，不足擬已。聖天子擢循吏，有不建五丈旗以迓公耶？然則六曹九列當虚左以待，而中丞之剡何但前茅乎哉！

余辱公宇下，無能揄揚盛懺，敬以孝廉馬君輩所請，僭爲不斐之序如此。其它德政載在口碑者，不具録云。

又代

余讀《周禮》"荒政"十二事，未嘗不羡誰昔盛時，置民於襁褓而乳哺之法，綦善也。乃説者又謂救荒無奇策，余竊怪之。蓋非救之難，所以救之者，非其人爾。今國家東南困天吴，西北苦旱魃，齊魯梁豫之間鵠形時見。聖天子靡歲不下賑詔，而監司守令率視爲故事。故以寔心行寔政者，十不得一。即寔而乾没不穴于吏胥，需索不聞于里甲者，百不得一。余束髮而登朝，所耳目不啻夥，殆微若元皋朱公者也。

公以萬曆己酉歲守雁門，雁門距吾家五舍而遥，枌榆在焉。余晤公，頗言利病，公唯唯否否。余退而喜曰："朱公，博大人也。吾民其有瘳乎！"居無何，士民如燕者，稍稍譚公政，云："往蟊賊内訌，甿不勝蠹。挈妻孥、捐廬井以徙者無算。其不徙者，亦棲苴已耳。公下車，即進父老而諏所爲便計：徭何以貰，賦何以蠲，囊拳何以省，牂而羵者蘇之，角而翼者矺之，蟬而綏、蟹而筐者復之。甫浹年，而屋鮮逃亡矣。”

今年九扈復不舉，公愴然曰：“昔三老凍餒，嬰知齊衰；道殣相望，肸卜晋敝。吾濫竽兹土，奈何不爲之所？”于是以灾沴上臺省，且爲民請須臾之命。御史下贖鍰數千金煮糜，公曰：“往見豪猾專擅，多高下其手，取名竄易，使貿貿而來者怏怏而去，强半填溝壑矣。謂德意何？”乃躬走粥所稽覈，更辟義民董之，垂斃之衆所活不訾。會天子下帑金賑貸，公第其户爲三，上幾何人，中幾何人，下幾何人，刻期以給之，毋羈毋濫，人人加額去焉。且片檄一募，閥閲、素封之家出粟以實義倉者數什佰石。異日水旱盜賊，可恃無恐，又寧直補目前之罅隙哉！宋曾鞏之言曰：“遭非常之變者，必有非常之恩，然後可以濟之。”夫饑饉荐臻，可謂非常之變，而公多方拯救，不可謂非非常之恩也。即起周官，當爲借箸。中丞公首加推轂也，又奚疑？繇是而幣而金而關内侯，如漢宣故事，且次第賜焉，又不獨弁薦剡云已。

屬揮使趙君輩乞余言爲賀，故書此以付使者。諸善狀未易臚列，俟載之郡乘。

賀沈芳揚民部晋銜副郎序代

國家樹九大塞防胡，而山之右寔神京肩臂，綦要者曰雁門、寧武、偏、老諸砦。自大將軍而下洎偏裨侯尉，尺籍所隸，選蹄、健兒凡十數萬，芻藁粻糒之需，俱仰給於餉部使者，且閼氏款市，糜少府金錢不訾。歲出之孔浮於所入。内虞脱幘，外虞窺關，計臣仰屋而嘆者婁已。前邵公條八議上大司會，爬搔垢弊殆盡，惟是封狐碩鼠，穴竇相通，開中諸商往往賂豪胥、豐蔀而召買，鹽糧之上率後先隱漏爲常。

自沈公之下車，衆大猾嚙指相戒曰：“毋輕嘗，是鄉所稱神明宰也。”公乃莅堂皇，取所署裁之。一過而窾郤通，再過而髖髀軱戾砉然解矣。於是走一紙諭之：計某倉當若而數，計某廠當若而數，有不實者，法無貰。檄甫下，而三關若栗焉。更躬行塞上，視所儲粟秣登耗之狀。仍取二三乾没者，榜掠于肆，誰敢哉虚入乎？至武士材官有先期假秩者，不難破格綏之。若兵餉則按候以發無稽，不第重吏斂手，即責率亦靡所牟其利。乃今而後，玉蕊無歌也。其它京民運所輸，絶不令左右高下其手以涴簠簋。肆交關而出者，人人誦冰壺已。

今年，主計者以績上，帝曰：“都哉！乃能寅亮天工。”主爵者以陟請，帝曰：“俞哉！予其申命用休。”於時涣綵綸，晋尚書員外，含香視草，寵溢明光。隸公部者喜可知也。副大帥蘇公輩，同事境土，將稱觴以賀，而屬不佞一言，爲庭寔導。

夫不佞何能爲公言哉？窃意今天下財用匪出納無害爲艱，維理其原委之爲艱耳。蓋水衡詘于將作之發，冏寺詘于駃牝之供，而封樁老庫之金若掃，當事者計無復之，遂括鍰鬻爵、榷市搜山，滋一切苟且之術以佐軍興。吾不知瓊林大内積撲滿爲朽蠹者，抑何用邪？况五路邀賞，盡潤沃焦，而走中涓以佞浮屠者，動以萬計；彼羽林緹騎曾半石弓不勝，日食太倉之米，凡此於勝負之數何補？令移之以募趙代邊兵，必有感良將擊牛之惠，一鼓而滅襜襤者，不猶愈於頻歲許邪？效秦皇帝築怨絶地脉哉？

公資深望重，聖天子推轂，行且如宰相領度支，天下大利大害有不轉念而决者，則夫罷無益以實邊，俾國家收騰飽之用，是今日亟務也。公倘不以余言爲非踶，它日前席，此其借箸之一籌云。

又代

余備員監兵代上，與都餉使實相表裏云。不第士馬精罷、屯種清淆所宜協恭有事，凡芻粟、金錢之贏詘，舉得與聞。前與民部陳公、邵公計利病甚曙，因後先鞅掌，冀天子眷然謂吾曹奉職有狀。無何，而陳公拜學使者去，邵公亦入内總畿輔倉漕，余用是悵然。已而主爵者推沈公，詔曰："可。"命下之日，余與諸裨尉抃而賀曰："是嘗以五袴茈巴渝者也，是嘗以兩岐綏海岱者也，是嘗以覆錦含香高建禮者也，槽伍汔可有藉乎！"

居頃之，公至，至則無庸賦芓之術，而將若士歡然見德，至陽鱎所遇，則又夏日秋霜矣。有老吏取它事相嘗，公赫然曰："我何人哉？而敢以居閒市重而不自戢，我且操三尺問之。"自是，諸煬竈人人氣短已。於是日三商視事。凡公移奏牘之蝟集，曾不片晷而寸楮無稽。其於邊餉所在，按簿以覈。主者若干，客者若干，峙者若干，支者若干，以飛輓充者若干，以開中實者若干，一一得其要領。乃走片檄諭三單曰："自頻歲告侵，若曹唱籌日粻久矣。魯雞之不期，蜀雞之不支，如國家封守何？今將以某日餉某營甲士，某日秣某砦選蹄，又以某日下埤〔三〕校材官之秩。"由是，期必出，出必平。仍敕所部奉行唯謹，故三關將士在在頌福星也。更廉得賈豎鹽糧之入，往往借召買緡竣役，而召買復移新抵故，歷年套襲，倉廒爲之半空。公走輕軺勘之，稱茭指囷，悉發其奸。大猾伏辜而紅朽可蘄矣。且雅意儒術，退食之余，左圖右史，自匕箸而外，皆稽古參政時也。

肆不閱期而懋代，聞冢宰以秩請，天子曰："俞！是裨予一人，無虞外府者也。"遂飛木鳯，晋八座副郎。芸函芝檢，焜燿西陲矣。屬大夫朱君輩忻逢大厦，將裝軸登堂，而乞余言爲公贈。余思今天下愀焉蒿目者，非錢穀哉？入之孔百開而百不繼，出之孔百塞而百不支。無論九大塞時憂告匱，即今山右一隅，所不登首山而呼者無幾。公試維其故，兵未嘗浮于額外，而何以日慮有餘？餉未嘗減於額内，而何以日慮不足？簡搜清楚，此其弊有難言者。余曩下牒核塞田有無，期收籽以養士，而塞田强半爲屯。㫯徵屯之虚實，又不在軍而在民矣。夫祖宗農政令甲可循，而一切蠱壞，安得不煩度支使拮据哉？昔趙充國以十二策困先零，諸葛武侯軍渭南以拒魏，俱不勞轉輸之費，今獨不可一舉乎？公只日入爲大司徒，綰天下財富之衡，此不可不爲之長計者。若曰廟堂有成議，無容首事，則余之慮又不直西北脱巾已。

又代

當萬曆辛丑，公用奇策取進士高第，藾聲甲海内矣。已令江津，有異政；已令昌樂，復有異政。天子嘉之。尋徵入，佐大司徒理天下財賦。九圜刀布，寔藉提衡。而視草之餘，間取《平準書》調停中外，故今題粉署者，宛然左辟也。往歲，三關督餉使缺，朝廷采輿望屬公，公受詔之日，即圖所以釐弊蠹、瀹壅淤，以報稱天子之寵命。至則大侵之後，京民運不繼，而鹽糧十八萬、召買數萬復强半不登，少府錢曾未足以支朝夕。時脱巾倚矛之衆相望於七大營，而材官待秩者且噓唶内訌也。公爲之權主客、酌便宜，緩也而急借之，輕也而重假之。更下尺一，徵全晋飛芻，以次勞塞下士，塞下士始不吴揚矣。

先是，膾史作奸，庾廪之虚至不可問。公下車即覈三路凡幾何倉，倉凡幾何積貯，積貯凡幾何出入，所在曙其源委。已，乃突一騎按之，諸商獪不及揜耳，而隱漏之罪伏焉。又時簡兵馬以壯儲胥，又時核屯田以充粻糒，又時毖開中之條以疏通鹽策。曾不愈年所，而善政纍纍，可礱八赤碑矣。聖天子“俞”乃丕績，走朱紱綬之。旋晋尚書郎，用昭申錫，煌煌綸綍照簡書矣。

於時吾鄉綰緑綟而居者曰："錫馬蕃庶，晝日三接，公其榮哉！"曳青衿而薦者曰："右賢輔德，顯忠遂良，公其遇乎！"釋韎韐韋弁而處者亦曰："虎拜稽首，對揚王休，公其視文人有光矣。"遂相與謀欲贈言，而屬不佞載筆。不佞猶憶含香時從司農後，按國家虛實之故。在祖宗朝，歲無宗藩、河漕款貢數十萬之費，故不加賦而餉足。乃今秏之孔誠不啻夥，而三者猶不與焉：中涓之養，比丘之飯，緹騎、監局冗員匠之蠹，幾二十萬矣。而大工、大典與夫戚畹湯沐之需、尚器尚筐以及封獸馴禽之用，一切括之闤闠。不知凡此天雨邪？鬼輸邪？錢穀使即善應庚癸，亦安能借漏卮以注軍興？管子有言："利出三孔者弱，出四孔者危。"今天下奚翅危哉？

公以命世才荷聖天子眷顧，當必有濟時長策，以圖治安，而不徒爲我雁門一隅計者，計將何出？不佞抱杞人之慮，且知公留心世道，故其贈也不以頌而以規。

賀蒲汭田少府奏績序

粤稽《尚書·虞典》，以"三載考績"陟明；《周禮》令百官府各正其治，受其會，三歲則大計群吏之治，而賞嘉懋勛也。然不過聽四岳冢宰詔王，于時事省而職易辦。我國家倣古定制，課期亦不觭，而綜覈之術則視昔較嚴。凡有司報政，必郡長曰"可"，乃上之監司；監司曰"可"，乃上之御史；御史曰"可"，乃上之天官。給由蓋如此艱哉！矧少府貳行省度支，疏通泉貨，刁[四]貝芻秣之灌輸，歲以數十萬計，奇贏利病、出納重輕，調劑稍盭，則有階之議者，奚最之足云？

汭田蒲公以弦浦國士筮仕我西藩，佐二千石分儲代上。夫代，雁門古塞，三晋要區也。戎馬鱗鏖，望齷之衆，庚癸時呼；又地瀕丱穴[五]，觸禁者往往竊發，隄防少不詘，即嘯聚爲虣。

迂倅嚄唶，鷙擊有所不勝。公委蛇容與，不動聲色，而三單四履悉調于適。且洞矚邊圜獘竇，雖慣行軋没之商，亦兢兢奉粻牒惟謹，無敢夤緣作悍矣。甿有束矢鈞金之讞，得公片言，即搏顙歡服解去。罪隸、舂槀之失經者，莫不思就公，一啓覆盆。其它薦紳橐鞬曁乘傳使，一迹其庭，率以爲景星鳳凰，争先睹之爲快。至於飾帷簿、簠簋，謝石門泉而反走，又其天性然也。故蒞代三年所，吏民頌不置口，士大夫頌不置口，直指中丞之薦剡亦後先上焉。此豈公補苴彌縫以獲通顯若是？蓋其實心實政，有出於繆忨讓慝，故不噤齘而下治，不觳觫而上孚爾。兹當報政，郡長、監司洎御史、天官業已稱最已。"明試以功，車服以庸"，有虞制在；以德詔爵，以能詔事，有《周官》在。明明我后，將不爲公隆晋錫耶？昔漢神爵、五鳳間，良吏爲盛，天子下璽書勞問，至拜爲公卿。我宣廟嘗詔選在外庶官，歷六科以備用。頃者朝議亦欲疏流品資格，爲國家弘登籲之路。以公之才望，洊躋華膴，又何庸契哉？

屬守令高君、陸君、劉君輩走幣如都，索余言爲賀。余謂今天下久任之道不講，長吏以宦爲信宿，故前弦方理，而後更張之。民始蒼黄，莫必其命。公果不終棄我晋，俾雁門徼惠無窮，請增秩賜金，如漢丞相故事，是余區區借寇之私也。

謹序。

又代

公佐郡守文法無害，蓋三年而膺貤典，三年而拜守丞，又三年而爲今報最之期。績上矣，郡長老聚而謀曰："公之莅我雁門也，殆九載于兹云。其間中丞臺、御史臺以洎監司、陳臬使者諸薦疏與勞書，亡慮十數。天子嘉之，晋封晋秩，故微第所隸州若縣不敢望，即二三守相，猶然左辟。是遵何道而獲上若是？毋亦毛舉鷙擊以射赫爚之譽？即不然，僕僕爾养韝鞠跽，睨上官而進之？俱非也。公敦大恬静，雅不欲以徽纆見長，至骫骳爲自媒地，則却而反走矣。肆下車暨政成，歷九載如一日也。”

頃余讀《禮》之暇，與父老相過從田間，與聞公治行狀甚悉。謂吾代南瀕礦穴，銀河鐵鋪之間，往往爲大盗藪，每嘯聚輒以梃刃相加遺，丱人氏不敢問。自公之來，而青幘白矛之徒駾焉。前此悍史破邊儲數千百石，幾敗軍興。公廉得其狀，格殺之。更以虚入之罪罪倉使，誰敢哉後先影射乎？日大侵之余，道殣纍纍，天子下帑金賑貸，公檄所司，甲乙其户，俾無遺冒，所活溝中瘠幾千萬人。即汲長孺開倉、富鄭公發粟，未足多也。又白草、長柴諸砦，爲奄酋出没之區，世廟時，胡騎闌入，不崇朝而薄我九原。當路者議起長城，公拮据于版椓者數歲。只今金湯鼎峙，屹然連雲，百世而後猶足哭單于陰山之北，公之功不與天壤俱銘哉！且均傜傜均，治賦賦治，勸學勸學[六]，平刑刑平。其它筦鑰之常不具論，大抵先民所謂“以儒術餝吏治”者也。昔太史公傳循吏，稱孫叔敖復市，公儀休燔織，爲奉法循理，然猶偏至耳，公且全收之。試取毛舉鷙擊、养韝鞠跽者同年而語，又何啻星淵也？

今當報最，中丞、御史、監司、陳臬諸薦疏與勞書俱在，天子坐明堂課政，有不曰“虔共爾位，朕命不易”哉？夫漢郡都尉秩比二千石，亦綦貴倨，以不能破觚斲雕，故祇稱龔少卿、黄次公爲第一。至問龔、黄所爲治行狀，亦不過安潢池，去其太甚者耳。公季孟二公間，署上上乎何有？倘國家修孝宣故事，則賜金、賜帛、賜爵關内侯，公有不得拱揖辭者。

賀王鑑衡民部奏績序

日余承乏地部，與鑑衡王公寔共視軍糈。頃各以三載績上天官，荷天子寵靈，下司封晋級，又得循例惠徼綸綍，以褒逮我兩氏尊人，猗與都矣！顧余謭劣，奉職無狀，罔以對揚休命，而王公則《周官》所稱“善、能、敬、正、法、辨”，以當六計之選者也。吾儕習公治行，嘉兹遇，可無一言爲賀？

當戊申歲，公繇進士高第拜民曹，是時橋政紕不可問。公奉檄董其事，一切侵漁剔釐殆盡，東南之粟賴以善入京儲。由是大農器公，而思重爲仔肩矣。會滸墅關報缺，遂敕公往榷。滸，膩藪也。豪胥猾駔因緣爲市，賢者不免一歃。公至而埽除城社，行馬之下，寒可墮指矣。居無何，用太夫人艱歸。歸時枵然一橐，都人士謂前此所未見也。壬子，讀《禮》，起監御馬草廠事。廠故内璫之所據，就中虚冒無慮什伯。公在在清楚，曾弗少貸。至酏饔之問遺，則謝絶不使入車門。故今中貴人談王公者，猶咋舌云。臬管餉東廳，慨然以軍國大命爲己任，所條上便宜凡十數事，皆倉曹石畫，業已見諸施行矣。更追積逋若而數，疏滯案若而條，裁公費若而款，祛衙蠹若而人。其它興革一如所以治橋、治關、治廠狀。

今當報政，實迹犂然，庸詎徒視草含香、優游于粉署丹墀之地也？昔《周官》以六計課吏治，而稷之曰廉，公所在冰蘗聲籍甚，而其善、其能、其敬、其正、其法、其辨又無不可爲世儀。兹以三載績上天官，荷天子寵靈也奚疑？《易》曰“介兹祉福，以正中也。”《詩》曰：“樂只君子，福履膍之〔七〕。”若公者，可謂懋賞懋官，以無忝《虞書》之課者已。

雖然，余猶有進焉。今天下利孔竭矣，鑄山煮海，鬻爵贖鍰，以洎榷市、榷津曾弗足以應九邊庚癸。主計者方愸然仰屋，而皇上金花寶瑱之徵無停歲，抑且養寺人，飯比丘，豢大官冗員、諸監局冗匠，凡此皆沃焦也。吾部無點石蒸砂之術，亦安能以滄海實漏卮哉？公望重資深，行且由尚書郎履八座鈞杓之地，此宜先籌也。倘有所以俾六府常修、九圜不匱者，幸自策並以策我。

賀方中涵老師入相序代

公之謝大司成居里第也，蓋十五年所云，上眷公終未置。今歲當大計群吏，用天卿爵，起公田間，公再辭而再“不俞”。由是佐太宰啓事銓序流品，某幽、某明，靡不當也。天子嘉之。尋命入棘校天下貢士，所得士視常額有加，且各恂恂不恌。説者謂玉笋在公門焉。先是，三孤不備，大僚争之，不得；台省争之，愈不得。人僉謂皇上意在總攬，或厭於煩聒故爾，而不知聖心固有耑屬也。頃元輔不勝仔肩是慮，累疏求補，至以“去”争。暨報“可”，朝野相賀，更相祝曰：“沙堤築方公里乎？天下幸甚!”臬疏名以聞，而公果大拜矣。

黄麻烜赫，揜映金甌，都人士喜可知也。鄉三老將裝軸以贈，而徵不佞言，爲庭實導。不佞自維投劾以來，不復言天下事，亦何能爲公言？然竊觀今日，又不能不爲公言者。

夫堂陛通於呼吸，政府若爲有術；而雲不可排，天不可問，又若無術。鼎鉉擅其剛柔，政府似乎有權，而佞不得指，門不得破，又似無權。總之，時勢人情，機局遞變，急之成糾結之形，緩之浸假而澶漫陵夷矣。自非命世才，烏能勝其任而娱快乎？公少以文章名海内，居中秘，不徒習掌故家言，日唯取帝臣芳躅，尚友千古，故亡何而領春宫，亡何而掌胄監，所在輒有建明。今一再起，即平章軍國，庸詎置杯水于坳堂者哉？且皇上以數年久懸之缺推之，一旦以屢請莫必之旨下之片言，以是維是毗之司，畀之其慎其難之日，公之遇隆矣。望公者寧第據黄耳委蛇論道已也？方今帝子厄桃夭之會，天潢罹棘木之憂，大臣寥若晨星，國是紛如聚訟，且昊天不惠，挈吾民半噛于河伯、支祁。凡此，皆時事可虞，而鈞杓之地所宜借箸不遑者也。轉移調燮，公寧無意杞人邪？昔唐齊澣謂姚崇爲救時之相，崇曰：“救時相豈易得乎？”

不佞無能爲公役，敢以是觴公。若夫斷斷休休，養國家和平之福，公固饒爲之，無所事卮言喋喋矣。鄉三老曰：“善。”遂載簡而薦諸黄扉。

壽王鑑虞年伯七帙序

當萬曆癸卯，不佞某與今職方王君同舉于鄉。越明年，復同什褐，因以世刺拜太翁堂下。時翁峨惠文，執法殿中，春秋蓋望六云。未幾而晋冏卿，又未幾而投劾謝政，息兹殆十年所矣。今歲壽登七帙，職方君以請沐過里第，將陳甘戲綵，爲翁稱萬壽之觴。於是二三友朋圖所以佐匕箸，而屬不佞爲文。不佞即弗斐，何能無辭哉？

聞《洪範》“九疇”單言壽，而仲尼廣之曰“仁壽”。蓋天地生物之心，於行木，於星填，於人仁。木德王，填星福，仁者壽，此不易之理也。乃養生家輒幻其説，謂辟穀可以延年，煮石可以蜕骨，胎嬰胞姹可以飛昇。此無論事不經有，即有之，非所以壽翁，亦非翁之所以壽也。翁由進士高第領嚴邑，所在爲民造福，以故尸祝而社稷者，不啻畏壘之喁喁。洎以御史節按浙鹺，日討蠹政爬梳之，片檄所到，商不困而額登。會直指彭公被逮，又抗疏白之。既免，復傾橐中装以佐行李。所稱“質心行仁”者非邪？尋按齊，齊多窩豪，騶馬使問俗，往往市訪以嚇無辜，徽纆之連至不可問。翁廉得其狀，豫下令榜革，所保全善類亡慮什伯家。再按楚，楚有税璫陳奉爲孽，猰貐梟獍之慘遍於湖湘。翁前後論劾者以百數。先是，奸民奏楚贓羡以數十萬計，某縣發塚，獲金銀器以數萬計，旨下，屬奉追解官，民莫必其命，翁百計解免。適武昌鼓譟，翁乃勒奉，以激變自劾，其事遂寢。肆今全楚不至於糜爛者，翁之力也。暨懸車，猶創冬生院、義茶庵，每歲所活凍餒無算。至比閭族黨之待以舉火者，復千百其指。凡此，皆翁所爲體天地生物之心而爲仁者也。今壽進古稀，飲啖不少損，而杖屨矯捷如飛。過此而摩挲金狄，胡考寧可量哉？昔李元爽百三十六歲，爲耆英首；羅結百二十歲，領三十六曹事。今聖天子覃敷皇極，行且沛新政，起萬邦黎獻于春臺，黄耇老成浸浸待用，翁不久被蒲輪之召，倘以壽身者壽世，將一元協氣洽于群生，岡陵之祚寔式馮之，庸詎止所謂“爾耆爾艾”已耶？職方君世其官，更世其業，試以此觴翁，翁當爲之愉然加爵已。

壽路太翁七帙序

當萬曆閼逢攝提格歲蕤賓望日，爲前刺史大夫路太翁攬揆之辰，時翁春秋七帙矣。長君方以尚書郎有聲粉署，翁耳之色龒然豫，而長君且嗛嗛不自懌，曰：“吾鄉者委蛇膝下，希韝拳跽以壽吾親，甚適也。洎吾叨一第，兩領巖邑，拮据于牛馬風塵者萬狀，瀡瀡之缺用是婁婁。今幸徼天子寵靈，日食地官膳而又不能手之堂上，其何以衎吾親，俾加嚼哉？”乃購上尊甘膬、市文綺鮮綿之屬以娱其口體者，馳而進之未已也。更欲得舌士之言以侑匕箸，於是版曹諸君子謀所以佐壽觴，而屬不佞某載管。不佞自維弗斐，何能爲辭以悦太翁？然與長君同領度支，頗悉太翁芾履，而太翁又嘗以别駕治晋，則某編氓也，義不得無言。

蓋聞廣成之説，抱神以静，形將自正。而莊生復推廣其旨曰：“緣督以爲經，可以保身，可以全生。”然則趣舍滑心，則天和不罬，而俞俞者固年壽之所以貞也。嘗以此衡今古，無論籛、松、綺、李以是道常存，即如香山、洛社諸長老，尚羊胡考之鄉，夫誰非解組息機，不爲造物用而能用造物者哉？太翁當强仕時，佐劇郡，筦少府金錢，曾不聞呰窳縮朒，以自猾其性靈。息以三年最擢守東海，慈祥豈弟浹于民心，尸而祝、社而稷者，幾埒畏壘。乃舉事一不當，輒翛然投劾，此所謂不以趣舍滑心者也。既歸里第，絶口不言公府事，惟杜門，手一編課子。時與伯氏光禄公講《棠棣》之雅。暨春秋伏臘，則又出所餘橐中俸，市牛酒爲親族歡。且能急人之急，只今閭左待炊者，指以千計。故燕趙無問識與不識，皆知路太翁好行其德也。

今行年七十，鬢髿髿欲白而步履趫捷如飛。又善飲啖，朋儕相過從，猶能舉大白劇談，丙夜不倦。兹非所謂解組息機，不爲造物用而能用造物者哉？間嘗論翁有可用之才，而詘于馭；有可大之德，而歉于施；有可久之業，而阻於勢。翁蓋留有餘不盡者，以還天矢。遂以有餘不盡者，釀爲戩穀。則夫由杖鄉而杖國、杖朝，坐蒲輪安車以躬受聖天子袒割，又何難操券而責也？

雖然，此猶無足爲翁壽者，長君以命世人豪取進士高第，所閱菀聲稱籍甚，行且持大匕杓以斟酌元化。凢翁未竟之才之德之業於是乎寄，異日者壽民壽世，措天下于春臺，不可謂非太翁大年之所結。彼廣成、莊生屑屑以守精神、閉内外爲壽者，烏足當翁也？諸君子是其説，遂命載諸簡，以代稱觥之祝。

校勘記

〔一〕“椶”，據文意當爲“稯”（總、終）之誤。下文有“稯其行”可證。

〔二〕“元臯”，題目爲“九臯”，必有一誤，下文亦作“元臯”。

〔三〕“埤”，據文意疑爲“裨”字之誤。

〔四〕“刁”，“刁貝”，未聞，“刀貝”，謂錢，據文意疑是“刀”字之誤。

〔五〕“丱穴”，據文意當即下文所謂“礦穴”。又下文之“丱人”，亦即“礦人”。

〔六〕“勸學勸學”，以上下文句法例，當做“勸學學勸”（對應“平刑刑平”）。

〔七〕“福履膍之”，此爲《詩經·小雅·采菽》句，但今本《詩經》作“福禄膍之”。“福履”，出自《詩經·周南·樛木》，今本《詩經》作“福履綏之”、“福履將之”、“福履成之”，作者把《采菽》句與《樛木》句兩相混用，蓋筆誤也。前卷《賀滋陽劉侯考績叙》用作“福履之膍”，尚可作活用看，此處明引“《詩》曰”，實誤。又，“履”或可釋爲“禄”，然“禄”未聞可轉釋爲“履”，且經文不可擅改也。

句注山房集卷十四

小　引

清凉社引

夏屋之陽，嵾巢而岩崿者曰五臺。五臺，古曼殊大士開化地也。其山盤礴數百里，五峰屹然參天，靈迹亡慮什伯所，率瞿曇氏主之。境之綦盛者有清凉。清凉之巖百嶂迴嵐，千溪瀉瀑。松風蘿月，蜕人塵骨者，終古如新。高人往往棲之。然情或耽於枯寂，則避世而兼以避人；見不破乎藩籬，則滅名而並以滅迹。雲天不斷，人景自銷。寧獨虎溪絶響，山靈不免笑人矣。有心光禪師敏自廣陵之羅浮來，卓錫於此，既解夏已，乃遍歷諸名勝，一泉一石，無不印心。又時時操唐音，行間倚榔栗嘆曰："蓮花社何人哉？只今爲廬山生色。吾顧不得與淵明、靈運諸公遊，千載而下，當令人悵惋。"於是啓社，集諸鵰耆。尋走赫𧿹，邀余曰："客乘雲水皆三晋，人度風流總六朝。陶謝有期修奕業，遠公無那日相招。"余得詩，忻然如約。

客或詰之曰："子其佞浮屠乎？"余曰："咄咄！道惡乎往而不存？昔裴休、李翱數向空門問旨，而佛印、圓澤與蘇、李爲隔世交。吾安知碧雲岩畔不有未散之香烟邪？且清凉維吾家勝地，其巑岏足以參鷲嶺，其涾溤足以契常河，其菁蒨足以滋覺花忍草，其葱蘢足以當實樹珠林。鳥之吟也，其迦陵乎？獸之習也，其師子乎？鼉鼓鯨鏞之鞺鞳匉訇也，其犍椎之振响於四方乎？吾收之社中而時一會心，烏知夫誰爲净土耶？誰爲非净土耶？况此公解脱四禪，倏然物外，每出一語，如楊枝灑面，使人五體清涼，真所謂積垢處香風也。倘不謂我俗緣未斷，拉之《三笑圖》中，即日飲一斛水，亦所甘心，奚至攢眉而去哉？”

以公授簡，故僭爲之引。士君子有三生之願者，幸以瓣香致諸山門。

《隨順集詩》引

齊梁以來，道人爲詩者夥矣，而盛於唐。唐自貞觀以暨乾寧，無慮數十伯人。若靈一之精妙，皎然之清芬，懷濬之玄澹，貫休之高華，他若《紅樓》、《白蓮》、《玉壘》、《玉笥》諸集，無不潤人齒頰，蓋河岳英靈之氣弗吝於桑門也。

我明成家者不少概見，而頃得之廣陵心公。公既卓錫清涼，邀余入社，已出五七言一卷，請余爲玄宴。余初讀之，得其竅，再讀之，得其骨，三讀之，得其髓。則見夫寓意於景者，如水内著鹽；取象於玄者，如空中打勢；脱胎换骨者，又如大光明一放，而墻壁、瓦礫皆真。余乃斂衽嘆曰：“有是哉！維摩以方丈室收諸天乎？吉光片毛，火齊一顆，知爲世共寶矣。又何難追孅盛唐哉？”

雖然，公方破兔角龜毛之妄，視山河大地一切皆空，而屑屑抽黄對白，與騷人墨客争長，不幾認第二月邪？噫！不然。昔觀音大士以三十二應現種種相，説種種法，以棒喝群迷，公之詩庸詎謂逢場作戲者，非入世度人也耶？

是帙也，公自名曰《隨順集》，蓋取馬鳴大士“雖説而無能説可説，雖念而無能念可念”之意云爾。觀者有味乎斯，則公爲詩之旨思過半矣。是爲引。

《吴鹿友制義》引

蘇長公有言："揚雄好以艱深之詞文其淺近之説。"夫子雲之學無所不窺，微第《太玄》、《法言》籠蓋百世，即《甘泉》、《羽獵》諸作，訇訇之響，令人譬然心駭，乃不免爲眉山氏右袒，則好奇之過也。今海内學士家嘔心制義，何以异是？其卑者軋茁不足道，高者動欲問鼎竺乹，揚灰柱下，至按之則如嚼蠟，此于玄解何當哉？往余得吴鹿友氏文，讀之殊覺快心。蓋其縱筆所如，剨然中桑林之舞，譬之風遇竅而刁調，水聚波而漣漪，皆不與耳目揣而自成雅韵奇觀也。今年鹿友看花上苑，余亦得從杏園後聯世講之誼，神相投，緣相湊，喜可知已。已以所著全集付殺青氏，既竣業，授余一帙，則見夫華不揜實，腴不傷神。有閎肆之才而持之使平，有凌厲之氣而融之入雅。試取所謂淺近者以衡鹿友，鹿友不受也。試取所謂艱深者以摘鹿友，鹿友更不收也。假令眉山氏見之，有不心慴邪？既懸國門，行且有雞林賈持裊蹄求售，又奚翅洛陽楮貴哉？余蹶泥没跗，無足以語大觀，然夙嗜鹿友文，當必有深相契者也。故忘其僭而弁諸首簡。

《雁門集》引代

司農奉上命督餉雁門之兩稔間，纂所摛古文辭凡若干卷，業付殺青氏告竣矣。時某隸屬吏，得授一帙。載歸，盥而啓褁。讀所爲贈言，則孅備情文，義兼諷勸；讀所爲啓札，則耦聯黄白，响叶宫商；讀所爲騷詞，則出入柏梁，翱翔蘇李；讀所爲箴銘贊牘，則簡而有度，悉而無諛，華不失蔓，質不傷俚。渾渾灝灝，纚纚洋洋，固渢乎《大雅》之遺也。嗚呼！純粹踳駁，劉勰氏辯之審矣。藉文而不調於適，即龍睫雷霆、蝸角百萬、移山跨海、折地傾天之艷譚，亦不過牛鬼蛇神已爾，奚術哉？昔公孫龍爲白馬孤犢，魏牟比之惡鴞，良亦謂其辭巧而理則拙也。

司農是集，屬辭比事，發乎情而止乎理，兼以麟鳳其姿，冠裳其度，岳淵其勢，金玉其音，即進而與峼同碑、岐陽鼓争烈可已。古人謂“立德”、“立功”、“立言”爲三不朽，聞司農纍墨綬時，燔反側書，所全活無慮十伯萬，齒髪之倫洎兹尸而祝之。其綰儲重鎮，則飽伍騰槽，勛業又自麟炳也。

是編出而所謂“三不朽”者，不庶汔乎？金板揚芬，水精振藻。古今文望萃齊魯間，司農流覽枌榆，范型俱在，當必有爲經爲則者以輝映千秋，庸詎止擷蘂抽葩以芳潤齒頰也耶？某魋黯，不知培蛙之不可窺海，夏虫之不可語冰也，遂忘其錮陋，僭數言以弁簡端云。

《紫薇樓詩》引

《三百篇》矢口成韵，的係詩家鼻祖。自沈、宋以申、韓從事，而後之作者遂辦四聲于三十六毋〔一〕，搜八病于二十四格。蓋文章代變，若走江河，削脂鏤冰，亦勢使然耳。余性癖吟，而未能脱此蹊徑，每撚鬚輒爲粘韵所苦，故咄咄裂楮者二十年所。近見馮獻猷大能踢翻窠臼，私心竊鄉迋之。曩鎸《長嘯編》，猶間踵諸體，頃出《紫薇樓》四十首，稷之獨抽心得也。余伏而讀之，見意與象融，情隨境會，雖不斤斤矩矱，而蘇、李、應、劉之致，時吐筆端，所謂米、黄書法，識者當自鑒賞焉。且引興宣心，機流言外。傾日瞻雲之念，趨鴿嚶鳥之思，備著十篇，眂彼嘲風弄月、跼蹐繩尺者，又自星淵矣。美而愛，愛而傳，庸詎爲白家老婢聽哉？昔人謂曹子建“明月入高樓，流光正徘徊”之句，致思深遠，爲千秋絶唱，獻猷以大隊當之，恐鄴下壘亦不堅也。余蠢勺無以測滄溟，敢以玄晏之托，贅數言于簡首，庶幾青蠅附驥之意云爾。

《馮獻猷詩集》引

雁門之大姓曰馮，以公車言雉金馬門者婁婁。頃有獻猷甫，更張楚不群，鄉塾業直撮囊視之。遂挾策入太學，尋晋文華殿内史，望駸駸著已。所締皆名薦紳臬海内文士。竿牘之暇，稍稍就《騷》《選》業，斷髯嘔胃，即炎栗弗輟也。久之成帙，凡若干卷。梓且告僝，因屬余引數言于簡首。

余啓褱則見光怪驚人，若蜃氣干霄，龍泉出匣。讀一再過，覺思迋神來。興情比事，賦含屈、宋、文園之風，詩庀蘇、李、柏梁之致，近、絶不作大曆以下語，古文辭則髣髴先秦兩漢間也。譬之五都之肆，珍異遝陳。即未必盡爲周客所賞，而木難、火齊固自在已。令波斯胡過，有不爇海上火三日哉？昔左太冲聲蜚於紙貴，陳正字名重於碎琴，之兩人犖犖千古，獻猷將毋伯仲邪？

明興，自北地、信陽諸君子立幟争旗鼓者，遂無慮數十百家，大抵有躡電奔飆之技，而受約於羈勒。若夫不抑才以就格，不斥意以趨調，自成一家言如獻猷者亦鮮已。余每以君苗"見士衡文欲焚筆硯"之言爲甚，今觀是集，乃知余曩所自得，率蚩泠符也。千秋業敬讓獻猷，余且取毛穎陶泓付之阏伯。

《如蘭草》引

皇明以制義衡士，海内操觚學語者，人人自命爲宗匠云。然卑者掇拾飣餖，剽秦灰漢蠹以争奇；高者又識鶩青牛，神栖白馬，以故作幾蛸毛，當鮮麟角，以之應赤水之使，稷契訴耳，於玄珠無得也。吾姻友馮獻猷擁高訾不自倨，取素王宗貫，日磨勘之。且延江浙萬仲弢、馮定之兩名儒結社，昕夕校秇，蘄拔幟中原。其付剞劂氏卒業者，已潤人車頫矣。一日，出一編示余問序，名《如蘭草》，蓋取《易》“同心之言，其臭如蘭”意云爾。余諦視之，則見各具一造，而雄長亦略相當。仲弢文如慧遠據匡廬説法，雨花飛落，片石可證菩提。定之文如山陰道中，時矗奇峰，令人豁然目聳。獻猷則如李北平之將兵，雖不擊刁斗，而頤指氣麾，無不取勝。蓋趨不一而歸則同，所謂“離之雙美”者也。矧不以雕鏤傷氣，不以敷演傷骨，居然窺作者之奥。以此執牛耳，主盟中夏，又何左辟之有？雖然，此第朝華夕秀爾。獻猷方將期不朽業以聲施後世，即班馬蒼狐，曾不足以徼横襟之一瞬，而是冰蟲技乃煩經營哉？咫日踏破紫霄，礱八赤碑以鐫功德，余且欲奉鞭弭以從事仲弢、定之，顧獨以敝帚供耳食邪？昔人云：“不朽者文，不晦者心。”吾儕其共圖旃。

孫生《窗藝》引

孫生舞象而從余遊，每搦管，咄咄驚人，時或不諧于里耳。余顰然曰：“木難、火齊固自待碧眼胡也。”今年督學使王公試士，生果取蠡弧先登。都人士始信汗血有種，而謂余相馬在牝牡、驪黄外已。剞劂氏不憚紙貴，猶欲購在笥者以廣其傳，生逡巡謝不敏。余曰：“陳正字不難碎琴見業，子奈何示人以拙哉？”因爲之取若干首付諸梓人。它日，青藍相映，當必視此爲前茅。

《高孟門制義》引

余嘗治古文辭臬聲律家言，見《楚辭》得之幽憤，杜律得之坎壈，因意文章不牢騷則不高古，不鬱勃則不沉雄。蓋侘傺之余，取精邃閟，以故發而爲文，砰訇洞涾，如昆侖倒瀉，不撼龍門不止也。知此可以衡孟門文焉。夫孟門當丁酉應解額，其制義已膾炙人口，識者謂弋一第如蒲且，而竟迍邅羔雁者久之。今年起鱣堂，與余同喫紅綾餅，餤已，以斗酒相過從。耳微熱，輒睥睨千古。尋手一編示余，曰：“此不佞毦氄，後不自菲薄，蘄借一以取蠡弧者也。”余置諸案頭，俄而光怪滿室，左右大怖。捧味之，則見理探九玄，氣揮八極。詞翻三峽波濤。其機局遞换，又如神龍變化，不可模擬。蓋得之牢騷鬱勃者多也。余乃促孟門曰：“天下寶當爲天下共，其急售諸五都之肆。不然，恐有偷兒執兵夜覘吾兄室矣。”孟門囅然付之梓人。

《康玄定制義》引

蓋余髮始燥，即耳康玄定名，砏磤若雷云。然河東去雁門曾不數十舍，而無能載酒問奇，愚甚哉！今年徼天幸，蠅附渠黄，燒尾之辰始識面。見其修髯偉哲，昂如野鶴之在雞群已。與語，澄不清而淆不濁也。余嘆服久之。亡何，出制義若干首付板，余讀一過，見恬若鬥雞，馴若呵虎，精若貫虱，捷若承蜩，真所謂丹砂九轉，入水火而不滅者也。余因信名下士不虚，乃今而後知筆硯宜焚已。夫玄定有手，海内人有眼，當不以余言爲梔，敬壽諸梓，庶攻舉子業者視爲前茅云。若曰《三都賦》借皇甫謐而後傳，則余懡㦬退矣。夫何敢何敢！

潘太乙《寓庸齋詩義》引

楚山川甲天下，鬱爲人文，往往奪中原旗鼓，亡論《九歌》、《九辯》牛耳詞壇，如杜襄陽聲律，敻然隻千古無兩，蓋以温厚和平之度發忠君愛國之忱，於《詩》三昧〔二〕洵有當也。余同年潘太乙，胸吞雲夢，以毛萇家言蜚聲海内久矣。今年始與宴櫻桃，制義出，殆人人膾炙也已。以《詩義》一編見示。其旨邃，其色華，其致遠，其氣平，其標格風韵又令人顧盼欲飛。余一讀之，厩馬仰秣；再讀之，玄鶴下而風雨來矣。夫今學士家以《詩》藝鳴者何第數千伯，然恬雅可人如太乙者，亦鮮哉！乃猶自名曰“寓庸齋藝”，嗟嗟！天下何畸非庸？至味寓於太羹玄酒，至文寓於太輅越席，至道寓於墻壁瓦礫。糟粕腐臭，神奇所寓，而庸德庸言，固大聖大賢之所不能盡也。觀者有得于“庸”之旨，則此稿寧第主盟五際？雖奴隸《騷》、《選》可已。是爲引。

胡孺如《聯捷草》引

文章有定價邪？孅者未必售。文章無定價邪？售者無不孅。譬諸徑尺玉，五都之城僅可一觀，田父怖而反走，鄰人且取以食上大夫之禄矣。余年友胡孺如負異才，爲文奇甚。當髫丱即不難舉龍文寶鼎，乃遇數試數奇，或勸之曰：“子不見大市平天冠耶？何不抑格以庶幾時目？”孺如矖然曰：“天下寧少碧眼胡？吾安能以干將補履，效一錢錐也？”繇是愈自攻苦。意非深心不入，語非匠心不出。壬子秋，羔雉通矣。癸丑，上春官，連收大物。余得以雁行，承謦欬。見其爽豁，不與俗伍，而一種豪况翩翩逼人。余乃嘆曰：“宇宙神物，亶有如紫炁高懸、白虹遥射哉！”今鍥其窗草若干首，屬余叙末簡。余雖進于田父，然睹紅光滿室，不能不怪其靈異已。倘波斯過而問我，能無指孺如左藏哉？是爲引。

《渾源州志》跋

渾源，古冀州域也。昔有虞氏冬巡狩，至於北岳，以其地爲山之主。春秋而降，沿革不一。鎮靈式寔馮之。臬石晋割十六州以賂契丹，嶽祀且移之飛來石，文獻於是乎無徵已。我國家重開混沌，一統有志，省有志，郡縣有志，州之迹乃著。顧拾餘燼於胡燹之後，事或闕而未備，文或野而不章，義或無當於衮鉞，且與《恒岳志》合鍥，非體也。汜水趙公以高第拜渾源守，甫下車，即進父老于庭，諏所爲廢墜者修舉之。曾不浹期而百度犁然。政間，復取州乘之舊簡編次，以蘄垂永久。幣而謀諸中翰王公，王公，博雅君子也。古無不究，又家世史學，於體裁、義例靡不當焉。繇是纂修，幾閲月而告成。志輿地凡若干首，志建置凡若干首，志食貨、兵政凡若干首，志職官、選舉凡若干首，志人物、藝文、藂紀凡若干首，提綱綴目，綜古悉今。以事則疑信核也，以文則華寔備也，以義則法鑒昭也。至若削皃履、羊鳴之陋，祛陶陰、帝虎之訛，又其細者耳。令聖天子修有虞氏故典，柴望之餘，問渾源志何狀，此不爲一代之實録也哉？棗梨既庀，王公屬序於余。余不敢以不文辭，聊引數言于簡端云。

《擬同門稿》引

今上龍飛之四十一稔，制當策天下士。不佞承乏瑣垣，得以分校一經。梟撤棘，得雋凡若而人，業醮而進之王廷矣。已，復各執行卷若干首求壽，且乞不佞片言爲玄晏。不佞因喟然曰："諸生既釋雉而修羔雁矣，即不敝箒故業，何急欲板之國門？其毋乃翹然有市异心乎？不佞不能爲諸生夸毗，滋爲世道慮焉。夫今天下操觚家何可問哉？墨莊經笥，炫以爲多，文之敝也敝于濫；綉虎雕龍，絢以爲麗，文之敝也敝于靡；效嚬學步，襲以爲妍，文之敝也敝于僞；唄語禪機，剽以爲異，文之敝也敝于離；甚且狎奉虎皮，遞操牛耳，動欲空稷下之壘，文之敝也又敝于標榜成風。蓋前者既取螫弧，後者争拔趙幟，轉相視、轉相尤，以故爲險、爲誕、爲僻、爲譎、爲艱澀、爲澶漫，種種幻出而肆木爲灾矣。大都繇于志滿而神躁，躁則不能無競，競則不能無激，激則不能無囂。夫囂于藝文猶可言也，囂于國是不可言也。不佞于諸生有一日之長，從世徵文，援文救世，蘄與諸生共之。故取恬雅正大，不詭于程者二百有奇，付諸剞劂氏。"遂不辭而叙之簡首。夫亦謂言爲心聲，信“心”并以信“言”，庶不以譁傷世道耳。若夫玄黄中變，枳橘漸移，不佞何忍逆料？諸生而恬雅正大，爲國家養和平之福，則此稿固前茅也。諸生能無自信云？

《兼材録》引

蓋自天垂弧矢之象，而《易》稱“弦剡”，《禮》重“桑蓬”，威天下，志四方，射所繇來矣。越稽《周官》司六弓、八矢之法，而九合，而七合，而五合，而三合，而成規，初不遺於士，亦安見夫楚桃、越棘、赤羽、青莖耑爲仡仡武夫用哉？故古者諸侯歲貢士於天子，天子試之於射宫，中多中少，君之慶讓益削因焉，庸詎直一辨禮樂、飭志體已也？

我太祖高皇帝以武略定天下，胡燹既靖，弓矢積塵。然猶安不忘危，敕海内郡縣闢射圃，群多士而校習之。日有程，月有課，俾無事爲觀德序賢之地，有事爲臨戎禦侮之資，法綦善也。乃承平日久，教學浸弛。無論笮箙弸弰，多士唾而不習，即射圃亦且鞠爲茂草已。固宜一遇警，空拳無備，徒〔三〕令人嘆“賦詩不能退虜”也。

直指左公奉上命督三輔學政，慨然與膠庠更始。因取《大明會典》梟欽定教條，頒示學宫，檄所部有司躬行率較。更與諸士約曰：“今夷氛日熾，寰宇徵兵。山林布衣猶懷枕戈之志，宫墻士子寧甘袖手之觀？”於是多士喁然嚮風，靡不操鞲引决，人人興敵愾之思。則有力足挽強、飲羽貫札者矣，則有巧能命中、穿楊破的者矣，則有目不停瞬、手不違心、見懸虱、落飛蟲者矣。由是籍其數，自一矢以至九矢者得若而人，莫不書地、書名，梓之曰《兼材録》，若云以文事兼武備，是長短中尺，曲直中繩，巨可爲棟梁，細可任枅櫨者也。異日量材受事，將執簡而定曰：某某會稽竹也，可當一面；某某鄧林幹也，可倚長城；某某氣不蹶張，有緩帶輕裘之度；某某慮無遺鏃，有折衝樽俎之風。庶幾緩急有濟，不至如今之惄焉撫髀乎！

然則是録也，公之意念深哉！嗟嗟！絳灌無文，隋〔四〕陸無武，古人耻之。爾諸生業已兼已，兼則通，可以下馬草檄，亦可以上馬殺賊。通則大，可以運籌帷幄，即可以决勝千里。大則真，不徒事浩瑄之虚名，而且具樊虞之實用。此公於諸士惓惓屬望意也。今天下逆奴未滅，宵旰滋憂，滇黔楚蜀之間，復有土酋猖亂，此政謀臣借箸、壯士請纓時也。則夫三箭平遼，七矢退獠，胡可諉爲異人任哉？諸生幸勉旃自振。余雖不敏，願以身爲鞭弭櫜鞬先焉。

校勘記

〔一〕“毋”，依文意當爲“母”字之誤。

〔二〕“眛”，疑當作“昧”。

〔三〕“徙”，當作“徒”。

〔四〕“隋”，當作“隨”。

句注山房集卷十五

銘

明文林郎山東觀城縣知縣泰恒孫公暨配孺人任氏合葬墓誌銘

萬曆癸丑，前觀城令孫公捐館。越明年甲寅，祖載有時，其冢君孝廉輕千里，走幣如都，乞余言，勒隧道之石。余與冢君相友善，又嘗爲公家課塾業，受知於公者最深。公之屬纊，余以釋褐待秩天曹，弗獲修童子禮執燭。玆松區剪矣，能不爲公誌不朽？

謹按狀，公諱某，字某，别號泰恒，蓋楚相叔敖之裔。春秋而下，子孫蕃衍于晉魏間，由是有光山之族。國初，徙内地甿實邊，遂從軍太原，尋占籍雁門之振武衛，今尺籍所隸總旗成者，其始祖也。成生順，順生廣，廣生鳳。鳳爲公高祖，以懿行祀鄉賢，迹載郡乘中。鳳生岐，爲公曾大父，由鄉薦拜沾化尹，晋守莒州，所在循良聲籍甚。岐生宗派，爲公大父，登嘉靖甲午鄉書，不禄。宗派生汾秀，是爲公父。以少孤，故廢學。久之，從賈人操子母錢，爲什一計，家稍稍素封。邢太公畸而甥之，育丈夫子三，而公其長也。公生而穎異，日誦數千言。一再過，輒終身不忘。九歲能屬文，十五補博士弟子員，十九即食州。

既督學使行部，試輒居高等，惟省闈則數起數蹶。日者以命爲公解，公粲然曰："有是哉！命爲政則無所事經術爲矣。"少治《易》，旋徙治二載氏，四方之士從游者日衆。歲辛卯，果得雋，爲今少司馬黄公所録，一時相慶爲得人云。

丁酉，其冢君亦舉于鄉，橋梓同上公車，都人士艷之。未幾，而太翁逝，公居喪，哀毁逾禮，時以不即取甲第榮親爲恨。太夫人勉之曰："而翁既不及沾一命，使我汔可五斗養，不愈於俟河之清耶？"公翻然就銓筮仕，得觀城尹。觀固僻邑，民不勝賦，而豪胥輩因緣爲市，緑林萑苻之奸又時時竊發。公下車，務予民以休息，輸必謝羡餘，文必求無害，盗必得主名，曾不閲月而邑之政改觀。有王生者，孱而富，里中豪利之，嗾無賴經其室。生怖甚，欲以千金行賂，憚公之廉而不敢。已讞得無罪，父老曰："我固知孫公能辯此也。"時方大旱，公步禱郊壇，不旋踵而甘澍如注。士民繪圖以頌者，徹四履焉。政間，又與諸縫掖講説經義，至漏下不已。刻期爲課，館穀之費一切取諸宫中。肆待教而興者，趾相躡也。若夫勸農優老，平訟均傜，無不通民情于肺腑，故涖政無幾而口碑載道。惟以骯髒不善事上官，遂不免于齮齕。初即任，前令狼籍之狀已發，當路者曲庇，必欲移其罪以罪平民，公訊得其冤，盡脱之。以此迕當路旨，當路思有以中傷已。會椓河之役綦苦，因檄公往營。公即日戒道，拮据于泥塗畚插之間，凡五月而勞勩大著，漕使者方叙薦，而太夫人訃音至矣。公悲悼欲絶，遂輿疾西歸。時庫有羸金四百及羡粟數千石，皆公應得者，堂吏以簿請，公瞠目曰："爾奈何以阿堵物涴吾簠簋哉？"遂踉蹌以起，一橐猶垂。比抵家，依然壁立已。先是，季弟爲奸商波及，幾不免，公貸千金出之。至是不能償，復以券累冢君焉。

公既歸，闔門高卧，見迕者猶銜公不置。居亡何，而有藩相之命。公怡然曰："吾廪二十年而薦，薦十年而官，官一年而罷，拙於逢世而巧於全真，乃今而後吾知有吾矣。"於是搆數椽于西墅。手一帙，偃仰其中。童子報松菊無恙，則起而咏《考槃》

之章。雖粗衣糲食，晏如也。歲丁未，子若孫洎侄並以髫丱升黌序，公撫之，欣欣色豫，謂嗇取于身而豐受于後，尤善耳。又三年，爲公六帙之辰。余以通家子稱觥上壽，見其健飲啖，坐夜分不倦，燈下雙眸炯炯，意公天年固未艾也。

癸丑夏，忽不疾而殂。異哉！公爲人友愛，事二人以孝聞。當家食時，先世田廬盡割以贍仲季，而日惟舌耕，用供朝夕。纔有贏，即以佐親友之窮者，其好施又如此。生平尤不喜聲色，鳴瑟跕屣之門，終身未嘗一過。酒再爵即醺，樗蒱博簺諸戲，垂老不知也。雅善古文辭，雖與時寡合，而户外之屨常滿。惟不能爲人諱過，遇非踶輒面爲誰何。至于寸長可取，則津津道不容口。蓋其天性然也。昔陶彭澤不愛寵榮，陳太丘表正鄉閭，公庶幾無愧而倏焉怛化，又豈屑勾漏丹砂之幻哉？

公生嘉靖壬子十二月初九日，卒萬曆癸丑六月十六日，得壽六十有二。元配石孺人早折，繼配任孺人，十四歸公，主中饋殆三十年所。婦順母儀，兩擅其嫩。公之攻苦嗜學，孺人有桓少君、樂羊婦之風焉。先公十四年而卒。卒之日，萬曆己亥十一月初五日也。距生嘉靖己未六月十五日，壽僅若干。公悼之，爲作挽歌一章，每開讀則欷歔泣下。蓋憶往傷來，慟不勝爾。再繼配傅孺人，婉娈宜家，殊嫻婦道。男三：長元震，丁酉舉人，娶劉氏太學生采女，繼娶吴氏太僕丞安孫女。次元鼎，增廣生，娶張氏滎陽尹永昌孫女，繼娶魏氏太學生登第女。俱任孺人出。三元晋，未娶，側室宋氏出。女二：長任孺人出，聘參戎周公俊之子，早卒。次傅孺人出，未字。孫男一，名傳庭，州學生，元震所娶吴氏出，娶馮氏庚子亞元明期女。繼娶張氏，按察使公崇禮孫女。重孫女一，傳庭所娶馮氏出。

兹以八月廿一日啓任孺人之窆而合葬，葬地距代城西北二十里。蓋公自卜，以安厝太公者也。山川迴合，不減牛眠。公也歸息，風與俱長矣。余故不辭而爲之銘曰：

孰積德兮而四世薦於鄉，孰纘緒兮而千載揄其光。有子能令，有孫克昌。封兮隧兮，胡不睪如于勾注之陽！

明文林郎名山知縣馬公暨配孺人王氏崔氏合葬墓誌銘代

今上御極之三十七稔，余銜命大比三晋士，得雋凡若而人，馬生珍以高等與薦。撤棘之暇，余詢其世次，知生父毅齋公以循吏歸里第，且捐館矣。母王，更先歿三十四年所，俱藁葬焉，獨繼崔在。生晨昏滫瀡，怡如也。越明年，從計偕歸，崔俄以病卒。生哀毁，一如毅齋公禮。已食吉，將祔于城東北祖塋之次，納石于壙，禮也。遂走使，持所自爲狀，以銘請。余以通家故習公，義不容謝黮黯。

謹按：公諱遥，字仲遠，號毅齋。其先東勝人，高皇帝靖胡氛，徙邊地人士實内郡，遂於代家焉。始祖世安者生麟，麟生翱，俱有潛德。翱生驥，雋成化庚子第二人，同知海寧。以子貴，贈承德郎，祀鄉賢，寔公曾祖。弟騤，登進士，授江西道御史，以直遷知府，寔公從曾祖。驥生雲程，由鄉舉三仕爲别駕，尋擢常州府丞，寔公大父。雲程生翰如，里選高，不就銓，寔公父。公女弟兄三，俱嬪同郡王、謝、吴三大司馬。器男弟兄五，皆術學生，而公其仲也。生而穎異，日誦數千言，罔不神解。十歲善屬文，即工鍾王法，爲劉刺史書墓表，觀者愕然。稍長，隸博士弟子員，旋食既，學使者及有司每校藝，未嘗不首肯。韓毅庵、張豫吾兵憲、薛質亭、劉鐘所民曹，皆先後刮目奇公者也。公雖數奇，艱一第，而海内旗鼓寔不多遜，即拔幟先登之士，往往避舍。四方俊彦負笈裹糧，願執經帷下者，亡慮數什伯，蓋道所歆也。歲辛卯，升成均，累試冠多士。蕭漢冲、馮琢庵兩太史大加賞識。廷選又甲天下，梅大庾選君深器之，注郡守而限於缺，遂以銅墨授名山尹。

夫名山，古三巴惡徼，地僻民刁，綦難理也。公下車，爲之肅城社，禁勾拘，平物價，誠善惡。興學有法，止訟有歌，勸盜有圖，恤刑有諭，雩旱禜潦有應。至於木礦茶漆之使，徵逐搶攘，公不病官，不病民，一咄嗟而立辦。亹亹善政，未易臚列。居無何，播酋猖獗，兵戎芻餉，雜遝紜紛。公調劑折衝，綽有成績，西南卒藉爲保障。先是，賈人牛某觸罔，罪不至大辟，當事者必欲羅織，公竟爲平反。業有枘鑿之嫌矣，崔直指嘉公衡鑑，以四州十七縣賢否屬公注，且不令載優而令載劣。公雖曲爲之庇，不肖吏競相齮齕焉。嗚呼！蛾眉見妬，理有固然，矧以孤鳳鳴于衆梟，欲不投劾得耶？洎歸，單車垂橐，行李蕭然。代篆葉君至，樹碣爲後人范，雖古塵床載石者何以加諸？

再起而判裕，狡胥或以常例啖，公厲然曰："尔飲我貪泉邪？"隨置于法。嗣是庭有懸魚，案無伏鼠，甫閱月而賢聲大著。會河决蒙墻，淤故道，陽侯激怒，洞渻湔泙。稍東則宋州危，再東則陵寢震。二三大臣惄然蒿目，求所爲便計，遂檄公往營。公相其形勢，疏壅障潰，椓堰殺流，纔百日而告成功。漲瀾安涯，公之力也。督河使撮績以聞，天子下金帛勞之。繇是義問蔚勃，河以南無不欲得公者。方直指首加推轂，而鄧、而葉、而泌、而内鄉、而桐柏之篆，次第署矣。甘雨一犁，清風兩袖，所在頌聲籍甚。然公素方正，不習脂韋態媚人，故卒以此獲戾而有藩幕之轉。嗚呼！樊蠅易亂，市虎難明。賈太傅"周鼎康[一]瓠"之慨，有由然哉！

歸來，杜門謝客，隻牘不入公府。昕夕唯以課諸子爲業。無大恙，一日考終正寢。既瑲[二]而囊鮮餘貲，傷哉！

公性友愛仁恕，事嚴慈最孝，處昆季最龢，與族黨最睦，御臧獲最寬。有魁壘跅弛[三]之抱而不獲竟其施，有繭黧拮据之勞而不獲豐其報，有端貞鯁亮之守而不獲孚於人，豈天之扼仁人耶？語曰：“不于其身者，必于其子孫。”公之冢嗣業已弁賢書，行且待詔金馬門，以五色絲補衮矣，而龍種鳳毛又詵詵茁起。咫日紫泥稠叠，載賁松門，公于九京有不含笑耶？然則天之厚公不在躐膴生前，而在用光身後，詎云玄造夢夢哉？

公生嘉靖二十六年二月十七日，卒萬曆三十四年六月初四日，得年六十。配王孺人，夢梟女，大司馬傅岩公女侄也。終温且惠，婉娩宜家。事舅姑以孝聞，而雍穆之風刑于壺域。恒篝燈佐公讀，丙夜絲枲不去手，樂羊婦未足多也。屬纊之際，執兒手訣曰：“而家世經史，惟願無墜厥宗。异日曳襤衣、持麥飦以拜吾墓，足矣。”今果然云。以隆慶六年九月二十四日卒，距生嘉靖三十六年三月初四日，得年二十有六。生男一，即余所舉孝廉珍，娶生員孔澤遠女，再娶禮部儒士喬公佐女。女一，適郡學生劉策，蚤歿。繼崔孺人，生員應徵女，駙馬京山侯女孫也，嬪子。公四德修明，居家不聞嗃嗃聲，而室斬然治。公之以賢令著也，有彤管力焉。卒之時，蓋萬曆三十八年四月　日也〔四〕。距生嘉靖　　年　月　日，得年五十有四。生子一，名瑜，娶陝西鄜州吏目席餘慶女。孫男一，名之良，珍所出也。

今以萬曆三十八年九月　日合葬。余若其請而爲之銘。銘蓋實録云。銘曰：

青箱世澤，繼序其皇。德含肫穆，道秉端方。珠藏玉藴，梓里垂光。鳴琴委綬，花縣流芳。厭遊糠秕，觀化穹蒼。雁塞峻嶒，滹濱堋渚。山水攸長，高風可摭。陋豈王孫，侈非石槨。窀穸深深，松楸莫莫。淑配同阡，永安厥宅。

明待贈君東渠韓公墓誌銘

東渠韓公謝世，殆二十七年所，乃卜宅改葬。其子孝廉與行自爲狀，越千里以銘請，曰："不孝罪譴深重，致先君子中背，又弗獲修大葬禮，權厝諸陽渠之原。今墓木拱矣，將以某月某日從形家言，柩窾於卦山飛鳳坡遷焉。惟是玄隧之石猶闕，敢惠微一言，爲松門鎮，先君子死且不朽。"余與孝廉同井遂，又年友也，誼難謝不敏。

謹按狀，公姓韓氏，諱柳，字士雅，别號東渠，世爲交城之大姓。其始祖灌，以賓薦仕山東陽信令。灌生鉉，鉉生宗賢，宗賢生瑄，以例貢仕陝西白河簿。瑄生邦用，邦用子三，曰柳，曰范，曰董。柳即公也。

公少慧，當齠齔，自請就外傅，讀書即能了大義。年十七，充博士弟子員。爲文多不作經生語，每搦管，咄咄驚人。鄉薦紳方岳胡公、諫議解公、侍御楊公、王公皆奇之，目爲韓家汗血，謂騰踏紫霄，可計日待也。無何，太翁疾篤，公侍湯藥，衣不解帶者若而日。梟處苫塊，柴毀骨立，幾不能生。既禫，猶欒欒。已服闋，尋補增廣額。自是試輒居高等，而婁躓場屋。人或爲公扼腕，公夷然曰："李將軍豈拙於戰哉？白首不封，命也。吾奈何與造物衡乎？"遂稍稍解去丹鉛業，旁取百氏言以自愉適志。因得善龍宫肘後之術，往往以一匕活人，所洪濟無慮數什伯，而公不自德也。先是，公乏嗣，立弟范之子與立爲嗣，至是逾五旬，連舉兩子，人以爲陰隲之報云。公既得佳胤，旋廢卷嘆曰："吾即不做，兒子輩當做。烏用是矻矻一經爲？"乃謝青衿，高尚相羊於十畝之間，朝夕課子侄卒業。朋儕相過從，則推枰引滿，抃如也。嘗有"悶敲棋局，雞黍留連"之咏。讀其詩，可想見其致焉。公爲人孝友篤摯而高曠，夐絶風塵。初，營太公壙，一甓一礫皆手自治。雖家徒四壁立，而奉母必曲致甘脆。二弱弟嬛嬛藐孤耳，衣之食之，卒以成立。梟夫歸息，又能以順命力學勉諸子。公蓋敦倫有道君子哉！即其璞抱荆山，珠遺滄海，然而鹿門大隱有餘適矣。况孝廉乘時鵲起，行將柱石明時，諸子姓復森森玉立，異日者三封五鼎，光照泉臺，所謂“作德于身而介庥于后”，食報寧有既耶？

公生正德丙子正月初八日，卒萬曆己丑正月初五日，享壽七十有四。配胡氏，早逝，再配李氏，又娶馬氏，俱德門女。丈夫子三：長與立，歷官學正，娶某人女，即初立弟范子爲嗣者。次與行，癸卯鄉進士，娶某人女。三與祥，邑增廣生，娶某人女。俱馮〔五〕氏出。孫男幾，娶某氏，某出。孫女幾，適某人，某出。例得並載誌中。銘曰：

德隆孝友，義出風塵。克昌厥後，爲國之珍。飛鳳開阡，眠牛表宅。萬歲千秋，玄靈莫莫。

明待贈君東皋趙公墓表

樂平趙東皋先生，有道君子也。才足以濟時而遇不偶，德足以永世而算不登。年四十七，以萬曆辛巳三月十一日卒於家。卒之三十五年，其子濟陽令始持其從弟侍御君所爲誌銘，匍匐向余而請曰：“不孝龀延怙恃，《蓼莪》之恫深矣。愧無以贖罪地下。今幸惠徼一命，其敢湮没先人之潛德，不以揭諸阡石上之文？願有以累子。”余因憶蔡中郎不愧郭有道碑，世以爲知言。先生懿行可表，不斐之辭其何愛焉。

按先生姓趙氏，諱學讓，字汝克，别號東皋。其先無考。金時有忠翊校尉子政者，寔爲始祖。歷傳太學生哲，哲生鵬、鶴、鸚、鵡。鶴生恭、寬、信、敏、惠、仁，信生學讓、學禮、學儒、學書。讓即先生。幼讀書聰穎，在群季中翹然獨秀。嘗受學于仲父沔池君，沔池君奇之，曰：“此吾家千里駒也。”尋令就外傅。時和順温某以三《傳》名，先生負笈往從。提要鉤玄，不期月而砉然盡解。一試輒冠多士，晋人士咸願爲執鞭矣。先生愈自攻苦，篝燈警枕，即盛寒溽暑不輟也。顧舉子業日邃而數日益奇已，喟然曰："丈夫生不獲坐五丈旗，寧齎志以殁耳，安能效齷齪子搰搰於鉛槧間哉？"乃毅然潛心古學。凡六經子史以枲諸名賢傳記，罔不究極。慶吊而外，皆鍵關，尚論時也。性恬澹，不悦芬華，一切聲色貨利視之若浼。居恒斷虀晝粥，怡如已。嘗爲太公經紀訟事，餘百金，悉以封進。或諷之可留爲筆研需，先生咄啃曰："禮，父母在，無私財。吾奈何以阿堵物速戾哉？"雖父子之間，其介如此。嗚呼！先生學有源，趣有定，言行有坊表，迹其人，殆高西唐、鄭北海之流與？乃用不酬才，壽不配德，識者傷之。

孺人梁氏，王府儀正廷諫女，佐先生有婦德，久當冢政，壼無間言。洎稱未亡人，又茹荼飲蘗，以字藐諸孤，卒以成立，可無忝歐陽母矣。後先生三十年卒，卒之時，萬曆三十八年六月初六日也，得年七十有六。以某月某日祔葬于北平之阡。

子男子六，曰純，曰約，曰維，曰紓，曰綿，曰縫。紓與余同舉於鄉，今爲濟陽令。綿，庚子舉人。孫男子六：之禎、之桂、之嵩、之鼎、之鼐、之昂，俱庠生。

嗚呼！太史公謂："自古富貴而名堙〔六〕滅者，不可勝記。惟倜儻非常之士稱焉〔七〕。"先生立身行己俱有法度，而淡泊寧静之概，又敻絶凡流，令天不嗇其壽，施爲寧可量哉！余故不辭而爲之表，俾勒諸壠首，以示顯微闡幽之道云。

明奉訓大夫濟川張公墓表

嗟嗟！士君子表當世，寧必擁高牙大纛、取漢庭綬纍纍若若，乃有建明哉？先民謂："一命之士，苟存心於利物，於人必有所濟。"夫士而濟物，即五兩之綸、半通之銅，亦足爲聖天子惠元元也。不佞持此以衡海内所耳目，無論什伯千，而得之濟川張公。

公諱先登，字于岸，濟川，其號也。世籍通州之海門。生三歲而探書，又三歲即能搦管爲舉子業。督學使某公試而奇之，取以冠多士，尋廩於學宫。公下帷攻苦，歷烈燠，靡所輟。自本經外，《左》、《國》、秦、漢、《莊》、《列》、《騷》、《選》以臮國朝名公著述，無不究心。每濡不律，則嗿啎飛走，聲稱籍甚維揚間矣。會穆廟踐祚，天下郡縣例得升士，以昭恩數。公用高等與薦。既入成均，一再試，輒裒然首列南雍。士遇之，率宛然左辟矣。未幾而丁大父艱，又未幾而丁大母艱，蓋公嚴丞背，而公寔代爲重也。六年之間，卧苫寢塊，長與禮俱。又念太孺人春秋高，恐不及以五鼎養，乃謁銓曹，授龍南大尹。

龍故多盜，椎埋劫掠之悍什伯爲伍，居民往往苦之。公設方略，殲厥渠魁，以次薙其脅從。説者謂張京兆、虞朝歌未足多也。又覈匿田以清賦税，裁冗費以杜苞苴，罷客兵以蘇戍〔八〕役，搜亡命以折奸萌，課農桑以敦本業，築倉廪以豫積儲，校藝文以弘薪槱，崇鄉宴以厚簪裾。其它虎患水沴，一切爲民造命，故江以西稱治平者，必曰“龍南”、“龍南”云。然公素負傲骨，不善婠阿以取容當路，故卒以此獲戾而有濮陽之轉。公至濮，即取所肩職守而身勩之，且曰：“國家爲地擇官，非爲官擇地；爲民設吏，非爲吏設民也。求無覆餗足矣，它何計焉？”故不幾閲月而政聲流聞，一如治龍狀，民且尸祝而社稷之。亡何，太孺人以壽考終，公柴毁骨立，痛楚欲絶者凡幾。既禫，切切而哀，不敢過也。服除，除審理正，不就。惟手一編，吾伊山水間。間與野老争席耳。

萬曆甲辰，上聖母尊號，覃恩寓内，凡吏守文法無害，俱得晋秩，公用是由田間進階奉訓大夫。明年乙巳冬，公卒，壽蓋六十有一云。

公爲人端毅軒豁，居恒不作呢呰語。教人以忠孝爲本而佐之四維。公庭未嘗居間，至事關興革，則娓娓道不置也。嘗捃摭鄉先賢，爲《六先生傳》以見志。又著《風俗論》等書行于世。

公父曰海賓，諱某，有潛德。祖曰達齋，諱某，以經術起家，司訓瑞安者也。元配盛氏，始興令之孫女，婉嫕宜家，與公合德，有冀缺鹿門風焉。丈夫子二，女一，孫男五，孫女一。其名、其次、其配、其字俱載曾大尹汝召誌中。不佞撮其大略而表諸墓門之石。

馮孝廉墓表

馮氏之以經術顯也，自昌黎尹文泉公始。文泉公昆玉凡四人，伯氏業賈維揚，以鹽策佐國家緩急。季氏通尉僚、穰苴法，登武制科。其最少者爲郡學生章泉公，章泉公育[九]丈夫子三，而孝廉爲長。母孺人劉，夢紫衣天使降于庭，寤而生君。甫七歲，即自請就外傅。日誦數千百言，無不了旨。嘗取《金剛》、《楞嚴》諸内典繙閲，慨然有出世之思。已，讀《蓼莪》、《唐棣》，則又曰："吾道在是，不必他求也。"未幾而章泉公即世。時君方髫兩髦，仲在襁褓，季才彌月耳。藐孤相對，日夜呱呱。君從廬塊中捧負，不自知柴骨之不支也。年十六，升博士弟子員，乃於沱陽卜築，攻苦下帷。爲文奥衍弘深，不事經生帖括。學使者行部，輒校置高等，才名籍籍噪晋冀間。歲庚子，得雋省闈，以第二人應解額，海内士傳其藝者，價比雞林。識者謂："掇大物，直承蜩也。"忘[一〇]何而劉孺人告寢，君衣不解帶，躬浣厠牏。且籲天，請以身代。洎琀而血淚爲枯矣。三年間，寢不去苫，食不御臙。每薦餼，涕泗横襟，慟二[一一]釜之不逮也。先是，祖父居積甚厚，子母之權以數十萬計，或教之分箸，君愀然曰："吾何忍以阿堵傷諸父心乎？"卒廉取之，仍割盈以贍兩弟，而自居其縮。肆雁門稱孝友者必曰馮君云。又塾師李，煢獨，晚而喪明。君念其無依，喫著之需，時爲典幹。既歾，復厚殯焉。可謂恩義兼隆已。友人馮某負俊譽，丁年不禄，妻子幾不能自存，君惻其孀孤，曲爲周給。暨今交游感德，人人道不容口也。大抵君豈弟慈祥出于天性，而澹泊〔一二〕寧静之養，更敻絶時流。爲孝廉凡十三年，未嘗以片牘干公府。至拯人之急，解人之紛，飲人以穌，導人以善，即孔北海、陳仲弓不多讓焉。

余與君十載同袍，千秋知己，嘗見君方頤廣皙，豐髩蒼顔，以爲福具三壬之象，而文章〔一三〕華國，行誼式鄉，俱足以永世長年，乃以哀毁失經，竟卧文園之病！彼蒼何可問也？當壬子春疾革，走蒼頭，召余爲訣。因執手曰："天乎！吾誠不意中道抛少婦、割幼子，溘焉奄棄也。然吾母生吾，嘗夢紫衣人庭降，疇昔之夜，某亦夢金衣人相邀，然則障業圓矣。倘得徂與母同日，復何憾哉！"初，劉孺人以正月九日升遐，君之不御賓客也，亦于是日。異哉！君易簀時，元嗣如京纔九歲，諄諄焉以保世亢宗爲訓言，今業舉茂才，有聲膠序矣，而母王猶以《柏舟》之節釐荻晝之儀，倘所稱"賢萃一門"，非耶？

余忝司風紀，職在闡幽，故表大端于丘珉，以爲世勸。其譜次世系以暨配、胤，俱載張方岳先生誌中，兹不贅也。

君諱明期，字暗若，别號熙宇。庚子亞元。生萬曆三年　月　日，卒萬曆四十年　月　日。今其子如京以天啓二年八月初三日窆于花家莊之新阡。

張　　曰〔一四〕：余嘗讀春秋世家及三國史，見顔子淵、管公明大德朿于小年，長才詘于短算，竊嘆天道難諶。然不虞其竟厄吾執馮君也！君德行文學雅不愧先民矩矱，乃第蹇而壽亦不永，豈造物真有忌耶？雖然，夫殁而妻見"靡他"之節，父亡而子昭"幹蠱"之能，有此兩者，君可以含笑地下矣。余故表而出之。

明敕封承德郎湖廣漢陽府通判前知魯山朝邑平陰三縣事知縣〔一五〕仁居張公墓誌銘

張公載賢書凡十有二祀，而余始補博士弟子。當是時，固未有知名，而公獨奇余不置。既館穀之，與其子若侄同鉛槧。復埏埴之，俾就於范型。洎癸卯，余叨領鄉薦，而公且出宰百里。又十年而余成進士，公已解組賦“歸來”矣。緣中外浮沉，弗獲奉杖履，時聆謦欬〔一六〕，然提携之雅，固未嘗一日忘也。今年秋七月，公捐館舍。余以病，納薊遼節歸里。公弟通政公持所爲狀請曰：“先兄之不御賓客也，三閱月矣。兹循禮，以某月日襄厝，羡道之銘，敢以煩下執事，以先兄於吾子有一日之知也。”

余讀其狀，愴焉悲悼，蓋不禁鷄絮之感焉。抑何忍謝不敏哉！

謹按：公姓張氏，諱崇榮，字子寵，别號仁居。少聰穎軼群，日誦數千言，靡不心契。甫垂髫，即工舉子業。太守葉公、督學某公綦器异之。與通政公同升膠序已，同食廪餼已，復後先應解額，同上春官，時人稱爲連璧云。迨己丑，通政公裒然甲第，而公竟躓公車，則數之奇也。公既倦謁司馬門，又念二人春秋高，恐三釜不逮，乃就銓曹選，得河南魯山尹。魯山有唐元德秀流風餘韵，公則而象之。潔己綏民，政成美錦。亡何，丁内艱歸，居然一柴車也。暨從吉，補朝邑，再移兖之平陰。凡三仕爲令，率蕩滌煩苛，崇尚悃愊，未嘗察察爲政，而吏凛若神君；未嘗煦煦爲仁，而氓戴如慈母；未嘗市烜赫之聲於在位，而去輒見思。古所稱庚桑楚、漢何武，迄可近之，它固未易方也。公任滿，登上考，例應内轉，會有所不合，遂决意懸車。歸而謝客鍵關，絶迹公府，雖監司、守相之轍在門，夷然不屑。惟昕夕以一經課子，更時時具甘脆爲太翁壽。時太翁已八帙矣。公褊襴拜舞，嬉如也。逾數年，太翁卒，公哀毁骨立，幾不能生。既禫，築一室於别墅，顔曰“擬安樂窩”，蓋栩栩然自適其志也。

歲丙寅，公伯子繇里選高第授别駕，判漢陽府事。次年，今上龍飛，以覃恩封公如其秩。未幾，别駕歿於王事，公一慟而踣，不復有仙仙之致矣。越明年，考終正寢，壽八十有一，蓋所稱大耋云。

公生嘉靖三十年七月二十五日，卒崇禎四年七月七日。初配閻氏，密縣令世禄子閣女，繼配韓氏，處士守大女，俱以子銘貴贈太安人，先公卒。丈夫子二：長子銘，閻安人出，官漢陽府通判，公所繇以晋封者，娶保定張大尹以重女。次子銓，别室狼氏出，幼未字〔一七〕。女三：長適謝少參莆子生員錫九。次適吴少司馬孫參將學恭，俱閻安人出。其三狼氏出，許字儒士孫嗣昭子元恒。孫男四：基洪、基演、壽祺、壽昌。洪，生員，娶楊少參鼎樞女，夭。演，幼殤。棋字〔一八〕任郡丞尚約女。昌幼，未字。孫女四：一適刑部馬正郎珍子指揮之良，一許字趙都司永恩子迪，俱子銘出。曾孫一，名晟，洪基〔一九〕出。

今以閏十一月二十二日與閻、韓二安人合葬於代西北沙河之址。背環句注，面帶滹沱，公之靈當與山川俱長矣。謹誌諸石而繫之以銘。銘曰：

伯氏吹壎，仲氏吹篪。南山有橋，北山有梓。噫嘻我公，抑何遜此。推孝友於鄉邦，順坎流而仕止。既彌劭以彌高，胡榮哀之不庀。擬萬祀與千秋，亟稱曰“純嘏君子”。

明敕封孺人戴母程氏墓誌銘

程孺人者，祁邑戴孝廉之母，故方伯中齋公元配也。當中齋公捐館時，孺人七帙矣。泣血撫膺，幾經痛絶。緣諸子姓呱呱相向，强起視事者，復十有八年。考終於崇禎辛未之四月。啓方伯之壙而合葬，禮也。其子孝廉持頡太守狀，匍匐數百里，請銘于余。余既不斐于文，而病廢以來，復奄然床簀，亦何能搦管爲孺人志不朽？然與中齊〔二〇〕公有兩地維桑之雅，而且夙企孝廉之賢，母氏徽音耳之稔矣，抑何能不效一言於墓石？

按狀，孺人姓程氏，於祁爲望族，世有隱德。父天善，以文學起家，登里選高第。學者稱爲西溪先生。有女子四，孺人其仲也。生而婉娈貞静，舉止不凡。西溪公嘗謂其家人曰："此女有異質，他日必偶乘龍之壻。當晝屏以待。"時方伯公爲博士弟子，聲稱籍甚。會問名、納彩，遂許嬪焉。當于歸時，才十三耳。摻摻女手，若不習婦事，而孺人固内則優嫺也。宗室蘋繁悉以身任，凡潭湯饋面，紉箴請補綴，一禀于儀。又推先世腴田以贍伯氏。故人稱方伯公之孝友者，必曰"内德茂"云。方伯公既攻苦下帷，孺人復篝燈佐讀。軋札吚唔聲相伴，嘗達丙夜不休。方伯領鄉書，取甲第，《鷄鳴》之儆居多也。嗣是，宦輒所經，則又時操彤管，雖内言不出於閫，而珩璜報勵，往往裨"素絲"于"退食"之餘，故方伯公歷官而稱名令尹、名諫議、名藩岳，中壼〔二一〕之助也。當公爲給舍時，嘗迎養太翁于京邸，適奉有巡閲邊關之命，孺人晨昏定省，問視有加。洎寢疾，則又手調湯藥，曲進滫瀡，即躬浣厠牏無難色。久之，不諱，輒擗踊呼天，曰："何遽奪吾舅？致鞅掌者嬛嬛哉！"遂扶櫬〔二二〕西歸。喪葬之儀，情文備摯。方伯公不至哀毁逾經，孺人寬之者至也。

初，公考最，洎再遇覃恩，孺人凡受兩封，亦綦貴重矣，而椎布操作如故。及稱未亡人，猶服勤不怠。更敦崇儉樸，常服率至數澣。冠婚喪祭，費各有經。雖米鹽凌雜之微，無少屑越。至樂善好施，則不難倒儲以應。故亡論姻族賴以舉大〔二三〕，義漿義粥之所暨，環祁百里内載澤無窮。若夫宫觀津梁，又在在爲檀越也。

孺人慈和端謹，治家嚴而有法。嘗誡諸子姓，毋驕毋惰，毋泰失身。又曰："若輩不成名，我無以見乃公于地下。"肆今或廪于庠，或升于監，或舉于鄉，其它峥嶸頭角，固未有艾也。

狀稱：孺人具四美，謂孝親、教子、相夫、惇族。余以爲更備三難：封號之榮，子孫之盛，壽考之祺，蓋未易數數見也。今於崇禎四年四月十六日告卒，距生嘉靖二十三年八月二十四日，享年八十有八。

子男子三：長濬昌，縣學生，卒，娶祭酒閻公樸孫女。次運昌，即孝廉，娶淳化尹郭公儒孫女。次沛昌，大學生，卒，娶御史陳公功女，繼三老權祥女。女一，適京兆田公疇子太學生慶年。孫男六：曰廷柟，恩貢生，娶太學生陳心鑑女，繼庠生孔論女。曰廷梅，邑庠生，娶三老渠通洛女。濬昌出也。曰廷柏，縣學生，娶三老任世廉女。曰廷栻，聘庠生文兆祥女。運昌出也。曰廷柠，娶别駕續孟陽女。曰廷栒，娶武舉王夢龍女。沛昌出也。孫女三：運昌出者適布政使馬公朝陽子禹中，沛昌出者一適太學生陳奏堂，一適寧化府儀賓程知務子振奇。曾孫男四：柟出者爲燾，聘孝廉王中興女，梅出者爲烺，柏出者爲炅，栒出者爲焆。曾孫女三：出于柏者二，出于栒者一。俱幼。

兹以某月某日祔孺人于方伯公之新阡。生順死安，榮哀備舉。若孺人者，可以無憾已。敬撮其大者而爲之銘。銘曰：

結縭而爲淑女，奉筐而爲孝婦。儆鷄鳴而爲令妻，和熊丸而爲賢母。内德以貞，何福不受？宜爾子孫振振兮，克昌厥後。於戲！孺人阡爲弗朽。

校勘記

〔一〕"康"，原文從瓦，似誤。按《史記·屈原賈生列傳》引賈誼《吊屈原賦》作"康"，《索引》釋"康"謂"大"、"空"，非瓦器也。按此語今北方俗語猶存，謂果實類食物失去水分，内實空如棉絮者曰“康”（糠）。賈生謂瓠瓜已乾癟，遂成無用之物，然世人仍以爲寶，反厭棄周鼎一類真正的寶器。言世俗顛倒是非黑白也。

〔二〕“琀”，原文從土，當爲“琀”字之誤。按“琀”爲古代喪禮之一，以玉納入死者口中。“既琀”，謂古言“小斂”之後。

〔三〕“弛”，原文從𧾷，誤。按《漢書·武帝紀》“跅弛之士”，如淳曰：“跅音拓；弛，廢也。士行有卓異不入俗檢，而見斥逐者也。”師古曰：“跅者，跅落無檢局也。弛者，放廢不遵禮度也。”

〔四〕本句空格處，爲原書空格，爲銘文草稿，空出以俾主人自己填寫。下同。

〔五〕“馮”字有誤。前文言原配胡氏，再配李氏，又娶馬氏，無馮氏者，“馬”、“馮”二氏必有一誤。

〔六〕按《文選》所載《報任少卿書》，本句中“堙”字作“摩”。

〔七〕《報任少卿書》“惟倜”作“唯俶”，“士”作“人”。以上俱依中華書局影印胡刻本《文選》對校。

〔八〕“戌”，依文意當爲“戍”字之誤。

〔九〕“肓”，於文意難通，當爲“育”字，以形似而誤。

〔一〇〕“忘何”難通，似當爲“亡（無）”字之誤。

〔一一〕“二”，似當爲“三”字之誤。按舊時“三釜”爲最低級官員之俸。此處叙孝廉不能以官俸贍養母親之恨，故當作“三釜”。

〔一二〕“洎”，依文意顯爲“泊”字之誤。

〔一三〕“文章”二字，原書作雙行小字，蓋初刻所脱，後補，今改以與正文同號字排印。

〔一四〕“張”字後空兩格，蓋省略“鳳翼”二字。

〔一五〕“知縣”二字疑衍，緣前已有“知……縣事”。

〔一六〕“謦欬”，未聞，疑當作“謦欬”之誤。按語出《莊子·徐無鬼》：“夫逃虚空者，藜藋柱乎鼪鼬之逕，踉位其空，聞人足音，跫然而喜矣。又况乎昆弟親戚之謦欬其側者乎？久矣夫，莫以真人之言謦欬吾君之側乎？”

〔一七〕“字”，當爲“娶”字之誤（本段“娶”、“字”混亂，見下校）。

〔一八〕“棋”，前作“祺”，疑誤。“字”字與下句“未字”兩處“字”字，疑俱爲“娶”字之誤。

〔一九〕“洪基”，前作“基洪”。

〔二〇〕“齊”，前文兩處作“齋”，此處當爲“齋”字之誤。

〔二一〕“中壺”不辭，“壺”字當爲“壼（閫）”字之誤。

〔二二〕“櫬”，顯爲“櫬”（棺槨、靈柩）字之誤。

〔二三〕“大”，當作“火”。

句注山房集卷十六

騷　辭

楊荆巖宗伯誄辭代

泉山岜爾嵂嵲兮，亘坤維以旁礴。溟海潏乎沆瀁兮，澹天風而堋砉。苞靈孕异不常兮，扶輿間勃爲喆人。我師應運以發祥兮，羌魁磊乎全閩。縱三都以揮霍兮，負匌訇于八斗。搜萬軸以兀撑兮，探窈窕于二酉。棘院張羅而籲雋兮，衆吸呷以争强。豪曹初淬鸝鶏兮，走萬隊於長楊。馬蹄踏踏皇都兮，劍氣蜿蜒而吐赤。青鏡朱絲兩售兮，躡風雲於桂籍。丹墀獨對三千兮，旌旗影動乎龍蛇。天人浩瀚而親簡重瞳兮，占鼎甲以升華。卿雲輪囷以郁芬兮，瑞靄氤氳於輦蹕。帝曰宅乃辟員兮，遂特遴於中祕。仙掌芙蓉獨擷兮，横經虎觀而視草。鑾坡冰條望矗詞垣兮，冠玉堂金馬之峨峨。緊分校於兩闈兮，稷良窳而揚扢。椓一網以三驅兮，括鳳毛與麟角。成均鼓篋兮，起八代之衰。蹤璧水魚龍欲奮兮，儼《菁莪》《棫樸》所陶镕。天子嘉乃懋德兮，陟宫詹以旌�。典三禮于秩宗兮，慰神人其罔媟。晋經筵而講貫兮，侍細旃廣厦於層霄。都俞吁咈不貣兮，弼我后爲唐姚。行覆姓於金甌兮，躡傅岩以調鼎。胡箕尾之曭莽兮，兆白雞而莫拯。豈厭處夫濁世兮，跨鶴征衳。抑世道之交喪兮，降此鞠凶。某蹇佁擬其無朋兮，曳鹽車以垂耳。藉盻睞以生輝兮，濫厠名于桃李。感風塵之物色兮，誓鏤骨以鐫心。陡聞訃變兮，不覺涕泗之淫淫。奈雁塞其谽谺兮，叩兩楹而修阻。輸明信于瓣香兮，敬招魂而薦糈。

亂曰：天不憖遺，典刑喪猗！玉柱俄摧，三辰踢猗！海内悲號，傷屬纊猗！哀我參苓，倉怳填猗！絮酒炙雞，肆冥筵猗！神乎不吐，下雲韉猗！

劉用齋司空誄辭代

天坔絪緼龢粹兮，苞苻兩茁於胚渾。聖作叶其物睹兮，風雲遠應乎貞元。翁攬揆以發祥兮，協昌期于五百。亶名世之登閎兮，雁陣聯翩而騰驀。初綰符于赤縣兮，擬美錦之新裁。甘雨霔而薰飄颸兮，起萬姓於春臺。佐天卿以理銓政兮，儼冰壺與水鑑。九品宜其克宅兮，何啓事山公之足羨！歷奉常而開府兮，朱旗懸烈日與秋霜。磔鯨鯢於掌股兮，讐猰貐四噬之貂璫。陟玄武以總冬曹兮，六府修明于各足。省將作之虛縻兮，清水衡之夙蠹。山陵閟其窈窱兮，荃藺黧拮据以經營。厝梓宫於謐如兮，成聖孝之嫙嫙。帝曰咨汝懋功兮，繡黻榮蕃而有彧。行覆姓於金甌兮，應九重之枚卜。固宜稷維祺以納祐兮，骨夜抱乎九仙。胡彼蒼不憖遺兮，摧八柱於中天。東壁黤其霾光兮，朝野泫然而淒楚。童不歌謡兮，舂不聞乎相杵。天子爲之震悼兮，頒恤典于層霄。牢醴豆籩有苾兮，賁夜臺玄祏以於昭。某等藉維桑之余廕兮，更梯榮於世譜。廩範範與模模兮，情寔均於《陟岵》。緬維兩楹坐奠兮，傷哲人逝矣！其莫援悵此松門永閉兮，能不撫青轄而賦《招魂》！

亂曰：懷明德兮白雲鄉，山之高兮水之長。沼沚維潔兮奠椒漿，神乎歸來兮顧我觴。嗚呼尚饗！

連小嵩撫臺誄辭代

維五百之遘會兮，名世鬱其挺生。符河雒而兆禎兮，苞角亢而垂晶。龐望煜其恢奐兮，跨三川而凌二室。流萬斛以硴砰兮，筆紛裁乎瑞霱。迅飛黄以騰踏兮，馮蹀躞于天衢。玉昆金友聯翩兮，並收上苑之隆芻。公釋褐爲大行兮，變九儀于四國。間間歸脤攸宜兮，聿賀慶致禬之皆得。尋司糾于鷺軾兮，咤鷙隼與神羊。按三齊而摇泰岳兮，更肅清乎當道之豺狼。晋九列以稽駟房兮，控天閑之十二。圉人奚官率職兮，騕褭騰槽于奰屭。天子憂廑北顧兮，曰女其弼予。拜蘭臺以開府兮，朱旗掩映乎犀渠。武緯文經有赫兮，安攘功高於上谷。若盧夜落旄頭兮，酋首過陰山而痛哭。眷此崇勛楙伐兮，宜平格以方羊。胡昊天之不惠兮，伏二豎于膏肓〔一〕。佗龍尾之拾魚兮，儼白雞其入夢。摧嵩嶽于一朝兮，折中天之隆棟。玉帳金玲蕭瑟兮，期門黯而露浥風飀。將吏悽然惓德兮，徹龍沙雁塞以烏號。某羌竊吹于儲胥兮，誼寔深乎共濟。恫哲人之云萎兮，思忡忡其灑涕。酌椒漿而薦苾兮，歌《薤露》以招魂。倘明禋之可鑒兮，下白鶴于昆侖。

亂曰：禹山峭㟧兮汴水長，我所愴怳兮在大梁。松門蒿里兮何茫茫！公乘白雲兮遊帝鄉，千秋萬歲兮神彷徉。噫嘻歸來兮顧我嘗！

劉西井都督誄辭代

九關閟其窈窱兮，虎豹齴牙而蹲踞。四陲邈乎坱莽兮，猰貐睒睛而欠敁。帝曰維兹柱軸兮，誰其埽欃槍而殿之？公乃應赫業於鉤陳兮，届滹恒而誕斯。羌魁壘其不儕兮，纘箕裘於閥閲。飫黄尉之韜鈐兮，蕲永清乎回泬。奰旄頭其曭曭兮，挽霹靂以臨戎。跨飛菟而蹀躞兮，破萬里之長風。天子眷忠而推轂兮，假西藩之油幕。公受脤以出車兮，轉陰霾于寥廓。孛酋狷獗以弄兵兮，反側猜猜而吠主。征厹匝地哄天兮，竟相持於樓櫓。公奮髯而碣礚兮，取蝥弧以先登。下崇墉之屹屹兮，鯨鯢授首於長繩。錦城劍閣蔚其嶆嶆兮，一東南之重徼。苗播相尋於蹂躪兮，單赤離披而奔趡。公憑茵以鎮撫兮，走飛檄於三巴。薙羯靖而甿輯兮，儼銅梁鐵遂之無瑕。廟堂多公勛伐兮，晋鍪貂於樞府。河山帶礪永存兮，書券聯翩其接武。雲臺巀嶭俯瞰麒麟兮，吾皇將豫爾以公侯。蹇骯髒其不耦兮，追綺角以夷猶。凉臺煥館相羊兮，毓神駒於汗血。擬籛傴之同盟兮，摩金狄而收虎節。胡三階之黤黮兮，大星夜隕于高旻。赤鯉躨跜直上兮，蒼虬騰踔乎飈輪。白楊蕭瑟而風悲兮，舂不歌乎相杵。都曇答臘無音兮，塞草爲之凄楚。某竊吹於雁代兮，曾五技所不齊。聆長楊之緒論兮，展發覆於醯雞。念矩矱其無何兮，倏乘雲而委蜕。瀛海蓬壺遠不可即兮，適潸焉以灑涕。牲牷在俎兮，醴酪斞尊。靈君蒿其不泯兮，歸來乎硉矹之雁門。

劉贈君誄辭代

五溪澒茫而匯秀兮，九華巃嵷以儲晶。曰若乩古哲人兮，寔天苞地符之所呈。繄翁踵孅以誕靈兮，跨秋浦齊山而獨擅。聳青壁與丹崖兮，軼東南之竹箭。腹便便其緼匭兮，紛唾咳乎琳琅。扛龍文之寶鼎兮，恣砰磕於詞場。聿韤情於薖軸兮，謝丹鉛而樂只。躧谷口之高風兮，謇不訾夫蓬累。維庭槐其菸邑兮，義方時劼於箕裘。肆象賢之魁岸兮，騰騫直破乎烟樓。駕焚輪而獵漢兮，占天香之馝馞。叫閶闔以排雲兮，麗藻散焜煌於貝闕。捧檄芒寒列宿兮，雙鳧載止於蘿山。陽鱎避而園葵不植兮，又何羨夫畏壘之閑閑？峨文豸以咤花驄兮，滐生風之繡斧。調冬日與秋霜兮，起疲癃而殲猰貐。抑此鴻勛駿伐兮，累式穀之所甄。會見金緋稠疊兮，賁泉石以絲綸。胡歲厄夫龍蛇兮，二豎齗齗而作役。曾曳杖之無何兮，梁木摧於一夕。嗚呼！天不惠兮，少微奄落於蒼旻。悵九原其不作兮，哀莫贖于百身。某竊世講之餘芬兮，誼罔殊于“陟岵[二]”。恫執燭以纏悲兮，涕潸潸焉如雨。蘇青蘋於雁塞兮，挹玄尊於沱水之陽。惟修靈之有赫兮，鞭箕馭而下穹蒼。

亂曰：蘭蒸蕙籍，薦芬芳只。雲虬婉婉，曳鳴璫只。顧我明信，中彷徨只。工祝致告，歆無方只。羽輪飈車，竭大荒只。千秋萬歲，神相羊只。

五臺令誄辭代

緊齊魯兮長發祥，熊兆獵兮麟吐章。公之誕兮寔與行，蹴雷電兮戛球琅。羌蹀躞兮叱渠黄，龍躨跜兮鳳翱翔。綰銅墨兮焜以煌，跨雙鳧兮入冀方。五峰崔兮庨且荒，甿盱衡兮悵循良。公載蒞兮慰方皇，春駘蕩兮布慈祥。霜凜冽兮讋彊梁，采芹藻兮作膠庠。追艾鞸兮解桁楊，繁隴麥兮秀墻桑。翩一鶴兮肅瑟堂，臺之治兮畏壘鄉。口碑凟兮四履揚，帝嘉績兮眷龍光。行郴賞兮惠無强，宜泮涣兮歷平康。胡世道兮交喪亡？欻東壁兮隕寒芒。春〔三〕不相兮《薤露》傷，西風慘兮悲白楊。初聞訃兮涕沾裳，兹臨靶兮裂衷腸。撫丹旐兮明信將，薦蘋藻兮修辦〔四〕香。謇彷徨兮思不忘，魂歸來兮顧我觴。尚饗！

張内子哀辭代

維陰陽之相沴兮，朝菌摧芽。胡霜霏於玉井兮，乃剥瑶華。豈坤儀之折軸兮，脉斷谽谺。抑婺靈之失度兮，欻揜雲珈。溯淑人之毓秀兮，名閨世族。若姆訓於宫帷兮，幽閑齋速。儼門楣之窈窕兮，四德修明。叶鳳占以曰嬪兮，琴瑟和平。相夫子其刑于兮，箴嚴簪珥。秉明信於祏室兮，蘋蘩肅只。倣《鷄鳴》而作業兮，夙夜惟寅。解珩璜以順德兮，蘭茝無紉。躬鹿挽於少君兮，儒風載著。斷機緒於樂羊兮，功昭内助。伊壼儀之有焯兮，乾道用光。噬嗃呀其飛走兮，行掇天香。宜望舒之永耀兮，令終有俶。撫鸞誥及芸函兮，榮膺象服。何春叢之方曄兮，風雨相尋。露易晞於薤上兮，簪折瓶沉。兹且望寒蘿而歸息兮，埋香葬玉。將夜臺其千載兮，疇堪躑躅。某附松柏以分榮兮，誼切朱陳。悵蘐華之隕籜兮，能不傷神？漬絮酒於靈轝兮，炙雞在俎。將一念於明禋兮，用申凄楚。庶環珮之歸來兮，洋洋顧予。

馬孺人哀辭

嗚呼！以内助外，婦順章兮。以賢易貴，母道光兮。猗嗟孺人，四德煌兮。克纘虞溈〔五〕，步姬姜兮。蕙性蘭心，曰伊芳兮。玉節金和，陋靚妝兮。毓秀名門，姆訓將兮。帝乙居中，月既望兮。相厥夫子，委珩璜兮。躬致蘋蘩，肅盛湘兮。五夜篝燈，佐螢囊兮。彤琯流輝，照琴堂兮。荻畫藜烟，毖義方兮。龍種天飛，躐大荒兮。雲排閶闔，呈琳琅兮。行載綵綸，出建章兮。鸞車翟服，何尚羊兮。萊綵潘輿，樂無方兮。云胡厭世，逐英皇兮？乃眷瑶池，曳明璫兮。寳婺烟沈，月微茫兮。鶴怨猿哀，《薤露》傷兮。有懷慈儀，衷旁皇兮。惆悵丹銘，泗沾裳兮。敢致生芻，薦椒漿兮。靈乎歸來，珮鏘鏘兮。

侯安人哀辭代

烏呼！靈極開其溟涬兮，黄壚奠而孕符。昆侖垂乎象緯兮，紫婺曜以苞圖。猗與夫人毓秀兮，誕徽彝於巽索。跂齋媚〔六〕之休飌兮，儼窈窕之矩矱。曰守貞而待字兮，若姆訓於蘭幃。占鳳鏘而叶吉兮，賦《鵲巢》以于歸。噬婉嫕其宜家兮，四德操之不貣。躬鹿挽以棲遲兮，儆《雞鳴》而作息。既孝隆夫滫瀡兮，更敬著乎蘋蘩。葆太龢于中壼兮，育麟趾之振振。紛母儀其載劼兮，則和熊與畫荻。伊聖善之陶甄兮，破烟樓而騰趠。渤澥泓而天門寥竩兮，神龍躍而威鳳翺翔。駕風雲而依日月兮，凌列缺之朱光。金部昭宣義問兮，駿朝紳而吸呻。帝曰咨乃亮采兮，女其弼予而敕法。佐黄堂以司理兮，繄鈞金束矢之惟寅。惠覃敷於嘉石兮，業煒燁而彌新。固阿母慈範之所曁兮，宜綿延乎戩穀。胡褕翟之驂鸞兮，乃遐登夫仙籙。唁皇英於湘水兮，問織女於河津。赴蘂闕珠宮而不返兮，亦何顧夫《薤露》之酸辛！某蹇備員於櫜鞬兮，猥辱知于國器。瞻吊鶴于中天兮，撫哀猿而恫噴。擷江蘺而薦俎兮，斞玄酒以陳尊。庶神明之降監兮，乘飈羽而下昆侖。嗚呼，尚饗！

劉宜人哀辭代

曩余眷彼淑媛兮，遹流覽乎大荒。問塗山之懿躅兮，吊渭涘之孤芳。往者既不可作兮，謇獨立而旁皇。姹乃下瑶池而凌婺緯兮，洵嗣音其孔良。躬翔跙於壼閾兮，恐蘭蕙莫之能擬。施衿結帨乘望以曰嬪兮，眂蕡桃其弗詭。謂于嬀之罔貣兮，鳳鏘鏘其和鳴。擷蘋蘩而職井臼兮，遂無盭此珩衡。朝奉醴於清匜兮，夕篝燈於寒壁。幾挽鹿以調瑟兮，佐樂羊而斷績。伊長風之破浪兮，駕白蟻與翠虬。維帝乙之克相兮，噬夭矯其横秋。爾乃擁翟茀而馭鸞車兮，襄十奇而化之。宜象服以流輝兮，跂姬姜而亞之。羌飲恨於未亡兮，又何殊矢《柏舟》也？藐諸孤其何恃兮，寔有賴於靈修也。况母儀之聖善兮，和熊丸而勵只。宜洊履夫維祺兮，撫逵鴻而燕喜。胡崦嵫之俄及兮，白日欻其不淹。萱花黯淡以摧顔兮，薤露零而易殲。空蕙帳之蕭騷兮，紛猿啼而鶴吊。余豈不知菌椿之齊數兮，顧蔦蘿其猶悼。悵蓬山之窈寥兮，望弱水之瀰漫。懷瑋褕之燁燁兮，杳環珮之珊珊。傷淑人之漠漠兮，愴令子之欒欒。菀衷情之怛怛兮，揮涕泗之潸潸。猥余不穀兮，景婉孌于内則。夫既有慕三從兮，又馨兹四德。念余息之執盥兮，儼齋媚于閨闈。慟玄扃之永閉兮，對青輤以陳詞。

亂曰：猗嗟宜人，俔天妹兮。解佩投簪，成厥配兮。既榮且哀，靡有悔兮。桂醑椒漿，我其酹兮。靈乎歸來，庶不憖兮。

馬太安人哀辭代

噫嘻！坤軸撐乎晋冀兮，殿行山于巀嶪。婺緯躔夫参井兮，映汾流而煜爚。顥采修靈蔚勃兮，巽一索以呈祥。阿母凝其清淑兮，儷蘭馨蕙馥之爲良。曰伊母訓罔愆兮，儀寔閑乎《内則》。乘幾望其曰嬪兮，委衿縭而載德。挽鹿車以容與兮，飫春韭與秋菘。適瑀璜之問報兮，蘋蘩更肅于宗宫。熊丸晝荻維殷兮，壼教無紕于式穀。荃跨釜以高騫兮，躐碧漢金繩而聳矗。聿鳴琴於青岱兮，列星遥映乎三台。蜚閟施於製錦兮，式孟機杼軸所裁。殊庸特簡宸聰兮，旋懋官而懋賞。歷覆錦以含香兮，姥範時廑於鞅掌。帝曰女其精[七]共兮，亶章服之所宜。會見綵綸赫業兮，擁鸞車翟茀以委蛇。胡薤露之易晞兮，萱草平摧于一夕。咤絳節與雲軿兮，儵褘褕其長釋。某羌建旆于西陲兮，曮習聞夫内政。闃吊鶴之翩翩兮，衷營營兮若炳。敬含哀而漬絮兮，將一束於滹濆。倘玄扃之未闃兮，庶有鑒于斯文。

亂曰：窅窈兮松門，邈鸞驂兮謝魚軒。明信兮可依，乘白雲兮下昆侖。

李太夫人哀辭代

烏呼！沙麓參嵂兮，扶輿間勃爲淑人。阿母含龢而挺秀兮，誕黄壚素姊之爲真。噬婉嫕其俔天兮，纘女媓乎摯仲。乘帝乙以居中兮，利闞闞而脅動。叶鏘鏘之鳳卜兮，嬋媛巽而翔跙。宜家四德修明罔盭兮，儷鹿車皃弋之無邪。潃灑蘋蘩不貣兮，婦道聿隆於中壼。更母儀其載崈兮，旋和熊而課本。繄中丞之式穀兮，騫迅翥於飄雲。溟海滃而燕山巀嶪兮，神龍躍而威鳳翀翂。羌捧檄以怡顔兮，八座分乎瑞錦。典三禮於秩宗兮，一錡釜之是瞫。洎提刑以分陝兮，法星高照乎冰天。棘林肺石多所平反兮，寔不疑姥訓之拳拳。筦行省之均輸兮，赤區[八]洊登于紅朽。飾簠簋以不滓兮，亦鮓絶尋陽之所牖。牙旗建而霜寒列柏兮，油幢夜擁乎犀渠。靖龍沙以卧虎落兮，擬堯咨奉訓於金魚。帝眷鴻勛駿伐兮，溯璇源於聖善。肆綸綍之焜煌兮，珈褘聯翩而鼎蒣。阿母綏其后禄兮，宜鸞車翟茀以方羊。胡蒼螭之在馭兮，懷沆瀣而厭處。夫秕糠金母儐其醽醁兮，跨飛瓊於一夕。員壺方嶠邈不可即兮，撫蘐花而慟惜。某謇濫竽于雁塞兮，荷中丞提挈之仁。悵白雲之縹緲兮，歷羊腸而"陟屺"情均。聞訃變以魂摇兮，淚潸潸其盈把。瞻吊鶴於晴空兮，望松門而奠斝。生芻不腆兮，潰絜非馨。靈其有赫兮，暫下青冥。

亂曰：北堂悄兮薤露晞，噫！風燭燼兮月輪微，噫！襜褕查[九]漠兮魂不歸，噫！蘋藻明信兮神可依，噫！嗚呼洋洋兮顧我肵，噫！

周母孫太君哀辭

嗚呼！造子維戎，興姬曰摯。邈矣前修，芳徽莫嗣。猗嗟太母，不顯其光。坤儀擢秀，巽質凝祥。幽静婉孌，俔天之妹。帝乙居中，大邦作對。曰嬪夫子，閫政修明。勤甘鹿挽，儆切《雞鳴》。《内則》自嫻，宜其家室。滫瀡無違，蘋蘩有怭[一〇]。和丸課讀，五夜篝燈。龍蟠豹隱，霧變雲蒸。泮涣含飴，仍來崛起。繄中丞公，天飛萬里。高題蕊榜，出宰花封。神君慈母，爲世所宗。御座疏名，洊升青瑣。止輦從橋，風裁砐硪。旋躋常少，望矗槐卿。如循表俗，玉潔冰清。蠢爾夷酋，狡焉肆嚙。震動三韓，人情卼鼿。公承帝簡，叱馭東行。有虔秉鉞，烈烈于征。秣馬礪兵，騰文頓武。仡取除凶，以報千古。於維太母，戩穀用遒。宜看飲至，俯慰詒謀。胡不憖遺？西山日薄。婺揜高旻，舟藏大壑。嗚呼！女貞婦順，惟母不愆。父教祖武，惟母是宣。母祿罄宜，魚軒翟服。母壽維祺，箕疇華祝。純禧鼎集，生死榮哀。白雲縹緲，復何憾哉！獨此遼氛，披猖孔棘。令伯陳情，終劉不得。扶苴而返，腸斷松楸。眷言東顧，何日抒憂？某夙側門墻，頃承鞭弭。鎔鑄提携，感深知己。遥聞訃變，慟盡情均。有懷雞絮，敢告明禋。介以生芻，侑以素楮。靈汔歸來，洋洋右處。

亂曰：駿青鳥兮駐瑶池，高堂闃兮褕褘移。桂有種兮蘭有支，衍芳馨兮無窮期。

顧母文太君哀辭

惟靈帝乙居中，俔天稱妹。儲霿秀于斗墟，孕苞符于地肺。既翔跙以閑儀，亦婉孌而則内。蕙蘭紉華閥之楣，蘋藻擷大邦之配。固不寧四德之有徵，而且見百行之無礙。垂樛木以迓和，呴鳲鳩而普愛。雞鳴相夫子之賢，熊膽作佳兒之誨。遂使藁砧跂槐市以觀光，震器躡杏園而熙載。吉用鴻儀，舄追凫隊。總三異於天中，收十奇於薊塞。調登山庚癸之呼，解入草戊丁之詩。即龔黄未足以相方，彼召杜亦何堪作對？于是帝眷發祥，恩隆錫類。玉函將金檢騈來，翟茀與鸞車並至。子翼翼以居官，母融融而適志。宜常飧絳雪之丹，永帶青霞之帔。胡厭處夫秕穅，倏飄然而遐暨？訃音遥達于范陽，令君揮涕而爲位。腸斷麻衣，血流苫茨。會見哀毁之欒欒，豈但擗踊之交摯！嗚呼！人世蜉蝣，菌椿一致。金母幻談，麻姑亦僞。假令淑媛可以長年，則堯姥舜妃不當入梓宫而升大隧。且太君守貞待詔之名閨，曰嬪狀元之曾嗣。生荷綍綸，殁登鼂屭。固已幽顯同嬉，榮哀俱備。又何必噉三千年之桃，齊五百歲之冥，始陶陶而遂噫嘻哉？三教猶存，九京常閟。鳳誥空緘，魚軒不試。感風木兮纏悲，念瓶罍兮增喟。余不佞〔一一〕誼忝通家，能無慟惎？仰瞻吊鶴之翀天，俯效炙雞之酹地。孝子當順變以節哀，阿母亦歆誠而鑒意。楚些非工，生芻是寄。尚饗！

校勘記

〔一〕“膏盲”，顯爲“膏肓”之誤。

〔二〕“陟估”，不辭，“估”字當爲“岵”字之誤。按“陟岵”出自《詩經·魏風·陟岵》：“陟彼岵兮，瞻望父兮。”

〔三〕“舂”，當爲“舂”字之誤。按“舂不相”出自《荀子·成相篇》：“鄰有喪，舂不相。”

〔四〕“辦香”不辭，當爲“瓣香”之誤。

〔五〕“潙”，疑當作“嬀”。

〔六〕下文《劉宜人哀辭》重出“齋媚”，然“齋媚”，難通，疑爲“齊媚”之誤。按典出《詩經·大雅·思齊》之“思齊大任”、“思媚周姜”。然《思齊》中之“齊”，或讀齋，亦音 zhāi，與齋同音，則似以形似而誤。

〔七〕“精”字似誤，“精共”應作“靖共”。按《詩經·小雅·小明》：“靖共爾位，正直是與。神之聽之，式穀以女。”《毛傳》：“靖，謀也。”《鄭箋》云：“共，具。”“靖共”，後世多從三家《詩》訓爲恭敬、謹慎。

〔八〕“區”，原文類“區”字簡筆“区”，今姑作“區”。按《荀子·大略篇》：“言之信者，在乎區蓋之間。”唐·楊倞注曰：“區，藏物處；蓋，所以覆物者。”“器名區者，與丘同義。”赤區，或謂空空之糧倉。

〔九〕“查”字似誤。“查漠”不辭，當爲“杳漠”之誤。《文選》卷四十七陸機《漢高祖功臣頌》：“游精杳漠，神迹是尋。”

〔一〇〕“忩”，疑或爲“苾”字之誤。

〔一一〕此句“余不佞”，“不佞”原書爲小字右排，則顯爲自稱，則“余”字當衍；倘“余不佞”爲句，則“不佞”當與“余”爲大小等同字號。

句注山房集卷十七

祭文

祭王文端相公

於戲！老師乾坤會粹，海岳儲精。百年間氣，一代阿衡。發祥山右，爲世之禎。歷仕二朝，天民出處。軼駕皋夔，齊鑣付〔一〕吕。直道而行，進退容與。緬維雁雉，載贊兩闈。冀方飈起，燕市天飛。金泥桂籍，奕奕揚徽。獨對丹墀，縱横燦爛。策冠天人，手扶雲漢。簡在帝心，旋登虎觀。燃藜五夜，擷藻潢汾。近窮四匭，遠探三墳。詞垣秘閣，振眴吩礮。珥筆清華，纂修實録。一字遺榮，片言載恧。兩廟洪猷，於焉炳煜。參陪講幄，勸學青宫。陳辭析義，因事納忠。元良懋建，實維厥功。金臺校士，方員共舉。玉署甄才，規模自矢。麟鳳龜龍，後先接趾。南宫典禮，夙秉寅清。仰承天道，俯協人情。盡倫盡制，秩叙攸明。晋二銓司，天曹是掌。藻鑑無私，權衡不爽。大法小廉，皇途用敞。蚤參政府，益佛仔肩。謀猷克告，啓沃弘宣。楓宸眷注，寵賚聯綿。羽翼前星，孤貞特暴。左右勗勸，再三開導。大本以寧，乃懷高蹈。抗疏解組，笑指飛鴻。五湖明月，兩袖清風。高標大節，今古誰同？緑野開堂，優游一紀。存問有加，覃恩未已。帝眷東山，猶蘄卧起。云胡厭世，遽返蓬壺？龍髯直上，箕尾長徂。千秋萬歲，隔此塵區。

嗚呼！老師望重三台，聲施百世。胡考昌齡，雲來衍裔。禄位名壽，無一之躋。今且乘彼白雲，遊於帝鄉。於昭在上，焉用彷徨？獨惜斯文之喪，世道之亡。

嗚呼！當今括海穿山，搜商榷稽。土木繁興，宴遊靡則。老師往矣，誰清主德？紀綱頹敝，法度乖張。任輕臺省，權重貂璫。老師往矣，誰飭朝常？國步多虞，時艱孔棘。夸毗相循，陵夷不道。老師往矣，誰扶末造？皮毛俱盡，肌骨交侵。土崩瓦解，兆在焚林。老師往矣，誰結人心？饑饉荐臻，祲眚迭見。回禄燔宫，陽侯倒漩。老師往矣，誰回天變？

嗚呼！老師身關否泰，道合陰陽。生靈之庇，社稷之光。倏然賓逝，朝野同傷。某等桑梓餘生，葭莩騃孺。景仰懿踪，亦趨亦步。悵望丹銘，可勝慟措！青蘋列俎，玄酒酬卮。敢陳潔楮，敬展哀私。神乎如鑒，洋洋右之。尚饗！

祭王澹生座師

嗚呼！昊天不惠，載降鞠燔。世道交喪，乃殲喆人。猗與吾師，於皇先覺。道叶天民，統承家學。德業文章，夐乎踸踔。丁年摛藻，鼎扛龍文。閎追左馬，秀壓機雲。蝥弧首拔，辟易萬軍。策射彤廷，天人浩瀚。氣捲長虹，手扶雲漢。早夜臚傳，五雲燦爛。帝曰咨女，宜簡清班。鳩司通籍，駕部垂綸。九旒五輅，寔孔之嫺。尋歷南牙，寅清是陟。三禮有經，五器時飭。瑞錦窩榮，功崇品式。九重眷注，特進天曹。冰壺夜湛，水鑑秋高。銓衡不爽，啓擬山濤。癸卯之役，程爲世準。片語干權，群訛肆紾。覽德而翔，飄然遠引。十年林壑，涸迹冥鴻。夷猶萬竹，笑傲孤松。東山偃仰，巢許玄同。帝念忠誠，曰維邦紀。常少三推，冏卿再起。四海蒼生，拭目以俟。云胡在棘？孝篤於哀。形銷苦塊〔二〕，骨立齊衰。溘焉朝露，遽委塵埃！嗚呼吾師！聖朝礎棟。進退存亡，關乎氣運。天不憖遺，可勝悲慟！某等豖苓下品，濫入�籠。生三義重，拔十恩隆。忽聞訃變，能不悼衷！敬賦《招魂》，用伸酸楚。河水斠尊，恒山薦俎。神汔歸來，鑒兹芳奠。尚饗！

祭徐懷南太守代

嗚呼！天眷皇明，聖神接武。會啓風雲，禎孚鼎吕。世挺名賢，而爲肱股。我師應運，式發其祥。三川匯粹，二室揄芳。珠藏玉藴，河岳用光。於鑠維師，望巃山斗。氣吐長庚，胸翻大酉。宋艷班香，以供下走。鴻儀用吉，載質王庭。鶚横秋漢，鯤化春溟。天飛萬里，皎皎亭亭。帝曰休哉，乃遴中祕。黄閣趨鐘，紫薇載筆。舄燮絲綸，奉行有秩。含香粉署，蒿目軍糈。謀周七策，計佐三虚。地曹倚重，庚癸用舒。天子曰咨，弼予守府。榮錫玉麟，寵頒銅虎。露冕褰帷，春回齊魯。緡兹德業，伊誰與并。蘭臺紀績，楓陛疏名。行歌喜起，以握鈞衡。云胡厭世，遽懷瑶島？箕尾冥茫，龍髯天〔三〕矯。乘彼白雲，欻焉縹緲。猗與吾師，爲國之楨。東山係望，北闕懸情。溘先朝露，能不沾纓！某溲浡凡才，濫陪芝术。義切在三，恩同如一。訃變遥聞，何勝惆怵！有葴在俎，有醴在尊。敢將楚些，敬賦《招魂》。靈乎如鑒，暫駐虬軒。嗚呼尚饗！

祭封君張太翁

嗚呼！光岳孕靈，篤生耆碩。燕翼詒謀，德音孔貊。生死榮哀，用輝簡册。猗嗟翁也！寔式其儔。珠藏玉藴，桂偃蘭幽。如祥斯發，而與喆牟。蚤厭華裾，鴻冥鳳舉。鶴氅徜徉，鹿門容與。白石紫芝，以怡家墅。有懷豐芑，乃毖義方。斯征斯邁，肯搆肯堂。聯翩跨釜，萬里翱翔。伯也登閎，涴膺銅墨。三異蜚聲，十奇頌德。製錦鳴琴，罔愆于則。仲排閶闔，賦奏《長楊》。名高畫省，績懋黄堂。丹書赤羽，載靖封疆。帝曰都哉，宜嘉式穀。象服焜煌，龍章炳煜。金紫銀青，後先鼎沐。翁躋八帙，嘯傲湖山。春觥瀲灩，舞袖斒斕。青瞳玄髮，靡有後艱。宜駕飛仙，期熙襲吉。洛社香山，丹臺玉室。出入委蛇，於焉永日。云胡厭世，遽返其真？黄粱不寤，《薤露》斯頻。松門蒿里，千載長窀。某桑梓後生，蔦蘿余屬。誼切牽絲，情均斂玉。悵惻丹銘，何勝躑躅！有芻一束，有醴一卣。敢將素楮，用告玄駒。靈兮如鑒，來格悠悠。

亂曰：皤皤者翁之壽耶！振振者翁之后耶！龍尾遥遥，翁其升而就耶！雞炙芬芬，翁其降而右耶！於戲尚饗！

祭劉贈君代

於戲！代有世貴，而鮮世賢。越艱乃后，維德之愆。完名純嘏，翁寔兼焉。泝厥行藏，哀然往喆。湖海揚翡，斗山振絶。秋浦雲峰，淪茫嵂嵲。芹宫襽藻，綉虎雕龍。三都辟貴，五總推丰。中原旗鼓，式笎其宗。猗嗟魁兮，金追玉琢。聖世真儒，天民先覺。範範模模，以刑後學。遹甘嘉遁，乃寄岩潯。鶡冠登嘯，鶴氅行吟。晚菘早韭，與道侵尋。式穀于家，飛走噑哹。矯矯荀龍，師師薛鳳。跨釜而騰，爲明時棟。蘿山捧檄，秋月穌風。社除伏鼠，澤集飛鴻。懿厥譽處，堂搆之功。洊歷松廳，凝寒繡斧。氣奮鮭鷹，威殲窫窳。稱名御史，義方所溥。堯封攬轡，拯溺救熕。起溝中瘠，燮寓内氛。亦惟庭誨，而楙乃勛。凡此殊庸，帝心簡在。紫誥焜煌，青箱蘤蘷。宜注宇臺，優游沆瀣。云胡倦息，猷埽秕糠。攀髯直上，騎尾高翔。溘然委蜕，遊于帝鄉。嗚乎翁乎！乾坤大耋。道德文章，匪孱匪決。禄位壽名，匪艱匪缺。涕之無從，于翁可雪。獨以朝廷多故，百務不支。黔黧彫瘵，椎髻離披。官師縮朒，閹豎恣睢。直指而去，曷任頽靡！某承乏西陲，提衡渠滕。大厦瞻雲，崇臺愛日。《陟岵》循陔，情均抱恤。訃問驚傳，愴焉慟怵。有懷窀穸，無任彷徨。溪毛不腆，明信是將。鼎湖可下，華表未忘。洋洋如在，鑒此椒漿。尚饗！

祭劉贈君代

嗚呼！玄德伊馨，厥維世顯。式穀其昌，曰賢是纂。紖綏華紵，生死榮哀。松楸千祀，有赫泉臺。噫嘻先生，天民之覺。雅負魁壘，獨行踸踔。東箭南金，斗山後學。爲耽嘉遁，鳳覽鴻冥。五溪皜皜，九華亭亭。珠藏玉蘊，犖爾邦刑。乃毖義方，而釐冠醮。堂搆嶒峨，箕裘炳燿。麟趾振振，用諧清歗。象賢不耦，萬里翀塵。鶚搏秋漢，鯤化春津。歸然甲第，以慰陶甄。花縣分符，仁昭滲漉。晝日垂簾，甘霖滿軸。慈母神君，一經所淑。箵羽鵷班，旋貞百度。赤棒飛霜，皂囊凝露。出入烏臺，鯉庭餘步。惟玆山右，捋采其劉。菑眚迭見，日夜咨籌。調停彫瘵，寔藉貽謀。帝眷忠勤，發祥斯喆。率乃攸行，曰唯女弼。芝檢琅函，會收元吉。云胡道喪，天不憖遺？兩楹届夢，五鼎含哀。悠悠風木，爲侍御悲。嗚乎！國步多艱，人情孔棘。恃名直指，以謹反側。苫塊長號，曷其有極！某北門承乏，義切同舟。璠璵莫致，賻賵何酬？祇將哀誄，以慰靈修。

亂曰：高山可仰，景行行些。少微倐黰，暗三晶些。余懷喆人，涕沾纓些。有芻在握，稷在盛些。炙雞絮酒，薦丹誠些。靈乎歸來，駐霓旌些。尚饗！

祭李太夫人代

嗚呼！黄壚奠順，紫婺垂儀。祥開虹渚，慶衍麟夷。璇源邈矣，聖善伊誰？猗與夫人！載繩懿淑。玉節金和，蘭芬蕙馥。月姊含靈，天孫稟彧。暨嬪夫子，帝乙居中。蘋蘩薦白，杼軸稱紅。禮隆冀缺，配叶梁鴻。家既宜人，敦郵閑姹。烹毚示誡，和熊作苦。汗血霜蹄，後先接武。中丞式穀，奮翥騰騫。雲程九萬，水擊三千。丹霄粉署，委佩聯翩。佐禮春官，寅清是宅。秩叙攸明，人神罔鬲。胡以迪斯？繄母莫莫。關河秉憲，徽纆除煩。口碑有誦，肺石無冤。活多京兆，繄母之言。行省均輸，遹修篚篚。念切飲冰，操嚴酌水。鲊絶尋陽，繄母之軌。朱旗繡斧，開幕西陲。長楊讋虜，細柳陳師。堯咨忠孝，繄母之規。高敞公門，薦賢爲國。桃李成陰，參苓出色。康伯掄材，繄母之德。噫嘻阿母，纘女維行。思齊有道，啓佑無疆。陶成國器，載錫之光。帝眷賢明，婁推褒逮。翟茀焜煌，龍章霮霸。萊彩潘輿，優游未礙。云胡霜露，遽殞泉臺！雀瓶俄蜕，鸞鏡長塵。凄風蕭颯，鶴吊猿哀。某誼切同舟，情均陟屺。凶問驚傳，擗踊何已！淚灑松門，悲纏蒿里。敢將薄糈，敬告尊靈。牛眠在即，雞絮非馨。雲軿不遠，右於丹銘。尚饗！

祭郭太恭人代

嗚乎！坤維既奠，母道用彰。《書》稱育啓，《詩》美媚姜。伊賢伊喆，載錫之光。猗嗟夫人！令儀孔淑。純一端方，幽閑靚穆。吉感咸三，貞闕觀六。曰嬪夫子，四德修明。勤操萑葦，報解珩璜。蕙蘭比潔，蘋藻攄誠。姆訓時嚴，義方維貊。仲郢熊丸，歐陽荻晝。青簡勤劬，紫霄騰翥。雷門燒尾，掣電轟霆。氣排秋漢，水擊春溟。禎符九五，母孕其靈。粉署聯班，顒昂自若。題柱名高，含香望焯。瑞錦青綾，孟機所作。黄堂綰綬，召杜是師。薤持一本，麥秀雙岐。冰壺秋月，陶鲊所規。藩臬劻勷，勛庸日競。細柳提兵，甘棠布政。觀察旬宣，嚴嫗所命。嗚呼阿母！展也邦媛。宜家作則，啓后垂馨。龍章象服，允介遐齡。胡不憖遺？倏歸仙紀。金母驂鸞，麻姑戒軹。蓬島瑶池，駕言至止。萱堂月冷〔四〕，蒿里風摧。中天鶴吊，半夜猿哀。天荒地老，慘黯埏垓。某等借芘崇臺，夙欽内則。怙恃情均，瞻依念偪。訃問俄聞，何勝慟惻！生芻在握，玄水在斟。瓣香遥致，敬展微忱。靈乎不吐，來格來歆。尚饗！

祭李恭人代

嗚呼！《書》稱“釐降”，《詩》咏“好逑”。乾坤健順，緊德之儔。於赫夫人！曰維尹吉。婉嫕幽閑，嫿嬛靚密。猗嗟邦媛！有倬其刑。金龢玉節，蕙馥蘭馨。帝乙居中，守貞而字。内則唯明，徽音載嗣。洎嬪夫子，壼政無紕。蘋蘩莫莫，滫瀡怡怡。宜爾室家，罔愆禕結。案舉梁鴻，賓崇冀缺。芸窗佐讀，五夜篝燈。南山變豹，北海飛鵬。彼樂羊婦，其何以增？捧檄三秦，芒寒列宿。花滿青郊，簾閑白晝。彤琯之功，未應獨后。含香畫省，出入承明。紫荷囊重，瑞錦窩榮。《雞鳴》是敕，而楙乃成。秉憲西臺，提兵北鄙。色動旌旗，冤消疻痏。左右匡襄，寔爲女史。帝嘉丕績，内助時掄。鸞章褒嫩，象服推恩。後先寵賚，炳耀魚軒。頃謝紘綖，相將緑野。緯恤明時，杞憂大厦。白首丹心，所其同者。矧弘《江汜》，《樛木》垂仁。《螽斯》緝緝〔五〕，《麟趾》振振。熊丸之迪，洊爾騰塵。皇矣夫人，介兹景福。九鼎無疆，三多有僕。匕箸俄捐，誰甘百六？噫嘻長夜！風雨不開。星沉寶婺，月黯瑶臺。蓬山湘水，何以招哉？某等呰窳不材，叨絣下吏。久事台藩，與聞齊媢。臼夢遥傳，何勝慟唈！敢將楚些，用告仙靈。芻紛紫塞，絮灑丹銘。神乎如鑒，暫駐雲軿。

亂曰：薤露零兮萱草摧，吊鶴下兮隴猿哀。江蘺兮遠荐，環珮兮歸來。尚饗！

祭孫太母

噫嘻！塗山誕啓，簡狄生商。姜嫄曰稷，摯任曰昌。寔維儀訓，載錫之光。母也繩芳，發祥鼎族。紫婺霏晶，黄壚轉軸。玉緼珠藏，蘭馨蕙馥。婉嫕翔跙，徽音是淑。守貞而字，結帨施鞶。欽哉釐降！利也闚觀。吉從占鳳，偶叶乘鸞。夭桃穠李，跨潔邯鄲。克相于君，用甘家食。鹿挽同車，《雞鳴》戒弋。皇甫班賢，孟光匹則。維德之行，克諧内職。飭兹梱範，棣棣威儀。榘遵窈窕，言絀喔咿。縞綦聊樂，井臼親持。大家《女誡》，靡不攸宜。宗祏代終，郵閑婦事。孝篤姑嫜，惠加娣姒。瀡瀡承顔，藻蘩佐祀。芝草醴泉，根源獨孶。一經教子，希聖希賢。和熊五夜，割㲒三遷。書傳荻畫，帳儆藜烟。天香蚤折，寵賚聯翩。花縣分符，德音是茂。野有雉馴，廷無鼠鬥。化雨一簾，清風兩袖。内教維殷，何慚列宿！有孫濟美，益振家聲。鳳毛表異，麒頌呈禎。彈冠掇第，連袂登黌。昂霄聳壑，頭角峥嶸。猗與蘐堂！榮膺戩穀。蘭玉齊森，桑榆轉燠。膝遶斑娱，門延華祝。翟茀鸞車，宜其象服。嗚呼阿母！女士之師。三從靡貣，四德咸熙。龍章帝眷，鶴髮仙姿。當躋難老，以介遐禧。胡不慭遺，遽歸玄室！蒿里幽深，松門杳洳。青輤長違，丹鉛乍失。薤露嘑嘑，悲風慘日。某等通家子姓，奪恃情均。有懷褕褘，無任酸辛。敢將薄奠，用展微禋。靈乎如鑒，顧我青蘋。尚饗！

謝風河神文

維神巽二居尊，天一正位。八方鼓㞀，功崇生養收藏；萬里朝宗，澤衍江淮河濟。拔木表姬公之聖，流澌開漢主之基。事有必徵，靈無不應。項〔六〕者漕糧凍阻，飛輓艱難。兩岸冰交，悵津涯其莫得；千艘沍結，嘆槁櫓之難施。某肅念告虔，齋心致祭。願假片帆之順，蘄回數日之瀜。神乃俯鑒素忱，下垂玄佑。三朝怒吼，須臾成助順輕飇；百里寒凌，頃刻化浮舟静浪。目今不鳴條，不飄瓦，送軸轤銜尾而來；千斯倉，萬斯箱，俾正敀分頭而進。軍儲有賴，國計無虞。幸邀保護之霧，敢乏明禋之荐？犧牲不腆，二簋聊致微誠；醴酪非馨，一祼用酬洪造。神其不吐，國式凴之。尚響[七]！

祭史司農代

於戲！晋曰史趙，衛曰史鰌。鬴聲鼎望，千載誰逑？猗與年翁！式繩厥武。繼序發祥，而稱公輔。荆溪瀺灂，梅塢嶙峋。珠涵玉藴，爲世所珍。福具三壬，學規二酉。擷藻横汾，雲蒸電走。天人浩瀚，親簡重曈。爲咨良牧，洊履花封。慈母神君，三吴頌滿。肺石無冤，口碑有纂。旋登畫省，平準書同。謨優七策，力佐三空。上軫邊闕，頻呼庚癸。爰命度支，以蘇痍痏。公臨調劑，早夜拮据。屯田既舉，鹽法亦疏。主客之需，如泉斯溥。馬漸騰槽，士汔飽伍。嘉猷懋著，帝曰都哉！宜崇蕃庶，以勵群材。副座方升，郎銜載晋。覆錦含香，星階日峻。地曹容與，天部踟蹰。行看曳履，以踐西樞。胡不慭遺，遽從仙侣？魚尾忽徵，龍髯乍舉。摇摇廣柳，遠塞長干。素車白馬，有淚汎[八]瀾。某仰切登龍，情深附驥。况在同舟，壎篪何異？眷兹丹旐，目慘神惛。聊將一誄，慟代招魂。有芻在束，有醴在斟。神其不吐，來格來歆。

祭仇孺人代

嗚呼！棠車之適，《柏舟》之堅；韓國之訓，魯姥之年。有一於此，彤史爛焉。緬懷今昔，誰如我季王母？女貞婦順，兩擅其賢。眷言圖册，誰如我季王母？姆儀壽考，各極其全。惟母之誕也，璇閨孕質。如蘭馨蕙馥，式婉嫕以俔天。惟母之聘也，賓笄待字，當葉蓁華灼，宜家室以承乾。請沐請綴，母之内則也。何棗栗滫瀡之有愆！采蘋采藻。母之梱政也，胡筐筥錡釜之不虔！當吾祖即世，母纔十八耳。吊止煢煢之影，而斷腕之志已矢于重泉。方吾伯未立，母會亦百六矣。依鮮呱呱之息，而承祧之願即告諸九玄。我元父鴻儀用吉，炳炳璘璘，蓋未可量也，孰非母慈誨之所甄？我諸姓螽斯衍慶，蟄蟄繩繩，殆靡有涯也，孰非母厚德之所綿？今日者鶴髮酡顔，契金輪之秘旨，母業已飽沆瀣而迍邅；異日者龍章鳳敕，荷琅函之殊寵，母寧不被褕褘以蹁躚？胡三彭之不輯，致二豎之相煎？黄粱一夢，絳雪九還。會見羽袖霞冠，度青城而摇曳者，怡閬風之巔；庸詎巷杵途鈴，望素車以悲悼者，傳《薤霧〔九〕》之篇？嗟嗟！人誰無生？何似母節壽兼至，旌異之典叠叠乎駢闐〔一〇〕？人誰無死？何似母榮哀備舉，蒸嘗之續緝緝〔一一〕乎蟬聯？某孫枝慚秀，祖葉愧傳。一官羈絆，五兩留連。存不得厠就養之末，歿不能與哭泣之前。悵丹鉛而腸斷，仰青幯以魂牽。神隨雞炙，泪灑牛眠。楚些無文，慟音容之僾爾；生芻不腆，冀臨右其洋然。嗚呼哀哉，尚饗！

校勘記

〔一〕“付”，似當爲“傅”字之誤，或爲明人簡筆字。按“付吕”指殷高宗時之傅説、周文王時之吕望。

〔二〕“苦塊”不辭，似當爲“苫塊”之誤。按《白虎通義》卷下“喪服”條：“寢苫塊，哭無晝夜。”《風俗通義》卷三：“孝子寢伏苫塊。”“苫塊”爲“寢苫枕塊”之省。

〔三〕“夭”，疑當作“天”。

〔四〕“泠”，依文意疑爲“冷”字之誤。

〔五〕“緝緝”，當作“揖揖”。按今本《詩經・周南・螽斯》：“螽斯羽，揖揖兮。”

〔六〕“項”，當爲“頊”字之誤。

〔七〕“響”，當爲“饗”之誤。

〔八〕“汎”，當爲“氿”字之誤。按《後漢書·馮衍傳》：“乃作賦自厲，命其篇曰《顯志》：‘淚氿瀾而雨集兮，氣滂浡而雲披。”

〔九〕“霧”，當作“露”。

〔一〇〕“駢闐”不辭，當爲“駢闐”之誤。按（南齊）謝朓《謝宣城集》卷四《新治北窗和何從事》：“岧嶤蘭撩峻，駢闐石路整。”

〔一一〕“緝緝”，當作“揖揖”。按今本《詩經·周南·螽斯》：“螽斯羽，揖揖兮。”

句注山房集卷十八

傳

奉訓大夫張公傳代

張公諱于岸，字先登，别號濟川，維揚海門人也。先世無考，逮公祖達齋翁，始以司訓顯。而父海賓翁亦世其業食邑，既爲名士。公生而穎異，未齠齔，自請就外傅。目可數行下，每操觚，咄咄驚人。尋補博士弟子員，試輒居高等。間泚筆爲古文辭，命騷左馬，淋漓楮墨。唐宋而下，不與盟也。會莊皇帝御極，詔天下大賓士，公以優得雋，待對明廷。是時才弱冠，浹三期耳。海内士争識公面，謂取一第直承蜩也。乃九年讀禮，哀毁逾制，竟不能以苫塊之餘收大物。

太孺人復時時促之曰："爾半通是醜，獨不念我西山日薄耶？與其飦五熟釜於長阡，何如逮升斗乎？"公聞之，涕潸然下。遂弗獲已，捧檄爲龍南令。至則爬搔垢弊殆盡。先是，龍甿匿浮糧田八百餘頃，莫發其奸。公履畝，盡得其籍，神明之頌沸虔陽已。又捕得青幘白矛之徒若而人，懸首藁街。自是緑林萑苻無嘯聚之警，民乃不苦摽掠已。且獮社鼠之奸，避陽鱎之險，嚴筦鑰之防，課桑麻之業，解戍役之師，酌均徭之法，至椓路以捍於菟，浚川以扼馮夷，又不第劉弘農、西門鄴下矣。更以暇晷進諸縫掖，講説經義，俾多士知濂洛正宗，肆標淡墨而踏紫霄者，蔚相望焉。居四載，樵青牧赤無不口張公才且賢。乃以不習骫骳失當路意，用是左遷濮陽。公旋以治龍者治濮，視得失殆不翅飛葈牛毛也。前後居攝無慮數四，公繭罊拮据，弗謂代庖而傳舍之。時炎融爲虐，諸無賴藉口驅魃，率發人壙，以洩私忿。公廉得其狀，一一取三尺以殉。仍上書爲民請命，所活溝中瘠無算。凡獠牙雀角之争，得公片語，則歡然抃額解去，故鄰封質成者，趾相躡也。它善政未易更僕數，總之，不自便以蘄便民爾。亡何，太孺人違養。公扶輿歸，欒欒爾，面爲之墨。既闋，補衡藩審理正，或勸駕，公曰："吾鄉爲吾親仕耳。親背我，寧能以七尺博五斗哉？"

於是怡然薖軸，隻牘不以溷公府。至載酒問奇，則户外之履常滿。郡邑大製作多出其手。所著有《風俗論》、《海門志》、《六先生傳》行於世。又有《張氏世業》、《菉竹園》等書存笥。今上推覃恩，特進奉訓大夫。江湖而綸綍，蓋異數云。

進階之明年，乙巳，爲公初度之歲。子若姓奉觴上壽，衎如也。公素無恙，一日，屬後事，正襟危坐而逝，説者謂"寂化"焉。余爲公内弟，稔公狀甚悉。大都伉爽有大節，而以維持世道爲主。自筮仕以洎懸車，未嘗少變其塞。歸田凡二十年，澹然寡營，惟以立言、課子爲事，内政嗃然有度。至族黨之亟，則不難以身翼也。外王父貧，不克就窆，公極力用襄，且取藐孤乳哺之。哭季父，摧痛幾絶。祖塋有垂圮者，爲之封樹若堂。其爲人仁孝又如此。嗟乎！公逝矣。懿行芳躅足以風吏治、正鄉閭，蓋高山可仰而景行可行也。九原可作，微斯人，吾誰與從？

贊曰：維天眷世，載生善良。處爲閈表，出爲國光。虔南造福，青岱流芳。棨分楚醴，矯翰而翔。帝曰都哉！宜章乃服。朱紱焜煌，琅函炳煜。后禄無艱，景命有僕。優游林壑，以傲松筠。有雛維鳳，有定維麟。一經綿世，千里絶塵。公雖不待，而道已信。

句注山房集卷十九

碑　記

喬公生祠贍地記

明萬曆己酉歲，晋境告眚，而太原之平定郪甚。三農失業，九扈不登，井落間殣相望也。越明年，復無歲。斗米千錢，菜色之民顑頷殆盡。其壯者走四方，老者填溝壑，孱且穉者呱呱於墟莽而無與爲哺，四履幾無民矣。時侍御喬公請沐歸里第，過而嘆曰："天不惠吾晋，以及于侵。所賴二三長吏乳此孑遺，而三三〔一〕長吏復鞠且疚也。如此呱呱孱穉何！"乃傾橐中俸緡，市粟數百斛，敕州大夫王君煮糜以飦，而公之弟亦捐貲若干，以襄義舉。凡鬻者贖之，病者藥之，枵者果之。是役也，所活幼命千三百有奇，而蒙袂輯屨之起者無算。

由是父老子弟相與感激涕零，謂："生不逢年，骨肉蕩柝〔二〕，喬公寔生我聚我。計非崇報，無以志不刊之德。"乃請于州大夫，卜地起生祠祀公。既報可，肖像而禮之，春秋伏臘無間焉。又三年，豫章蕭公以司李如晋，展其貌，喟然曰："有是哉！仁人貽愛之烈也。昔汲長孺開倉，富鄭公出粟，畢仲游、曾子固救荒，史稱卓迹，然猶費公帑也。公不糜縣官一錢，爲縣官保流亡之衆，即汲、富諸公安可同日語哉？固宜州之父老子弟尸而祝、社而稷者無畸情也。雖然，樹德欲滋，戢德欲固，而引德欲長。祠創矣，令不爲守慮，則洒掃易窮；人守矣，令不爲養謀，則豆登莫繼。欲圖永永，烏可無便計也？"因諷于刺史吴公，求不遷之妥侑，購得草場隙地十二畝，近祠腴地二十畝，計歲可入租三十六石，焚修其有藉矣。額糧五斗，盡派之它户，浮田催科可無擾矣。乃檄天寧寺比丘妙德、元明輩主之，晨昏香火，遞衍遞承。“蔽芾甘棠”，追慕無極。公之食報，又寧可涯哉？之祠也，于侍御見仁而善施，于鄉氓見忠而善報；附之以地，又見司李愛而善傳，一舉而三善備焉，是可以勒石矣。故不辭而爲之記云。

喬公名應甲，猗氏人。爲侍御史，彈劾不避權貴，其詳見生祠碣中。蕭公名道光，太和人。甲午貢士，即公分校江右所録雋也。吴公名惟誠，冀州人，丁酉貢士。其地畮四至，書之碑陰。

繁峙劉侯德政記

繁峙，古堅州也。其東當神京孔道，南北界兩麓間。地多磽确陂圩，歲有，祝不滿篝；不登，而道殣相望矣。以余所耳目，長吏前後十數輩，率不任乳哺，蓋哀鴻集澤之艱也。萬曆戊申，劉侯來。來之明年亡歲，又明年，復亡歲，其甿蒙袂而徙者莫可算。其不徙者，亦强半鵠形待燼。侯响濕濡沫，曾跰黧拮据之不遑。會天子下帑金賑貸，直指更移檄煮糜，侯受成，躬行視餔，所全活無慮數萬人。繁民故不習杼柚，侯導之績，閭中婦知有女紅矣。

先是，大水没民田廬舍殆盡，神山一里幾墟，賦之脱籍者什九。侯置莊、置佃、置社長，多方還定，額稍稍復已。諸逋亡，復下令招之。至則歸其畮，給籽耜有差。力于藨蓘者，更福之，故今生齒繁殖，流移究宅嚮附者，衍負版焉。且正祭器以崇文，闢戎場以講武。倉之築若而穩，屯之墾若而區，賦役之均若而款，至鈞金束矢之入，又人人稱照天燭也。肆御史、司馬臺交章薦之，天子嘉乃績，拜鞏昌府丞，行有日矣。父老子弟相與泣曰："誰爲我起牂羊乎？誰爲我罷繭絲乎？誰爲我蘇郵傳乎？誰爲我解污萊而安室家乎？微侯賜，當不及此。今竟舍我去矣！吾儕小民何以致區區？聞召伯南行，甘棠誌愛；梁公北去，彭澤垂休。則夫墮淚之思，非礱石其何寄哉？"於是屬余言以志不朽。

余嘗慨今之吏，其卑者苞苴營私，巧者骫骳以博涓人一盻。至於民，直孥虜視之，殿屎痯痯不恤也。侯下車即諏民疾苦而卵翼之，雖召杜何以加諸？它日太史傳循吏，當不在神爵、五鳳後也。爰勒之碏，施于道周，庶繼侯者有待而興云。

侯諱化龍，直隸霍山人，辛卯貢士。

計部陳公德政記

晋故戎馬地，而三關邊甚，與五路諸酋僅隔一衣帶水。天子爲固圉計，屯數萬甲士以填之，而此數萬甲士仰給一錢穀使者，蓋自嘉、隆間代上有度支云。萬曆戊申歲，上遴良以督其粻，而陳公由尚書郎高第奉敇至焉。至之明年，大祲，主客餉若掃，呼庚癸者婁婁。公下勞曰："縣官殊念若，少需之，毋苦也。"乃檄京民運若而數，酌情形緩急，次第布之，脱巾之衆業恬于調劑已。已，復愀然曰："吾即不仔肩民牧，何忍眂殍殣道屬乎？"于時捐庾粟千斛、帑鐶千金以賑，更日下俸錢數百緡，躬討流甿分給之。故是歲晋旱灾獨雁門烈，而得陳公，旱不竟灾。公又念凶荒遏糴，則十八萬引鹽糧立逋，而募民實粟之策窮。乃以便宜上大農，請寬減若而數。既報可，商樂業，軍興不困矣。前此，豪胥破邊儲數萬。歷年豊蔀，莫摘其奸。公既砥之，尋爬梳積弊，勒條議于三關，俾某廥貯某項，某項峙某支，影射之竇塞矣。其他簡屯田、覈兵馬、疏倉鈔、酌市需，綜理之周稱是。至於小間，引諸生説舉子業，俾與計偕者踵接。公之德又在薪槱也。

頃皇帝嘉乃丕績，下璽書晋級，尋拜學使者兼參知左廣行省事，居信宿矣。雪山輕重，衮衣去留，席公宇下者，烏能一日忘公也？廷〔三〕何武去後見思，羊叔子碑横墮淚，凡以德政在人耳。公好士、愛民、恤軍、容下諸善狀不容口，即磨崖夏屋，奚忝哉！州大夫某將劖石以垂不朽，而屬余爲之記。余不佞，無能諛公，謹據實書之如右。

公名一教，直隸宜興人，辛丑進士。

兵憲李公生祠記

槐墅李公治兵吾代，幾八年所，殊猷楙績，麟炳西藩。司馬、御史臺交章譽薦，稱名憲使焉。後負疑謗，投劾去。去之日，父老子弟遮留，車枳不得發，然無如公解組何矣。越五年，代人士德公不已，爲起生祠。又五年，懷公轉深，爲立去思碑。于是父老子弟相率而徵余言爲記，時余方有分巡遼海之命，傯倥叱馭，不及受簡。今年春，以制歸，石就鑱矣。鄉三老復申請前説，余唯唯，曰："有是哉！'有斐君子，終不可諠〔四〕'耶？"間嘗横覽今昔，自漢以降，吏治浸假而敝。微弟卑者貽譏敗絮，即高者亦不過補組〔五〕眉睫，無爲晝嘯已爾。求所謂真心實政，爲生靈圖永賴、疆圉計久安，在位而爲人社稷，去位而爲人尸祝如公者，蓋未易數數見也。公之善政難以更僕數，姑撮其大：如辟屯田以充儲峙，理鹽法以佐軍興，疏平準以濟凶荒，給種犋以安流寓，其體國裕民有如此者。飭僚屬以貞憲度，肅城社以剔奸叢，禁豪右以戢孤孱，表節烈以維風化，其振綱立紀有如此者。成杠梁以蘇行旅，煮糜粥以活溝渠，時簡閲以毖戎行，繪邊圖以資戰守，其附衆威敵有如此者。慎師儒以崇文教，延耆碩以備籌咨，立鄉社以迪顓蒙，課藝文以弘薪槱，其禮賢造士有如此者。至於除戎器五十七萬，椓邊垣二百餘里，起斥候烽臺、重關扼呰數千百處，綢繆桑土，使晉陽保障屹若金湯，則其勛又在萬世矣。嗟嗟！公之功之德遠而愈烈，故民之愛之慕久而彌新。即欲如庚桑楚避畏壘俎豆，宋公璟禁廣川樹碣也，得乎？肆今廟貌貞珉巋然鼎峙，其君子過之，仰而嘆曰："是儀刑我者也。"其小人過之，伏而思曰："是覆庇我者也。"嗣是而歲時伏臘肸蠁，庸有既乎！昔落〔六〕人祠文潞公于資聖院，蜀人像張文定于益，凡以惠澤不能忘耳。公視二公又何孫哉？雖然，此猶一方之報爾。今天下脊脊多事，倘公翻然易慮，起花田雲塢間，爲國家持危定亂，將容在雲臺、麟閣，伐在大册景鐘矣，夫寧第雁門之祠碑也與！余嘗遊公門，習公治行，今茲之役，固喜談而樂道者，遂忘其不斐而爲之記。

公諱茂春，槐墅，其別號也。河南杞縣人。由萬曆庚辰進士，歷尚書郎至大參云。

校勘記

〔一〕"三三"，不辭，上文作"二三"，此亦當爲"二三"。按"二三"爲古代口語，《論語》中孔子屢言"二三子"。

〔二〕"柝"，據文意似當爲"析"字之誤。

〔三〕"廷"，於文意不通，疑衍。或當爲"迺"字，亦通。

〔四〕"諠"，《詩經（毛詩）·衛風·淇奥》原文作"諼"。

〔五〕"組"，疑誤，"補組"，未聞。據文意似當爲"補苴"之誤。

〔六〕"落"，據文意當爲"洛"字之誤。

句注山房集卷二十

雜　著

講《楞嚴經》疏一

稽夫兜率降神，異表呈靈於净飯；祇桓説偈，玄提振响夫迦陵。珠眉將金面平開，人鬼與天龍並集。故五百人合掌，同聆秘密之音；十二部印心，大啓如來之藏。雖金棺入滅化人，惟四十九年；而寶筏垂庥度世，則百千萬劫。是以無言般若，俱歸不二之門；有覺毗梨，共了前三之旨。㬥夫由余抉隱，高臺像祀於秦公；蔡愔搜奇，石室經傳於漢帝。於是法輪大轉，真鑑常明。慧日曨曈，耀昏衢而夜曉；慈雲靉靆，蔭火宅以晨涼。正象末一切皈依，水火風三灾殄滅。無奈衆生顛倒，苦趣沉淪。五濁陰蒙，圓鏡翻成黑暗；三途眯亂，蓮花盡染污泥。不登菩薩之場，誰起尼梨之業？惟首《楞嚴經》者，世尊闡教，揭四十一位以明心；阿難求宗，偕二十五人而證聖。就中妙明明妙，直指元倪；迷覺覺迷，頓還本體。若夫隨緣現法，顯烏玄鵠白之真；即相著心，破兔角龜毛之妄。允矣開天關鍵，洵哉濟世梯航也！

有道相上人，夙契玄詮，漸窺真際。電光泡影，已從世外觀身；玉杵金鎚，更欲塵中救苦。乃弘宣大定，廣布無遮。放百寶之光，同開覺路；屈五輪之指，共引迷途。或示諦於三摩，或抽機於四果；或説根塵業報，或言情想輪迴；或諷咒以降魔，或原陰而斷獄。蓋將蕲五十五位，起八難于沉冥；更使三十三天，邀四流而解脱。凡我有生之衆，宜修無漏之因。毋從糞裹鑽金，莫向卮中灌水。投刁[一]伏座，須如廣額屠兒；買地鋪金，好效給孤長者。凡朱門，凡白屋，統作檀那；若黄茂，若青錢，同歸薩縛。庶三千世界，均分六鏡之輝；十二因緣，蚤度四輪之厄矣。遥瞻稽首，伏望皈心。

偈曰：晨鷄未已暮鐘鳴，斷送諸流度覺情。苦海無邊從世墮，福田有種待人耕。悟來九想離塵網，證入三摩住化城。今日佛陀升寶座，好隨檀越結三生。

講《楞嚴經》疏二

原夫宗明鷲嶺，曳金縷以開天；教演鷄園，捧曼陀而散雨。蓋至法本無法，語言文字皆非；然真空元不空，瓦礫河山盡是。故嗅旃檀之氣，四十里同聞；擊迦葉之椎，五百人並起。是以法雲遠布，慧日高□[二]。西止青駕，□□彌而衛道；東來白馬，度麗跋以□音。化人之衣缽時昌，大道之津梁漸滿。則有騰蘭抉祕，澄什抽精。南華振响於曹溪，惠遠開山於廬岳。於時六通廣運，五衍争鳴。或霏天際之花，或點山中之石。或以三摩化雉，或以四果驚狐。或鵲習而雞隨，或龍□[三]而虎擾。譬彼渡河之獸，象馬兔各有淺深；似兹無盡之燈，百千億自相禪代。如來邈矣，孰解聲聞；頓漸居然，莫知冷暖。遂令衆生迷黑業，祇牽於十二因緣；大地障紅塵，未了夫三千世界。不聆玉塵，曷藉金篦？

有某上人者，識洞八還，心空五蘊。一瓶一缽，喜隨和尚家風；三沐三薰，净守毗尼戒行。乃者擁蒲團而結夏，已窺有漏之因；聚檀越以揚聲，更證無生之果。遂弘鹿苑，敦請鵬耆，張寶刹之法筵，闡金曇之妙道。繙宣秘藏，儼十六開士於面談；啓建無遮，統六萬群仙於指顧。拯愛河之溺，犬[四]轉慈航；療饑火之燒，頓施甘露。期欲界色界同歸真界，將全提半提共入菩提。

蒸砂飯可成，爰資貝葉；熱鐵丸盡冷，式借楊枝。但衆集三徒，不止麥麻之費；供繁四道，可無衲屨之需。所希五姓檀那，共濟三乘聖事。凡宰官，凡大士，毋湮喜舍之門；若白粲，若青蚨，早上伽陀之會。庶大捨中捨小捨，總證摩尼；法身報身化身，齊登彼岸。蓋尼黎不遠，慳貪爲墮落之基；天竺非遥，方便即皈依之路。欲求净土，宜種福田。

偈曰：刹那天地劫灰置，唯有觀河性不遷。好結良緣修正果，污泥回首是青蓮。

净土庵銘并引

粤聞西方衍教，毗盧開不二之門；東土揚輝，般若啓大千之路。須彌不遠，妙明便是天宫；彼岸非遥，至聖總居人世。既即空而即色，亦何垢以何淄？緣夫滑滑紅塵，五毒障夢中之宅；遂令茫茫黑業，三途迷鏡裏之身。祇舍不弘，法輪誰轉？故金鋪色界，給孤證果於青鴛；錫卓空山，寶刹收靈於白鶴。大凡不求净土，莫覿圓伊；欲覓真如，先皈勝地。某山背環勾注，面繞滹沱。雁塞東迴，谷口慈風時護；鳳岑南抱，岩頭法雨常施。賸有清凉，都無囂誩。亶可誅茅而修利行，築室以奉如來者也。

有某上人，性屏六塵，心空五藴。金鎞抉目，幾經迦老神功；玉杵降魔，獨仗韋駄法力。來遊斯地，願布良因。聽樹杪之鳴鴉，載尋檀越；瞰雲間之落雁，式闢招提。藉兹蘭若之區，蘄證蓮花之果。恢法界則奠六度以爲基，供莊嚴則曜三明而作厦。松風蘿月，昭回四攝之榱櫨；忍草覺花，掩映十通之户牖。又謂定水易淆於愛水，幻身可現夫真身。乃闃禪關，爰持素業。一真湛寂，念念歸宗；六載跏趺，時時面壁。洒楊枝而濯難四流，火宅晨凉；闡貝葉以提眯三界，重昏夜曉。不第衝翻鐵網，登大道於玄津；行將結就金繩，度衆生於苦海。十方瞻昧火，忻逢萬劫之緣；九品對心燈，喜結三生之遇。銘曰：

真如罔礙，大道無涯。毛吞溥海，掌握恒沙。缽瓶游戲，到即爲家。矧兹凈土，造形劇郡。七佛師臨，五峰路近。濁水難浸，劫灰不燼。上人卜處，自證真空。一絲靡掛，萬法攸同。無人我相，悉返玄通。德相既忘，聖凡何各。解脱輪迴，並登極樂。咄咄西歸，永垂貞碏。

北嶽禱雨詞

惟神玄方正位，黑帝居尊。侍祀九十人，應道武文成之禱；周迴三千里，稱四種五穫之蕃。庶彙馮生，群靈仰德。緊兹晋鄙，實借神庥。况當荒歉之頻仍，寧忍雨暘之夫〔五〕候？爾者肥遺作沴，朱鳥噓炎。舋鮮泥牛，飛窮石燕。三時霡霂，既未睹夫濯枝；百穀蔇薿，又何期乎及秭！無苗無麥，人懷蓷谷之憂；如灼如焚，家切桑林之感。黔黎疾首，岳牧焦心。某職在撫綏，敢忘鞠疚？是用耑官致祭，敬將盈缶之誠，望嶽乞靈，冀沛傾盆之澤。明湮有秩，昭假無羸。倘回大造之龢，早降五風十雨；庶拯下民之虐，洊成九稔三登。莫罄丹忱，伏祈玄鑒。

龍神禱雨詞

維神變合金精，化涵水府。八部稱尊，四靈推主。既田見以文明，復雲從而物睹。總乾象八十一鱗，成歲功三十六雨。硯池涓滴，不須告社之龜；馬鬣滂沱，寧事置潭之虎？澤被茨梁，德昭寰宇。維今歲虐，乃遘驕陽。屏翳失潤，禁伯無良。塍疇坱莽，士女旁皇。載歷三春，地匝木仙之指；洊登九夏，衣藏玉女之岡。日有冠而非黑，月無額而不暘。三農未作，萬寶何嘗？某身任撫綏，每懷顛仆。目擊旱荒，敢忘鞠疚？祀雲氣于斗樞，盼月華于畢宿。悵鳴鸛以幾迷，望噞魚而欲瞀。摇摇夕樹，期符少女之占；肅肅朝壇，冀驗木神〔六〕之咒。鞭陽石其何時？閉南門兮莫救。是用吉蠲致雩，將享求歆。推舉石燒山之禱，竭積薪環艾之忱。六事省躬，不敢後桑林剪爪；八章憫下，寔有同雲漢熏心。維飧在簋，維醴在斝。俯陳白念，仰叩甘霖。倘龍神之有赫，控蜿馭以來臨；庶不霪與不霿，祈如坻而如京。尚饗！

校勘記

〔一〕“刁”，疑爲“刀”字之誤。前文“刀”字屢屢誤爲“刁”。

〔二〕□，漫漶不清，依文意疑爲“懸”字。

〔三〕□，漫漶不清，依文意似當爲“馴”字。

〔四〕“犬”，依文意似當爲“大”字之誤。

〔五〕“夫”，依文意當爲“失”字之誤。

〔六〕“木神”二字，原書爲小字雙行排版，蓋爲漏字挖補，今改與正文一例。

尺牘七卷

〔明〕張鳳翼　撰

李　蹊　點校

尺牘[一]卷一

啓賀類

賀方中涵老師入閣啓

玉鼎需調，久係蒼生之望；金甌啓覆，旋登黄閣之尊。望協人情，形乎帝賚。恭惟〇〇才高班馬，業懋夔龍。鳳闕傳臚，芝蓋雲英靄靄；鸞坡視草，花磚日影遲遲。摇赤索於蓬宫，金鈴入座；綰朱繩于棘院，玉笋盈門。日者特簡宸衷，榮登相位。九重頒湛露，沙提[二]十里生春；百辟凛清風，聲樂四分減半。奠生民而立極，永清地雁天狼；爲天下以得人，直際雲龍風虎。誠五百年之間氣、十二葉之元勛也。某瓦櫟微材，駑駘下走。幸入珊瑚之網，莫罄蛙鳴；遥瞻黼黻之衣，何勝燕賀！敢將葵念，用展芹忱。伏祈玉燭常調，歲歲見台星卿月；金繩普濟，人人霑化雨春風。

賀李二溟老師考績啓

蒲海宣猷，玉壘金湯嚴鎖鑰；楓宸懋賞，芸函芝檢賁絲綸。喜周宫[三]六計功高，看晋錫三蕃晝接。疆埸[四]生色，桃李分輝。恭惟〇〇劍嶺標奇，錦江濯秀。日華五色，賦成綵筆干霄；雲氣千重，朝罷香爐導省。攬朱繩而約士，斗轉文昌；摇白羽以行邊，樞明武曲。塵清燧息，戊丁無入草之謡；伍飽槽騰，庚癸絶呼山之警。玆者九重課最，三載告成。軍中凛韓范威名，已偃金城之草；座上建伊萊事業，行調玉鼎之梅。凡在瞻依，率懸忻抃。某傍依雲紅杏，久懷吹萬鴻慈；隨向日丹葵，未報函三大德。反辱容光下際，寵貺騈施。螭文將魚素飛來，璀璨光摇白絹；麟趾及褭蹄擲下，焜煌色射朱提。感激魂驚，拜嘉色悚。一言一帙，領温楲如坐春風；五服五章，占渥祉同歌《湛露》。敢將燕賀，用展螻誠。尺牘無文，祇致殷勤之悃；素絲不腆，聊將綫縷之忱。伏願游歷三階，旋齊七政。卧參旗與井鉞，永清萬里胡沙；追召虎及奢龍，獨茂千秋相業。

賀陳志寰老師開府啓

緑綟轉薇垣，南國甘棠歌蔽芾；丹書懸幕府，西陲細柳肅綱維。萬邦欽文武之猷，三晋慰雲霓之望。歡騰朝野，慶洽門墻。恭惟〇〇瑞應雲龍，德孚星鳳。靈襟湛澈，滔滔江漢同清；鼎望嵯峨，岳岳衡陵並峻。秋曹明法曜，開三面以回生；冬署敕工師，酌五材而利用。車隨甘澍，新安之赤子其蘇；坐引春風，冀野之青衿速化。三雲嚴鎖鑰，陰山夜失旄頭；百越懋旬宣，溟海時來儋耳。兹者九重特簡，兩府榮躋。豸擁團花，當道落豺狼之膽；烏棲列柏，閑堦空鵷鷺之音。貞百度以肅百僚，激揚並重；戢五兵而崇五教，安攘兼資。凡藉雲帡，率懷豫抃。况沾雨化，能忘皈依？某昔從絳帳之班，濫附倚雲紅杏；今奉朱旗之治，忻隨向日丹葵。猥以匏繫通漕，莫遂鳧趨之念；岩瞻大厦，殊深燕賀之私。敢將瑣瑣溪毛，用展區區曝悃。俚言不斐，殷勤效三沐三薰；戔帛無文，繾綣祝五章五服。忝當藥物，僭致芹悰。

賀盛躋崖老師轉丞啓

恭惟〇〇絶代真儒，應期名世。雙鳧度漢，飄兩袖之清風；五馬行春，布一犁之甘雨。班聯虎節，望隆赫赫朱旙；佩擁麟符，寵溢纍纍緑綬。兹者蘭臺奏績，楓陛推綸。揚紫蓋以鳴鸞，蒞黄堂而展驥。一錢父老，争扳明府之驂；萬竹兒童，快迓細侯之駕。行且佐羈縻以施五餌，伐滿金城；伫將圖節縮而濟三虚，歌消玉蕊。亶芸函之嘉遇，亦藥籠之榮遭也。某夙荷栽培，僭附倚雲紅杏；今瞻華膴，期隨向日丹葵。敢將燕賀之私，用候鶯遷之喜。伏願功高緑幕，一籌坐靖榆關；位近黄樞，七杓還調梅鼎。臨毫九頓，伏楮三薰。

賀吴繼疏公祖上任啓

邊當絶徼，旌旄懸幕府之尊；帝眷名臣，綸綍載簡書之重。邑風猷於列柏，維天祚於苞桑。三晋騰歡，九圍借色。恭惟○○望隆星鳳，慶叶雲龍。寶氣横空，燭牛墟而散紫；練光越景，軼蠡澤以飛黄。待漏直薇垣，閣下文章獨步；銓流精藻鑑，人中冠冕先收。三千駷牝屬經營，陣成雲錦；十萬甲兵歸掌握，妙合陰符。日者特簡宸衷，榮躋華膴。朱旗西下，酋奴消赤日之囊；繡斧東來，士女獻玄黄之篚。伫待功高卧鼓，行看伐懋銘鐘矣。如某者，鹿鹿微生，魚魚後學。望崇臺九級，祗切鴻馳；仰大厦千間，殊深燕賀。乃未修曝悃，反辱瑶章。捧牘心驚，敢效倉庚博舌；拜言色喜，願同玄乙揚眉。伏祈光應泰階，洊登鼎席。象天喉舌，班崇九棘三槐；作帝股肱，業配五臣四相。

賀南二太公祖上任啓

青鏡衡文，道脉潛回於八代；紫薇参象，法星遥映乎三台。絲綸將豸繡齊明，鎖鑰擁魚書獨重。歡騰冀野，光照秦封。恭惟○○瑞應天章，靈分地紀。門盛五千經史，人探玉檢之文；秀鍾百二河山，世占金閨之籍。鳩司執法，洊雷占肺石無冤；虎節專城，化日照口碑有頌。文昌明絳幄，三千禮樂屬陶甄；武庫壯青箱，十萬甲兵歸咤馭。兹者忠孚帝簡，寵賁師貞。衮華推北闕之恩，屏翰重西藩之任。碧幢到處，龍沙夜落旄頭；赤羽懸時，雁塞秋閑鼓角。行見威宣五路，佇看伐滿三關。某分屬編氓，情殷事上。樓臺近水，幸分藥桂之輝；鼎鼐居官，更仰鹽梅之績。敢修不腆，用瀆中涓。千里鵝毛，三沐期伸繾綣；一腔雀悃，萬間實借帡幪。不戩下懷，統惟崇炤。

賀唐存意漕臺上任啓

繡斧巡方，雅著埋輪之望；錦帆開兑，新收轉餉之功。蘇竭澤於東南，捄呼山於西北。勛崇借箸，慶洽同舟。恭惟〇〇百代名流，三吴間氣。胸羅武庫，駕参旗井钺以標奇；筆掃文昌。回玉檢金泥而散采。銅章沾[五]雨露，起青蒲色映寅宫；鐵柱帶風霜，摇白簡寒生丙舍。正氣聳神羊之角，直聲高鳴鳳之音。兹者帝眷忠勤，謀需蜚輓。疏兩河運道，催舳艫銜尾而來；監七省輸將，儹稉粟分頭而進。桃花無恙，四百萬石粒粒皆精；瓠子有靈，一十三總人人用命。展也公私攸賴，居然軍國兼資。某幸藉前籌，勉圖後績。望金檣影動，喜千艘乘彩鷁齊飛；聞寶廋香生，慶九賦若蒼鱗並集。豫鳴莫罄，燕賀良殷。敢將獻曝之忱，用表傾陽之悃。寸芹不腆，展繾綣於三薰；片楮無文，致勤渠而九頓。伏惟茹納，不盡瞻依。

賀沈芳揚民部晋銜啓

金部分籌，績著九圜之重；琅函飛錫，榮聯八座之班。楓宸眷注方殷，榆塞歡呼莫罄。恭惟〇〇燕山威鳳，溟海神龍。才跨長庚，筆掃參旗井鉞；學窺大酉，胸羅東壁西昆。摶羊角以摩霄，振龍鱗而擊水。花封握篆，檐前獨擁青緺；粉署含香，户外雙瞻紫袖。頃從畫省，出總邊儲。燭利病于鬚眉，明分水鑑；謹交關于毫髮，冷沁冰壺。三單蒙靈雨之濡，四履戴福星之照。茲者崇勛特簡，峻秩旋升。尚書郎位近三台，帝里方來朱紱；度支使澤流萬姓，民曹又改緇衣。某夙企龍門，瞻岩念切。恭聞鳳徼，賀厦情深。望雁塞于雲間，莫遂摳趨之願；仰鴻逵於天表，殊懸抃舞之思。敢貢荒椷，用將遠意。伏祈金甌早覆，玉鉉先持。尺五身臨，佇取荷囊依日月；魁三手綰，行看曳履踐星辰。

賀郭荆麓年丈領郡啓

龍廷佑德，九官咨良翰之籌；虎節分猷，一面重專城之寄。望隆槐棘，慶洽枌榆。恭惟〇〇冀野神驄，蒲陽威鳳。胸翻錦繡，羅二酉以争奇；筆走風霆，叱五丁而吐氣。秋空披桂萼，早收萬斛天香；春宴醉櫻桃，快睹五雲瑞色。含香視草，郎官之品格維明；擁傳褰帷，太守之威權洊重。一麾到處，黄堂生兩袖清風；萬竹迎時，緑畦遍一犁甘雨。蓋五百年名世，將爲西北台衡；斯二千石大夫，先庇東南保障。如某者，雞栖下類，鼠伏庸材。一日慶遭逢，喜隨鵷鷺；十年成寂寞，竟别龍猪。仰天上之鴻儀，何勝抃舞；抱塵中之燕賀，莫罄扳援。敢修戔戔靡文，用展區區遠念。伏惟丙照，曷任寅瞻！

賀馬制臺封廕啓代

白登臨玉帳，旌旄開萬里之烟；紫極賁琅函，綸綍焕五花之詔。總師貞於八座，位兼武曲文昌；膺晋錫於三蕃，寵洎蘭馨桂馥。後先襲慶，夷夏騰歡。恭惟〇〇帝賚良臣，天生名世。望隆青璧，撑劍閣以標奇；道契玄珠，濯錦江而散采。更直綴含香之署，九天日覲龍顔；提兵占太白之躔，七澤雲蒸豹變。擁油幢而固圉，關隴塵清；按繡斧以招携，荆舒浪靖。遥分節鉞，坐鎮邊陲。控方叔之壯猷，紫塞朝閑鼓角；覃汾陽之威略，青山夜落旌頭。七校起邊聲，五路豺狼空雪窖；雙鋒吟斗氣，九關虎豹肅天門。兹者駿烈升聞，鴻恩藺[六]在。柳營旋繞，傳來日下遷鶯；芝檢聯翩，飛到雲間彩鳳。爵崇台輔，麒麟高閥閱之勛；廕啓雲來，鸞鷟振箕裘之盛。朝看勒鼎，野幸彈冠。某藉安攘之宏謨，魚依莫罄；睹褒嘉之景命，燕喜何勝！敢將一介汀毛，用賀萬間堂構。股肱王室，常瞻北斗之尊；卯[七]翼民生，願附東華之炁。

賀孫撫臺轉司徒啓代

柏臺勛楙，旌旄需虎變之文；楓陛恩深，綸綍涣鶯遷之詔。快睹械飛雨露，行看履踐星辰。金部增輝，玉衡倚重。恭惟〇〇精儲二華，粹拔三秦。虹見山川，展藍田之白璧；神游象罔，洵赤水之玄珠。兹封駁於黄門，墨染螭頭天語近；贊樞機於晝省，香含雞舌地曹清。尚璽司封，德籍龍章鳳敕；大官典正，功高金紫銀青。六種殖群，閑企毛仲三千之錦；九旗明庶，秩陋叔孫五百之金。尋以京兆崇銜，遂陟中丞巨任。朱旗繡斧，轉和煦於盧龍；羽檄牙璋，靖妖氛於鉅鹿。經以文，緯以武，張弛一稟陰陽；安乎夏，攘乎夷，内外兩調威順。兹者魚書奏績，訾四方以告成；鳳檢推階，懷萬邦而錫命。恭承帝簡，特進農卿。六府流泉，西北軍儲歸管轄；三壤則賦，東南民力屬綱維。此時九棘聯班，綰倉箱於赤籍；異日三槐晋職，調鼎鼐於黄樞。凡仰鴻禧，率伸燕賀。某西山繫迹，莫抒款款之誠；北斗揚徽，願效戔戔之帛。葵傾不既，莞納是蘄。

賀郭道尊晋銜啓代

三晋于蕃，綱紀肅中台之位；九重特簡，絲綸分上國之輝。雄關絳節遥臨，功成緩帶；屬吏青緺載振，慶洽彈冠。恭惟〇〇八柱崇標，三階重望。才名煒燁，統承有道之宗；事業崚嶒，支衍汾陽之派。含香棲畫省，夜深紅錦沾恩；綰篆御黄堂，春暖朱幡布澤。齊東攬憲，激揚三尺凛風霜；冀北宣猷，管轄一方彌雨露。兹者豐功懋著，晋錫攸歸。丹詔下雲中芝檢，祥紛五色；碧幢懸日表柳營，夜静千屯。豈惟秩重西藩，歌騰良翰？夫且憂抒北顧，毗托長城。凡在帡幪，率皆歡忭。職幸叨鴻芘，久切岩瞻。快睹鶯遷，尤深賀厦。奈遵禁例，莫展摳趨。是用修短狀於椷中，叩洪禧於閣下。伏願高開玉帳，永清海鱷山獂；洊覆金甌，丕際雲龍風虎。

賀劉道尊晋方伯啓代

西臺總憲，一廉高畫象之風；北闕頒綸，三接賁遷鶯之命。綵幰榮移於臬府，紫薇光映乎藩臺。三晋歡呼，萬方鼓舞。恭惟〇〇百年名世，一代元勛。司理金絛兩地，情平鼠雀；蜚聲瑣闥九天，望重夔龍。洪都騰屏翰之猷，郢甸茂蕃宣之政。臨淄揮絳節，化行禮樂三千；京兆擁青帷，氣扛河山百二。日者提刑冀野，激揚收六計殊勛；兹焉晋秩中台，綸綍下九重新命。堯天聚景，喜瞻岳位崚嶒；舜日回暄，佇看棠陰蓌蔚。職西方下士，北鄙卑員。竊食無能，難免逃竽之誚；曠官有念，深懷覆餗之憂。忻逢就日鴻禧，益仰垂云厚庇。私懸雀悃，冀申九頓於階前；勢阻鳧趨，莫展三呼於閣下。是用功裁短狀，敬奏微衷。

賀任道尊膺薦啓代

紫塞謹邊籌，丕茂風行之治；彤廷騰薦剡，行膺晋錫之恩。歡彌八郡臣鄰，慶洽三關將吏。恭惟〇〇瞿塘會粹，巫峽鍾靈。才名與劍閣齊高，德業及錦城並麗。冠峨鐵柱，寒生五緯之芒；

綬綰銅章，暖布三雲之地。節旄開玉帳，月明雁塞三秋；裘帶鎮金城，風靖龍沙萬里。日者大閲功成於冀野，元勛績奏於虞廷。推薦先聲，已見燕都轉律；褒嘉厚祉，停[八]看鳳沼宣麻。職西土庸人，北門下吏。仰瞻牛斗，芘幸假於垂雲；快睹鴻庥，忱實同於就日。奈緣明禁，莫展凫趨。用遣微伻，聊將燕賀。伏願棠繁南國，陰聯豸柏森森；槐茂中台，影接龍楓蔚蔚。

賀錢按臺轉大理啓代

豸聳烏臺，靈曜炳三階之象；鶯遷棘寺，陽春回八議之科。行看望重臯陶，快睹門高定國。朝紳生色，圜吏騰歡。恭惟〇〇五嶽儲精，三吴會粹。龍門披月露，掃千軍馬負龜呈；雁塔際風雲，振六翮鸞翔鳳翥。驄軒按晋，朱旂開恒嶽之嵐；鷺軾經秦，繡斧破涇流之瘴。埋輪廣省，威消五嶺豺狼；攬轡京營，氣壯九關虎豹。兹者殊勛特簡，峻秩崇加。班列六卿，位總殿中之直；司兼五教，法持天下之平。懸知徽纆無冤，佇見桁楊有頌。某官居下吏，誼忝通家。仰御史巡方，久識隨車兩[九]遍；幸士師平反，忻瞻貫索星高。敢盥手以懷暄，敬揚眉而賀厦。爰將子墨，用表寅丹。伏乞海涵，可勝岩祝！

賀關太府上任啓代

粉署風清，久懋登閎之績；黄堂地迥，俄承特簡之榮。喜將半虎平分，會看全牛立解。三邊舞抃，八郡歡呼。恭惟〇〇嵩嶽凝神，河圖衍瑞。應五百年而間出，派企龍逢[一〇]；當十二葉以挺生，德高尹喜。天中羽翼，奮水擊於三千；日下琅玕，吞雲夢者八九。琴堂敷政，口碑留載道之仁；畫省平刑，肺石起叢林之鬱。兹者官常獨飭，帝眷攸歸。紫詔推恩，燁燁雙龍來北闕；朱幡典郡，翩翩一鶴度西陲。選劉寵之錢，轍底卧三吴父老；覽細侯之竹，道傍擁全晋兒童。一麾職重於分曹，五袴歌騰夫來暮。褰帷露冕，暫膺守府之司；加帛賜金，佇待公卿之拜。職濫齊竽於下吏，不任凌兢；仰漢篆於崇臺，何勝戀結？幸借垂雲之庇，殊深戴斗之私。敢告鳴騶，用伸賀燕。氤氳紫氣榆關，快睹鸿□；□□黄麻楓陛，還占鳳詔。

賀馬太府上任啓代

北斗名高，奕奕賢聲騰畫省；西陲任重，煌煌新命耀朱幡。嘉福星普照堯封，看霖雨弘沾冀野。黄堂生色，紫塞回蘇。恭惟〇〇昭代名儒，中台偉望。嶙峋恢德業，羅山嵩嶽争奇；瀲灩涣文章，洛水伊川競秀。楓墀獨對，龍蛇翻影硯生香；花縣初臨，鸞鳳呈祥氓籍澤。覆綀綾於粉署，紆籌策以匡時；秉衡鑑于棘闈，攬英雄而入彀。日者懋隆殊績，擬曳履於明廷；而歷試諸艱，遂分猷於大郡。雙熊開道，忻逢竹馬之迎；一鶴臨軒，佇待蒲鞭之化。此日榮膺虎節，暫褰行部幨帷；异時寵錫麟符，洊陟居官鼎鼐。人瞻露冕，士慶彈冠。某慚同駑蹢之馳，濫叨一倅；快睹鴻儀之漸，幸洽三生。大厦千間，荷帡幪於罔既；洪鈞一氣，知鼓鑄之無疆。是用耑一介以披丹，聊將燕賀；叩九閽而獻素，敬附魚緘。伏祈汪涵，俯垂鑒納。

賀白撫臺生女啓代

柏府功高，丕懋風行之治；蘭臺香靄，式孚巽索之占。閨秀呈祥，門楣粹祉。恭惟〇〇聖世阿衡，熙朝間氣。鵬飛西夏，風雲萬里凌空；豹變南宫，日月九天絢綵。牙標排虎賁朱旂，繡斧飛霜；綬帶壯龍圖白簡，皂囊凝露。兹者文虺協夢，青鳥傳禧。莞簟鍾靈，墻帷納慶。婺星璀璨，來織女於銀河；寶月焜煌，下嫦娥於玉宇。裼衣今日，忻修貫雀之儀；縭結他年，快睹乘龍之喜。職恭逢鼎祚，竊效蛩鳴；敬仰豐庥，歡同鶴舞。謹裁不腆，用展微私。伏願麟趾繩繩，衍家聲於不既；鳳毛滚滚，開奕葉於無疆。

賀劉道尊舉嗣啓

紫塞風高，化洽三關嚴鎖鑰；藍田日暖，輝呈五色産瓊瑶。喜看夢叶徵蘭，祥開弧矢；伫待陰成立竹，緒纘箕裘。奕葉重熙，宗祧永吉。恭惟〇〇德合陰陽，功侔化育。妙張弛於文武，幕静西藩；恢安攘於華夷，旗閑北斗。龍光振采，既不競以不絿；燕翼貽謀，更有作而有述。兹者天綏后禄，慶集墻帷；帝衍休徵，靈鍾莞簟。香繃肅室，玉牙手爪襲羅襦；膩剃新胎，蘇顆肌膚明繡褓。寳誌摩其頂，知爲天上奇材；温嶠試之啼，料是人間英物。此日提戈取印，肇開跨釜之基；异時聳壑昂霄，定占充閭之喜。某等厠狄門桃李，久荷鴻慈；睹謝砌芝蘭，殊深燕賀。謹將芹葉，聊表葵誠。伏願五桂齊芳，三槐並懋。象賢濟美，公侯滚滚振家聲；堂搆重光，子姓綿綿開世業。

賀太守封壽兼入覲啓代

紫塞茂豐功，五馬霜寒嚴鎖鑰；彤廷隆晋錫，雙熊日麗捧絲綸。正西藩入計之時，適南極躔輝之候。升聞駿烈，鼎集鴻禧。恭惟〇〇粹毓奎婁，脉傳鄒魯。金山萬仞，凌泰岳以嵯峨；玉海千尋，濯滄溟而瀲灧。鵬程風力迅壯，扶摇萬里孤翀；燕市電光齊騁，蹀躞千金獨售。銀潢夜曉，螭坳觀上國之光；玉壘天高，雁碣領專城之寄。褰賈帷而行部，威消當道鷹鸇；攬秦鏡以鳌奸，膽落環庭鼠雀。陽和回黍谷，桑麻成覆壠之陰；化雨湛芹宫，桃李映盈門之色。兹者崇勛納祜，厚德凝龢。帝眷循良，已賚龍章鳳敕；天開壽域，仍躋鶴算龜齡。載當建子之辰，式值生申之日。仙籙與丹書並進，海籌將朱紱齊增。椿萱遥戴紫泥封，喜見皇恩有奕；松柏洊含玄露潤，佇看胡考無疆。桂子桐孫，擁琅函而戲綵；木公金母，望玉册以稱觥。且績奏虞廷，歡騰冀野。風嘶斑馬，鏕聯祖帳之筵；雪綻芳梅，錦襯長安之道。某眷鴻飛遵渚，莫罄瞻依；仰龍見在田，何勝舞抃！紅塵拂隼，指祥飆悵切河梁；紫氣連牛，占瑞靄衷同關吏。敢陳一得，用代三呼。伏願福萃箕疇，多承華祝。醉蟠桃於蕙圃，大年游鮐背酡顔；依列棘於薇垣，重望聳鵷班鷺序。丹臺注籍，九仙夜抱歷三徵；赤芾來同，一品朝披榮五服。將杖于鄉，杖于國，銜杯酹瑶草琪花；錫之土，錫之田，曳履佐金甌玉鉉。

賀李大尹上任啓代

芝檢司天，詔出九重綸涣紫；花封應宿，符分百里綬垂青。佇看三異蜚聲，忻見萬靈仰德。恭惟〇〇燕山毓粹，鳳穴探奇。夙成經緯之章，早擅琅玕之譽。觀光升璧澤，才名高萬選青錢；待詔立金門，聞望壓一班玉笋。副爲國求賢之典，已稱東魯神君；矢保民如子之心，再作西秦良牧。舄飛鳧而遥至，襦袴生春；琴傍鶴以初彈，弦歌沸夜。璣衡運化，不言桃李成蹊；玉樹披香，尤幸蒹葭得倚。顧緣分虎，莫遂登龍。遥瞻父母之輝，罔罄子民之職。謹將芹賀，用表葵誠。伏願才展烹鮮，此日牛刀施漢郡；政成製錦，異時龍衮緝虞廷。

賀趙學博升楚中别駕代

鱣堂臨綷縩，三春露浥青衿；鳳沼賁絲綸，五色雲回紫誥。看鴻飛遵渚，知信宿于沙陀；喜龍見在田，識文明于漢水。章縫緒德，簪組騰歡。恭惟〇〇秀發天中，晶孚日表。學窺大酉，包二室以巑岏；才跨長庚，决三川而沆漭。金薤文成吐鳳，追踪梁苑之英；丹崖望重登龍，濟美高陽之彦。于是丁年掞藻，午榜蜚聲。躡雲路于鵬程，六月扶摇直上；探天香于蟾窟，九秋蓓蕾平分。頃移東壁之輝，用布西陲之教。據虎皮而論道，片言昭地緯天經；執牛耳以訂盟，一顧下參旗井鉞。穌風吹上館，環墻桃李發葳蕤；時雨沛滹沱，飲泮蛟螭争變化。芹宫澤滿，楓陛恩隆。紅雲殿上宣麻，色動琅函玉檢；白月關前露冕，榮分皂蓋朱幡。乃陟新銜，爰躋少府。驅車離雁塞，父老扳轅；攬轡下熊湘，兒童負弩。簞筐到處，俄驚雲夢開嵐；綸綍飛時，頓覺星沙轉律。會見五溪蝘蜓，争寒凝戟之霜；九畹蘅蘭，笑迓隨軺之雨。此日鴻仁施白屋，量移馬帳青毡；異時駿烈茂黄堂，伫取麟符緑綬。不佞叨膺旟飾，竊叩鐘鳴。萍梗逢緣，幸藉同人之雅；枌榆辱治，更深來暮之思。瞻紫氣于牛墟，不比尋常仰斗；展丹衷于燕賀，若爲咫尺披雲。是用醵舉蛩私，蘄伸驪唱。春深柳色，西郊喜動遷鶯；化洽棠陰，南國行馴野雉。

賀張憲松倉臺上任啓

白簡肅台班，久識霜威動岳；牙籌監國計，行看露積如墉。喜三階色映天倉，瞻五緯光揺地部。忻從借箸，慶洽同舟。恭惟台臺，海岱元精，奎婁間氣。門盛五千經史，世擁青箱；路搏九萬風雲，早登蕊榜。捧檄懋銅符之績，十奇頌滿花封；含香依瑞錦之窩，三禮序明春署。皂囊披日表，讀彈文鵷鷺生寒；繡斧按天中，行使部豺狼遁迹。兹者，榮承帝眷，特典軍需。庾盡京邊，利病總歸調劑；糈兼正改，盈虚悉屬提衡。石四百萬棼來，粒粒藉神明綱紀；總一十三叠至，人人資靈爽澄清。九在倉曹，率深稟仰。某叨從督史，濫竽通儲。北郭吹竽，慚已往功隳于計日；西臺奉畫，冀將來庇托夫垂雲。敢修沼沚之毛，用賀鼎鉉之祚。一芹不腆，願馳函聊致丹衷；九棘非遥，蘄曳履旋躋紫閣。

闕　題〔一一〕

伏以鎖鑰肅榆關，懋略久推爲憲；旌旗開柏府，殊勛佇奏于襄。建牙之獨座方尊，加額之群情愈永。邊圉鼎藉，宗社維寧。恭惟○○青海神龍，紫霄威鳳。銅柯溜雨四十圍，古色連雲；鐵幹參天二千尺，蒼顔映日。金曹清筦鑰，濟醫瘡剜肉之艱；玉塞壯藩墉，騰破膽寒心之望。日以三韓淪喪，五位震驚。庭議蒼黄，嘆舉朝之皆婦；囊消赤黑，知禦侮之惟公。乃賁明綸，爰惟督撫。朱干繡節，慰兩河士女之迎；黄鉞白旄，奪諸部夷酋之氣。徵兵連屬國，行看遼海澄清；轉戰誓偏師，坐待閭山靖定。某封疆舊吏，草土餘生。仰方叔之壯猶，情深燕喜；景中丞之大烈，念切鴻隨。敢將不腆之儀，用祝無疆之祐。掃天狼，驅地雁，懸知露布中樞；膺澤蟒，受山龍，快睹星高上相。可勝抃舞？莫罄敷揚。

賀馬蒼淵總戎啓

恭惟○○九邊大樹〔一二〕，一代長城。紫電清霜，材擅瑶林之品；龍韜豹略，家傳金版之文。洵爲西塞干城，亶是北門鎖鑰。兹者榮膺帝簡，晋總軍機。三鎮延袤，特領居中之調度；六師團練，專司翊上之樞權。大幕升推，巖疆鼎藉。某幸與同舟之雅，寔深借箸之私。謹薦芹悰，用將葵念。萬惟涵茹，可任顒瞻！

賀孫曙東僉憲啓

伏以瑣闥雲深，雅著清華之望；戟門霜凜，載司紀法之宗。三齊共仰維城，萬國均歌良翰。輝生世譜，慶洽吾曹。恭惟○○玉樹高姿，金莖粹品。夢回吐鳳，筆花摇五色之光；文擅雕龍，案草積三都之富。桂林稱獨步，奮身誇淡墨標題；杏苑領群仙，引手喫紅綾餅餤。桐鄉傳裏，續四郊馴雉之仁；梧掖班中，壯一角神羊之氣。屬者夷氛不靖，國步多艱。維東省之驛騷，廑北庭之顧慮。乃承特簡，用藉擁旄。三尺肅庶僚，攬激揚而爲憲；一廉貞百度，提彰癉以平刑。岳岳泰山，會見妖嵐盡洗。洋洋渤海，行看蜃氣全收。某質愧蒼蠅，幸附騰塵之尾；情同紫燕，寔深賀厦之思。敢竭葵誠，用將芹獻。鵝毛不腆，聊輸遠道之忱；龍角時占，更祝中台之祉。伏惟莞納，莫罄豫鳴。

賀南二太冏卿啓代

伏以方伯控十連而率屬，屏翰功高；冏卿司六馭以居尊，乘輿位重。洊歷奉車之秩，旋升曳履之班。寵溢楓墀，光聯榆社。恭惟〇〇才兼文武，德備中和。孕河源華嶽之靈，玉海金山並麗；探東壁西昆之秀，班香宋艷齊芬。三表靖邊烽，士馬卧龍荒之月；一廉貞憲度，激揚飛豸繡之霜。甘棠到處成陰，旬宣化溥；塞草從風盡偃，岳牧勛崇。吻哉一代真儒，展也百年名世！兹者帝心特簡，人望攸歸。繇二品之崇階，晋六卿之重職。拭輿待警，司漢庭法駕之驅；建鼓清塵，掌周禮寢門之政。如雲如錦，行看騋牝三千；噴玉噴沙，佇見騄駬十二。某恭逢鴻漸，喜效蛙鳴；快睹鶯遷，歡同雀躍。敢致輸芹之悃，用申折柳之思。引領薇垣，慶去天之尺五；叩心槐位，期運斗于魁三。不盡敷宣，可勝抃蹈！

賀潘翔公關臺啓

伏以皂囊封事，直聲久著於蘭臺；繡斧巡方，簡命新隆於楓陛。塞垣鼎重，山岳震驚。恭惟〇〇鋏幹參霄，瓊枝映日。班香宋艷，胸羅玉簡之文；梓晋喬高，世占金閨之藉。青緺霏雨露，萬姓皈心；赤棒散風霜，二鮑歛手。觸邪殿上，聳神羊一角之冠；鳴瑞朝陽，絢威鳳九苞之色。玆者榮承帝簡，特任畿巡。先八使以埋輪，一路豺狼落膽；望六師而攬轡，四郊壁壘生輝。行看遼海澄清，伫見燕山鞏固。某榆關下吏，枌社庸流。幸際絶塵，嘆龍猪之各别；恭逢大厦，同燕雀之歡呼。謹將瑣瑣葵誠，用表區區芹悃。伏祈海納，祇切巖瞻。

賀文制臺啓

伏以榆塞風清，丕奏允釐之績；楓墀日近，旋膺特簡之榮。百辟其刑，萬邦爲憲。恭惟〇〇靈分軌曜，秀拔扶輿。望隆嵩岳之嵯峨，力砥河流之泛瀾。文章華國，人欽八代斗山；勛業殿邦，帝倚百城保障。自閭山以蒞晋水，陰垂兩地甘棠；由冀野而總薊門，威肅千營細柳。伫見鯨鯢浪静，寧夸重譯之來？行看豺虎氛消，不數有苗之格。三韓舞蹈，九罭謳吟。某夙係編氓，片會久深繾綣；今叨屬吏，萬間實藉帡幪。惟是迹類繫匏，悵無由而賀厦；心同傾藿，徒有路以懸旌。肅庀輶程，祇將微悃。伏惟海納，可任岩瞻！

賀魏震夷尚寶啓

伏以八陣壯風雲，玉帳總師貞之吉；九重霏雨露，璽書推晋錫之榮。喜溢邊亭，歡騰朝宁。恭惟〇〇行空天馬，瑞世人龍。慶雲迴五色之章，名高上苑；化日布三春之暖，澤滿河陽。先八使以埋輪，當道豺狼落膽；飭五兵而仗節，連營鵝鸛宣靈。真同南仲旌旗，何異北門鎖鑰？玆者榮承帝簡，特陟符卿。玉檢金泥，暫綰虞廷之瑞；黄扉紫極，行調商鼎之梅。某辱在枌榆，梯榮不淺；恭逢槐棘，借樾良深。敢將瑣瑣微芹，用賀堂堂大厦。

去天尺五，會看鼎鼐居官；仰德函三，竊幸樓臺近水。可勝豫抃！莫罄蛙鳴。

賀劉范董撫臺啓

伏以冏卿奏績，龍媒騰十二天閑；幕府升華，豸節震五千禹服。絲綍焕飛霜之簡，縉紳彈就日之冠。寵溢三蕃，歡流百辟。恭惟〇〇滄溟濯秀，泰岳含靈。襟期恢十萬頃平波，澄不清而淆不濁；聞望應五百年名世，生有自而出有爲。轉雲庇於花封，來肅肅于飛之雁；布風稜於柏府，咤行行且止之驄。攬憲天中，奕維翰維屏之大烈；分猷輦下，振噴沙噴玉之奇聲。驥有德以皆收，野無良而不售。兹者恭承上命，特晋中丞。旭日映旗幢，三晋青山借色；法星迎劍履，一時紫氣騰關。邊城傳震岳之威，士女慰雲霓之望。行山坐靖，汾水行清。某受一廛以爲氓，幸托連雲大厦；效三薰而削牘，願輸獻曝微誠。謹將燕雀之私，用祝夔龍之祉。戔戔束帛，知無當于中涓；赫赫崇臺，冀有光於下際。

賀岳撫臺啓

伏以鈐閣高懸，豸節壯折衝千里之猷；鑾坡首出，魚書總爲憲萬邦之任。定擬妖氛盡洗；懸知邊塞長清。朝野同歡，華夷並仰。恭惟〇〇三吴間氣，百代名流。高摶鵬鶚之程，直上風雲九萬；獨對龍蛇之影，照回禮樂三千。綜模範于八閩，凡馬負龜呈盡入文衡之内；任旬宣於百粤，舉蛟涎象迹同游化國之中。豫章之絳節維新，行省方資七策；孤竹之碧幢載轉，邊亭更藉三犁。慰雲霓則篚實玄黄，偃烽燧則囊消赤黑。兹者帝心特簡，人望攸歸。躋柏府以專征，晋蘭臺而典祕。彤弓玈矢，大中丞權重封疆；繡斧朱旗，都御史威摇山岳。薊門百二地，行看勢奠金湯；

遼海十三山，伫見庭空鐵木。某北門下吏，西塞迂儒。依近水高臺，久切烏栖之念；傍連雲大厦，殊深燕賀之私。敢馳一介于堦前，用效三呼于寓下。龍光咫尺，莫罄瞻依。雀躍踟躕，不盡抃蹈。

贺蔣中原大尹啓

伏以紫垣天迴，高躔列宿之輝；赤縣風清，健睹雙凫之賁。春回四履，慶洽千封。恭惟〇〇九鼎標奇，六符翊運。才驅班馬，家傳玉蕊之華；望矗夔龍，世占金閨之籍。探天香于桂窟，蚤躡嵬科；敷雨化于芹宫，共推先覺。兹者九重推轂，三晋分符。移鹿洞之師資，爲雁門之保障。密琴纔試，争傳户滿弦歌；欄薦行登，伫見名高鼎勒。某叨從世譜，得講年誼。幸側編氓，獲詹宸宇。被長裘十丈，寧渠五袴之蘇？托大厦千間，何啻一廛之受！衹緣苫次，未展觥私。敢輸沼沚之毛，用叩雲霄之履。伏惟海納，可任巖瞻！

校勘記

〔一〕“尺牘”，底本作“句注山房集”，爲方便區分，改爲“尺牘”，下文統改，不再出校。

〔二〕“提”，當作“隄”。

〔三〕“周宫”，當爲“周官”之誤。按前文已見“周官六計”，出《周禮》。

〔四〕“疆埸”，疑當爲“疆場”。按前句中之“三接”典出《周易·晋卦》，此非戰事，言管理邊疆之臣事（包括戰事）。

〔五〕“沽”，似當爲“沾”字之誤。

〔六〕“蕳”，似當爲“簡”字之誤。按前文不斷出現“簡在”一詞可證。

〔七〕“夘”，當作“卯”。

〔八〕“停”，當作“佇”。

〔九〕“兩”，當爲“雨”字之誤。按“隨車雨”爲古漢語成語。

〔一〇〕“逄”，當作“逢”。《顔氏家訓》云：“逄、逢之别，豈可雷同。”古贊某人，必上溯其先，賀主關姓，故上溯關龍逄。

〔一一〕原書漏刻標題。

〔一二〕按文例，此前當有幾句類似“冒頭”的話，此缺。

尺牘卷二

啓賀類

賀沈相公元旦啓代

虎朔回元，報條風而改歲；龍圖納祜，迓穀旦以登年。唯三階燮理功高，斯萬世雍熙景淑。恭惟○○巖瞻有赫，海度無疆。隆重望於金甌，劑清和於玉燭。台星映斗，揚八柱之巍峨；霖雨瀰天，潤九寰之枯槁。贊化以齊七政，授時更啓三陽。柏酒稱觴，和玉衡而介祉；桃符入户，雜金勝以凝祥。凡承夏屋之帡，率藉春臺之履。某蟪蛄餘息，菅蒯微生。感日月之方除，知賜箸恩先紫極；睹地天之交泰，想鳴珂道長黄扉。奈病骨崚嶒，莫展堦前百拜；而歡心踴躍，爰從塞下三呼。敢托鴻椷，聊申雀悃。伏願七辰杓運，大年隨鳳曆俱增；六甲符飛，遐福與龍躔並永。

賀朱相公元旦啓代

青帝司辰，喜萬國同臨首祚；黄扉届祉，慶三階獨得先春。鈞陶應節序以凝和，德業趂韶華而進盛。天開泰運，人際豐享。恭惟○○道合陰陽，功參造化。梅調九鼎，持玉鉉以平衡；象列六符，映金繩而拱斗。濟民生于富庶，培國脉於和平。雖三月麛裘，暫邇宣尼之謗；然九天龍衮，終資山甫之功。緊此鎮俗崇標，洊歷履端佳候。五辛堂上，争傳白玉青絲；萬竹庭前，快睹黄幡綵仗。道隨陽長，福與日新。某仰鳳曆之初頒，知七政調從樞筦；見龍躔之漸易，諒五辰運自台垣。敢具鵝毛，聊將燕賀。

伏願體元有道，春王一統奉瑶圖；贊化無爲，夏正萬年和玉燭。

賀湯太史元旦啓代

寳曆頒春，四象初回四始；玉堂受祉，三元再錫三多。仁風將淑景俱流，野曝暨微陽並進。有懷藜杖，願薦椒觴。恭惟〇〇德合陰陽，才侔造化。横襟虎闞，赤文緑字生輝；視草鳳池，玉檢金泥動色。擅北門之清要，寵冠私人；攬西掖之菁華，尊稱内相。蓋大德旋成大業，既用世於文明；人和載會天和，復延禧於道長。瀕兹鷄旦，允祐龍圖。夏正開祥，曄曄三臺增福曜；春王肇祚，綿綿百禄粹豐徵。某藉庇雲帡，莫罄瞻依之念；揚休星紀，何勝忻躍之私！謹將葵藿微儀，用佐桃蘇盛事。伏祈和神養素，宜首祚以偕時；崇好榮觀，應履端而納祜。

賀王太僕元旦啓代

天閑運斗，龍媒騰四牡之光；星紀回陽，虎朔肇三元之祉。際磔雞於改歲，宜獻鴿以輸忱。履泰方新，負暄伊始。恭惟〇〇滹汾間氣，參井元精。鼓鑄太和，不啻陽春有脚；斡旋元化，實同大造無私。挺直道於烏臺，行行且止；秉淵心於冏寺，繹繹斯臧。日者緑野開堂，解塵纓而涉趣；兹焉蒼穹轉軸，依暖律以凝祥。五辛和味薦雕盤，勝日忻逢首祚；六甲分干排玉曆，長春喜應靈辰。某仰棘府以馳神，衷懸燕賀；捧椒觴而獻歲，術阻鳧趨。謹將沼沚之毛，用祝台垣之祜。伏惟莞納，無任葵傾。

賀胡給諫元旦啓代

青帝噓陽回北斗，一元開蓂莢之祥；黄門納祜醉東風，萬壽應椒花之祝。捧玉衡而效頌，有意懷暄；闢瑣闥以延禧，如期戩穀。恭惟〇〇三秦間氣，一代名臣。陶冶陰陽，四象轉盈虚之轂；節宣天地，一中分造化之符。搦雙管於東臺，春生八舍；拜五衣於南省，影射千門。當兹除舊之時，允納維新之祚。龍躔開福曜，木公洊履到中臺；雞朔啓靈辰，金勝迓祥來大府。某枌榆竊廕，秋毫總籍鴻慈；桃葦瞻休，春育忻逢駿祉。敢將芹葉，用展葵心。伏願寅亮天工，齊七政常調玉燭；申重帝眷，歷三階佇覆金甌。

賀卞勛司元旦啓代

玄鑑垂離，贊平衡於北斗；青逵出震，收上履於東皇。璇璣與七政均調，鼎鼐與六符並峻。崇毫納祜，下吏懷暄。恭惟〇〇健順儲精，貞元應運。泰階需蓂，長春流四序之穌；師錫咸孚，時夏布三陽之暖。春風吹玉律，幽岩桃李生香；秋月照冰壺，遠道參苓借色。惟兹泰始，載即亨嘉。萬竹揚煇，映桃符而集慶；七松分瑞，調柏酒以迎禧。某雁塞備員，借帡幪於藥籠；雞辰叩祉，切繾綣於椒觴。無能效鵠趨朝，有意懷鳩獻悃。伏祈道隨時顯，黄樞倚黄道以先收；福與日新，玄祚應玄精而獨茂。

賀劉兵憲元旦啓代

一氣回元，正大府交亨之候；三陽轉運，會長春啓泰之辰。序將除舊而生新，勛已成終而復始。三階肇祉，萬國昭蘇。恭惟〇〇宇宙同春，日星爲紀。攘夷安夏，恩威符天地之貞；緯武經文，翕闢妙陰陽之德。播餘庥於龍塞，庶彙咸熙；流剩潤於雁關，纖氛盡洗。某瞻依孔邇，忻忭彌深。仰靈朔之更雞，用輸忱於始歲；效正朝之獻雀，圖展慶於新年。敢曝芹悰，聊將椒頌。伏願功收燮理，調玉燭于無疆；秩晋台衡，覆金甌于有俶。

賀任兵憲元旦啓

椒花獻頌，慶三陽開泰之期；芹葉輸誠，效一念懷暄之款。仰先春於寅柄，快睹龍躔；祈首祚於辛盤，聊將燕賀。恭惟〇〇三階襲吉，五緯含華。德備中和，履金臺而應運；猷分燮理，調玉燭以匡時。煦日象春温，暖律潛回黍谷；條風當協氣，寒灰頓起葭筒。緊兹正始之辰，允納罄宜之福。某燕都拜爵，識荆殊感勤渠；雁塞分籌，慕藺尤深眷戀。况當歲改，曷任岩瞻！敢修獻雀之儀，用贊畫鷄之事。鵝毛道遠，惟希莞納南溟；虎朔方新，更祝崇階北斗。

賀袁兵憲元旦啓

龍躔在卯，離明永奉春王；虎朔回寅，泰運重頒夏正。履端伊始，受祉維新。恭惟〇〇德茂涵三，功昭吹萬。筦金錢于粉署，霜沁孤松；開玉帳于白登，風生細柳。薊門轉律，潛回有脚之春；燕谷升羲，廣布無私之照。六符並序，七德交綏。載當出震之期，永迓如川之祐。五兵不試，舉蒼黔悉囿春臺；百順駢臻，盡劍履咸歸福極。某披雲塞下，夙荷鴻慈；頃日天邊，今懷燕喜。敢附椒花之頌，用申芹葉之忱。伏祈道叶三陽，萃亨嘉于獻鵠；勛崇百辟，斂昌熾于圖麟。不盡瞻依，可勝抃舞！

賀南道尊元旦啓

寶曆凝和，喜見三陽洊轉；玉衡獻瑞，忻逢萬福來同。當青幡表節之辰，正緑幕延禧之候。道隨時泰，慶與春長。恭惟〇〇河華苞靈，奎婁毓秀。文昌回斗極，化行禮樂三千；武曲壯鈎陳，胸有甲兵十萬。滹沱凍解，澤流貫地之膏；句注氛消，惠普彌天之照。駿業與昌辰並進，鴻猷將淑景俱新。兹者，夏正履端，春王介祉。桃符明甲帳，懸麗日於轅門；柏酒上辛盤，醉東風於鈴閣。祥紛葦索，頌衍椒花。某版部羈身，莫睹磔雞之政；編氓奉朔，蘄伸獻雀之忱。敢介葵誠，用將芹念。鵝毛道遠，可勝三沐三薰？龍首歲新，願祝五章五服。寅悰不戩，丙照惟殷。

賀李道尊元旦啓

地轉蒼精，快睹青陽出震；天開黄道，再看紫氣回寅。四始方新，千禧有俶。恭惟〇〇範圍造化，陶冶陰陽。依玉燭以調元，桃李春涵膏雨；揭金莖而運治，茹茅日藉餘輝。望係龍光，樂只應南山之祝；威行雁塞，具瞻孚北斗之尊。一德格天，三元獻歲。新年新月，荷真宰之宅工；勝日勝時，諗中台之戩穀。某久甘委頓，夙荷提携。頃者，濫綬齊東，回首不忘繾綣；懷恩冀北，傾心更祈吹噓。敢將芹葉之誠，用代椒花之頌。伏願六符肇祉，萬福攸同。占爨䨏慶雲，應履端于雞旦；撫曈曨曉日，迎首祚于龍躔。

賀太守元旦啓代

玉琯動葭灰，臘氣潛回北陸；金堤翻柳色，韶光再轉東皇。天時與人事俱新，福澤及官階並進。恭惟〇〇斡旋玄化，政刑總屬裁成；鼓鑄太和，民物皆歸覆育。協炁不遺於菅蒯，陽和頓轉于培塿。彩幣惠施，華題寵賚。愧未盡子民之職分，乃過蒙父母之恩私。鰲戴何勝？蛙鳴莫罄。值此迎陽之候，宜申獻曝之忱。芹葉無文，願佐辛盤生菜；茅沸不旨，蘄隨子夜屠蘇。伏祈楓陛承庥，椒觴納祜。節宣元運，收六符克序之功；熙養天龢，應萬福攸同之祝。

賀部司端陽啓代

榴火噴丹，映朱明而獻瑞；蘭湯涌素，潑碧落以生香。良辰喜際天中，野曝期伸塞上。敢將薄貢，用展微忱。戔帛無文，願佐靈府絿綫；荒芹不腆，蘄隨角黍蒲觴。蓋鳩司坐撫南薰，洊膺景貺；故梟湆恭陳北闕，遠布愚私。伏祈午運臨階，丁年晋福。題懸艾虎，氛清百二河山；鏡綰銅龍，明被三千桃李。

回晋藩重陽啓代

龍樓夜曉，俄驚滌暑之辰；雁塞秋高，忽拜迎涼之賜。捧琅函而增惕〔一〕，感絳佩以知恩。寅惟殿下，夙隆齒冑虚懷，雅抱同人佳興。白茅青社，已膺純嘏于三階；緑酒黄花，更樂清寧于四美。頃頒駿惠，乃賁羈臣。萬鎰平分，瓊玖與雲霞並麗；十行鄭重，絲綸將雨露齊霏。顧念材愧題糕，揄揚莫罄；技慚緩箭，報稱何能？謹薰沐以披肝，祝龍鱗之九九；敬詹依而叩首，期鶴馭于三三。嗣謝維寅，鑒原冀丙。

回制臺重陽啓代

白鉞朱干揮妙略，久推重望；紫萸黄菊撫佳辰，更布餘芬。瞻鼎鼐之常尊，愧瓊瑶其莫致。如某者，壯心空老，未成落帽風流；病骨何緣？乃辱佩囊嘉惠。文綃日展，一函寵溢于兼金；寶墨雲迴，片語榮過于華衮。開緘色悚，展貺魂摇。依躍雀以騰歡，感激似倉庚博舌；附飛鴻而伸謝，皈依同白雁隨陽。銘勒有懷，敷宣莫既。

回大尹中秋啓

月高桂苑，忻逢剥棗之期；露湛花封，猥辱投桃之愛。撫芳辰而滋惕，捧嘉貺以知榮。寅惟〇〇玉燭流輝，金穰協瑞。一塵不染，囿四封於冰壺水鑑之中；萬象俱融，躋百姓於瑶島丹丘之上。當兹令節，更普多儀。金薤琳琅，忽訝鈞天之奏；木瓜瓊玖，恍疑銀漢之投。禮並恩逾，感兼愧集。登嘉大惠，慚無一綫之酬；歌舞至仁，但有千秋之祝。肅占荒楮，祇附葵傾。

回大尹長至啓

恭惟〇〇德合凝符，功弘轉律。雲占五色，屢書大有之年；日啓重華，載會迎長之旦。協氣旁流于蔀屋，玄風普被于花封。當一陽來復之時，收百順咸宜之祉。豐禧茂衍，泰道初亨。某獻履懷私，愧未申夫片念；承筐載寵，猥獨荷乎多儀。濫士會之餚蒸，何當飽德；叨穆生之醴酒，祇覺醉心。惟景附周圭，冀日新其明德；身依夏鼎，祈洊陟于台階。感激良深，敷宣莫罄。

回大尹元旦啓

青帝司晨，暖律報春王之正；朱提載寵，寒檐生夏屋之輝。拜手騰歡，揚眉頌德。寅惟〇〇五辰間氣，三極元精。鳴禽座擁薰風，陽春有脚；飛舄車隨膏雨，化育無私。人和洊迓天和，新祉仍多舊祉。當花縣流芳之日，正椒觴獻歲之時。方歉懷暄，忽蒙垂露。赤蹏爛漫，恍然瑞日臨軒；白鏹焜煌，宛爾祥雲賁户。神驚異數，色動殊榮。謹盥手以登嘉，敬鏤心而鳴謝。三百六旬伊始，喜龍躔乍轉鴻鈞；二十四考維初，願麟閣高題駿烈。

又〔二〕

恭惟〇〇政播和風，仁昭愛日。無私造化，隨泰道以重新；有脚陽春，應履端而並轉。緑楊紅杏，争回滿縣之蘇；白叟黄童，競〔三〕舞遊衢之治。柏葉觴傳萬户，忘帝力以酣歌；椒花頌集一堂，對王春而酌酒。獻歲之純禧伊始，如川之茂祉方來。某希丙照於崇臺，有懷葵向；庀辛盤於令節，莫致芹私。反辱瑶緘，過承珍貺。華箋滿幅，儼高臺呈瑞之雲；豐篚連函，疑首祚凝祥之露。拜嘉色赧，揣分魂摇。惟願管運黄鐘，佐垂裳而贊化；紋分彩綫，效補衮以收功。不戩下懷，可勝鳴謝！

回大尹端陽啓

恭惟〇〇靈分東井，化洽南薰。蘭氣絪緼，幕群生於瑞靄；棠陰蔽芾，樾萬户其清涼。五兵盡化爲犁鋤，不必赤符之佩；六沴都消於槖籥，無煩綵綫之縈。某席廕花封，分榮桂譜。纖纖一縷，莫輸在笥之供；璨璨百朋，猥辱承筐之惠。省循增恧，登對知榮。顧饋出魯臺，周急何殊九鼎；而恩沾楚澤，懷賢竊愧三閭。感激銘心，拜嘉頓首。

又

恭惟〇〇業配函三，化孚璇七。對南薰而鼓瑟，民慍咸舒；奠北徼若覆盂，妖氛盡洗。政成黼黻，人懷續命之絲；德比帡幪，家佩辟兵之印。蒲無須於九節，咻噢常熙；艾不必於七年，呻吟頓起。某忻逢瓦影，廕切龜魚；幸托檐牙，歡同燕雀。沐汪洋之闓澤，潤擬蘭湯；披淡蕩之清風，涼生葵箑。方懸情於薦黍，忽辱惠於投桃。戴岳難勝，飲河知足。緇衣比愛，空懷綫縷之忱；華衮疏榮，深愧瓊瑶之報。汗惶轉午，肅謝惟寅。

賀制臺重陽啓代

化洽函三，懋鴻勛於玉壘；陽回重九，收駿祉於金天。矧狼烟息儆西陲，政羊脯迎涼北地。有懷泛菊，曷任傾葵！恭惟〇〇八柱擎霄，六符翊運。張弛勝算，鞍横宋武之刀；泮涣良辰，臺戲劉公之馬。茱萸紛大漠，寧夸鶴寺冥搜？桑苧[四]趂高飆，不數龍山汗漫。職衣沾覆露，厦托連雲。仰懷卧鼓雄風，非敢效白衣之獻；俯幸枕戈勝日，祇圖伸絳珮之思。不腆遥將，純禧上祝：伏願一尊酬鎖鑰，逡巡暫閲黄花；千騎駐旌旗，談笑常閑赤羽。殊慚塵瀆，伏冀台融。

賀晋王重陽啓代

海潤星輝，百世衍銀潢之祚；虹消雨霽，三秋分玉宇之奇。撫蓂莢九滋，瑶圖並璨；攬茱萸一握，翠帳生馡。瑞叶維城，歡均合殿。恭惟〇〇梓材法訓，桐葉承基。倣姑射以凝神，蚤謝十眉雙帶；登太行而覽勝，兼陳六羽三金。喜當重九之期，快睹億千之福。憑高引興，龍光雜襛佩以交輝；應候熙和，麟角擁瘿符而介祉。某叨陪輦轂，夙慕圭璋。仰桂樹之連卷，蘄斟楚醴；臭菊英之馥郁，擬賦梁園。敬薦葵誠，用輸芹獻。茅柴不旨，願調漢苑之莖；戔帛無文，敢綴周王之衮？唯冀道隨時長，德與日新。以孝以忠，三善常綿玉牒；之屏之翰，千秋永奠金甌。

回姚總戎年禮啓

輦闕迎春，五木映靈椒之色；轅門轉律，六花生細柳之輝。肇玄祐於青陽，良將禧延此日；受素書於黄石，豎儒進履何時？方深獻藿之思，復辱投桃之惠。可勝汗背，莫任惶顔！捧白鏹之焜煌，頓覺瓊瑶奪目；睹赤文之璀璨，俄驚星斗流光。無能輸楚客疏麻，有意屬漢家大樹。伏願春王錫福，肘懸金印獨登壇；夏正凝祥，手植桐標先報捷。

賀張憲松倉臺端陽啓

恭惟台臺，功參玄造，德配朱明。攬秦鏡以釐奸，不必波心之鑄；携舜絲而補衮，無煩袖臂之垂。五兵盡化爲禎祥，妖氛頓洗；萬户同游於清淑，酷暑潛驅。當兹重午之時，茂衍由庚之福。蘭湯初試，濯甘露以延禧；蒲酒細傾，醉熏風而納祜。某有懷梟涪，莫遂鳧趨。敢將傾藿之悰，用表獻芹之念。溪毛不腆，期娛虎艾佳辰；黍角非馨，願佐龍舟樂事。伏惟海納，曷任岩瞻！

賀方老師端陽啓

紫極調元，斡斗勛猷獨茂；朱明介祉，如川戩穀駢臻。六符高轉午之躔，九鼎萃由庚之福。歡騰朝署，慶洽門墻。恭惟老師台臺，道配黄離，功參玄運。爲濟時霖雨，沃傳[五]野以蘇民；作解愠熏風，度虞弦而阜物。燮理陰陽在手，衍伏都消；彌綸造化生心，天喬並適。當此中元令節，聿應上宰純禧。仙艾垂門，雜堯蓂而獻瑞；靈絲緝佩，依舜衮以凝祥。辟五兵不必懸符，迓百禄無須采术。麥雲梅雨，撫佳辰乍聽鳴蜩；黍角蒲觴，追勝事還看結虎。某遥瞻絳帳，竊抱丹衷。敢將負曝之私，用祝迎陽之祜。肴蔌不腆，期隨漢殿梟羹；蔬果非馨，願附周家桃實。伏惟莞納，曷任抃呼！

回端陽節啓

某地部虚延白日，天時忽際朱明。方深畜艾之思，猥辱浴蘭之惠。綫材易斷，何當續命新絲；病骨難支，豈任辟兵佳佩？捧蒲觴而飲德，知九節之自天；嗅黍角以含恩，嘆三閭於此日。謹登四品，用志高誼。伏楮三薰，臨言九頓。

端陽節啓

恭遇赤帝司辰，朱明介祉。靈符綵綫，平分天上休嘉；角黍香蒲，共奏人間樂事。〇〇功隨陽長，福與時新。納萬户於清凉，陰消趙日；去三庚之酷暑，廣布虞風。某夙企槐階，親承柏樾。有菀者柳，久瞻芝蓋雲蚺；薄采其芹，願佐蘭湯雪液。敢將不腆，用展微忱。伏乞莞存，可勝抃幸！

文制臺元旦啓

伏以曆回虎朔，一元之景象維新；氣轉龍躔，八座之禎祥鼎集。轅門日麗，鈴閣烟清。恭惟〇〇德配函三，功弘吹萬。播余庥於雪窟，燕山庶彙咸熙；流剩潤於冰天，遼海群氣漸洗。慶同春育，何妨禳厲西陲；惠協陽舒，安假放生東部？某情深燕賀，分阻凫趨。敢驰一介之緘，用叩三台之祉。伏願執玉衡而扶夏正，常持北斗之樞；銷金甲以事春農，永布東皇之律。

王制臺元旦啓

伏以三陽臨泰運，逢虎朔之維新；百禄萃師貞，慶鴻禧之鼎集。春融玉帳，喜溢金城。恭惟〇〇秉鉞專征，當杓運化。百萬兵在腹，决千里之折衝；十二律爲宫，備四時之全德。氣調鄒管，暖回榆塞封疆；晷轉羲輪，春滿檀城草木。干旄簇簇，轅門之畫戟生光；笳鼓填填，毳幕之夷歌成韵。岸容犹带臘，映沿邊戎馬來歸；山意欲冲寒，看遠隊郊垧〔六〕出賞。青規應候，躋全鎮于泰階；黄道開祥，措群生于震旦。某忻逢介祉，茂對昌辰。幸瞻調燮之勋，敢乏勤渠之悃？一元正始，稱柏酒以迓庥；千里將心，奉椒花而獻壽。伏惟海納，可任淵兢！

督撫元旦啓代

伏以龍躔易酉，萬年開天啓長春；鳳翔回寅，四始洊人寰佳候。青皇惠溥，碧幕祥多。恭惟〇〇手綰魁三，心函璿七。奎圖璧府，久高東觀之文名；井鉞參旗，更壯西陲之武略。攘夷安夏，銷金甲以事春農；贊化調元，攬玉衡而扶夏正。八風均四序，陽回紫塞之山川；五炁格三辰，暖度黄沙之草木。時當改歲，祉受維新。翠柏紅椒，已見稱觴同樂；黄扉紫閣，還期曳履先登。某雍鄙孤蹤，晋藩下吏。奉朱旗于柏府，幸切烏栖；瞻綵仗于華年，殊深雀躍。奈緣匏繫，莫隨摳趨；敢肅芹悰，用將抃賀。伏惟丙照，可任寅恭！

按臺元旦啓代

伏以春王大一統，紫垣頒應蓂之辰；夏正首三元，青帝薦如茨之禄。鴻鈞律轉，豸肅春融。恭惟○○天地同貞，日星爲紀。皂囊封事，飛萬里之風霜；赤棒巡方，沛九寰之雨露。搏婉陰陽在手，調庶彙于昭蘇；彌綸造化生心，措群生于熙皡。當鳳曆迎和之候，正烏臺納祜之時。炁叶重光，禎孚太簇。五辛堂上，醉椒觴瑞靄屠蘇；列柏堦前，聽竹爆氛清鬱壘。道自臨而之泰，福除舊以生新。某仰雲近雪消，每切懷暄之念；見柳舒梅放，寔深負曝之思。敬擷溪毛，用輸祉[七]悃。一芹不腆，敢期隨鵠獻同將；九棘非遥，伫看與龍躔並進。伏惟莞納，莫罄汗皇。

餉司元旦啓代

伏以寳曆日升華喜，四海同臨首祚；玉衡星獻瑞慶，三階獨履先春。序轉天元，休迓地部。恭惟○○道回黄始，德合青規。軫民力于三空四盡之餘，野無陰沴；濟軍興于百孔千瘡之候，塞有陽春。協氣洽三雲，在在見馬騰士飽；太和開萬井，人人稱澤沛泉通。載當頒朔之時，茂衍如川之福。桃符葦索，聯粉署以凝祥；柏酒椒觴，對青宵而納祜。某遥瞻龍角，幸分乙夜之光；虔致鵠心，願上三朝之賀。芹悰不腆，葵獻維殷。伏祈鑒涵，可勝珮結！

邊道元旦啓代

伏以龍沙轉律，争傳紫塞之風清；雞旦更端，又報皇州之春曉。茂烈與東王並進，新禧將北斗齊高。恭惟○○造化生心，陰陽合德。鐃喧鼓角，百城之組練維新；劍倚旄頭，五路之烽烟盡洗。運金繩于鈐閣，助成四序元功；調玉燭于戟門，散作八荒和氣。值兹虎朔，益懋鴻庥。黄道凝祥，趂三陽而洊履；青皇介祉，遒萬福以同升。某幸托依魚，衷懷獻鵲。嗅辛盤之味，期陳勝日靈椒；迓甲帳之穌，願上佳辰生菜。三百六旬伊始，知泰道彌昌；二十四考方來，看師貞盡吉。區區芹曝，切切茹涵。

司道元旦啓代

伏以條風布暖，三陽臨泰始之期；穀旦延熙，百禄萃履端之候。歲更人統，祉受天庥。恭惟○○體備中和，功崇調燮。文經武緯，妙闔闢之玄機；陰慘陽舒，會剛柔之大德。鼓太和而鑄世，合雷霆風雨總屬化工；鬯元氣以蘇時，盡草木昆蟲同歸澤國。當小往大來之際，應生新除舊之禎。驅殘臘于磔雞，絳節與青幡並麗；賀正朝而獻鵲，椒花將柏酒齊芬。福與日增，道隨時長。某悵紅塵之滚滚，念切隨陽；撫春日之遲遲，情深負曝。敢修寅悃，用佐辛盤。花信二十四翻，伫看氛清大漠；星紀萬八千數，行占瑞繞中台。不盡歡呼，可勝抃頌！

制臺中秋啓

伏以柳營萬隊寒生，應幕府威嚴之治；桂魄一輪光滿，符靈臺湛徹之心。辱在照臨，敢忘謳頌？恭惟○○明懸水鑑，清映冰壺。北帝聲空萬户，衣砧暫息；南樓興逸八門，刁斗俱閑。當三五之良辰，萃百千之遐祜〔八〕。碧漢披開雲障，玉樹雙清；丹霄駕出星河，金莖並粹。佳時不又，樂事難逢。某叨列下僚，祇深遥戀。守官遵約束，固難親覿以覲台光；戒僕肅函封，汔可代趨而申素悃。謹將芹獻，用展葵誠。果餅非馨，取象蟾蜍之影；茅柴不旨，借名沆瀣之零。伏祈莞付中涓，叱投外湢。願椎牛而饗士，喜看太白秋高；蘄放馬以歸朝，希賦流黄夜永。可勝惶仄？莫罄瞻依。

制臺重陽啓

伏以司馬恭行九伐，正天家篤祜之時；清商序屬三秋，適星駕延禧之候。凉迎幕府，勝覽邊庭。恭惟〇〇玉律扶陽，金穰造世。霜高弭節，九天惠露都零；月滿關山，萬里寒雲盡掃。當細柳長楊之會，值插萸泛菊之辰。日麗旌旗，快睹威行虎穴；風來閶闔，懸知興溢龍山。遊不假于宋臺，吟頓高于滕閣。某遥瞻北斗，無能從赤羽之騶；俯對南山，有意上白衣之酒。敢將芹獻，用表葵誠。稼納南畞，慶人宥胥天萬寶；柑傳北殿，羡寵膺韓圃秋容。伏乞台融，統希涵茹。

制臺冬至啓

伏以風靖北門，慶幕府威行絶漠；日歸南陸，喜緹帷律轉微陽。望叶書雲，情殷獻曝。恭惟〇〇陰陽合德，造化同貞。嘘鄒管以回春，蘇萬彙于大鈞之表；登魯臺而視朔，和百寮于小會之中。兹者亞歲迎祥，履長納祜。連珠合璧，忻逢不改之天心；開荔出蘭，快睹方新之人事。某遥瞻八座，俯效三呼。敢因薦黍之辰，敬展傾葵之念。灰飛六琯，行看鈴閣梅繁；澗采一芹，伏乞兵厨莞納。

與總戎元旦啓

伏以夏正迎和，寶曆忻逢泰運；春王介祉，玉衡慶集師貞。

當龍躔轉晷之時，政虎帳延禧之候。歡騰細柳，念切疏麻。恭惟〇〇德普函三，功隆吹萬。魚麗威宣紫塞，厝六軍于化日春臺；龍韜氣吐青萍，讋百虜于冰天雪窟。兹者欞耑大帥，咤風雲榆塞行邊；節届上元，迓歲月椒觴納祜。青幡彩杖，喜分四始之祥；白鉞黄旄，伫奏三犁之績。某謬從借箸，幸附同舟。遥聞爆竹新聲，益切輸芹積悃。又是一年光景，轅門看葦索桃符；應知四海昇平，油幕薦蘭湯柏酒。可勝祝頌？不盡詹馳。

回總戎元旦啓

伏念某疏庸濫秩，老大生悲。雲物蔽星辰，每嘆烽烟載道；風塵消歲月，寧知蓂莢更新？方驚過隙之駒，乃辱正朝之鵲。繽紛白絹，疑七襄從河漢飛來；爛熳朱提，恍五貝自雲霄擲下。情文備摯，感激良深。謹對使以登嘉，敬緘辭而附謝。三百六旬伊始，喜同瞻軒曆羲圖；七十二候方調，願早見堯天舜日。敷宣莫罄，銘泐何勝！

校勘記

〔一〕“愓”，依文意似當爲“惕”字之誤。按“愓”字兩讀，一音dàng，義爲放蕩、凶悍；一音shāng，重疊義爲行走身直貌。俱乖文意。

〔二〕次題“又”，依本書體例，同題（《回大尹元旦啓》）之文，有兩篇以上者，第二篇皆題“又代”，標明爲他人代作。凡題後無注“代”字，皆爲作者自己寫給題目所示之人（如本題“大尹”）之啓，作者不會同時給一人因同一個節日發去兩篇啓，第二篇以下皆爲代他人之作，故此題“又”下疑脱一“代”字。下文《回大尹端陽啓》之後題“又”，同此。

〔三〕“兢”，當作“競”。

〔四〕“苧”，疑當作“苧”。

〔五〕“傳”，當作“傅”。

〔六〕“坰”，原文從玉，誤。《説文》冂部：“郊外謂之林，林外謂之冂。”“冋同冂”，“冋，同坰”，坰同埛。卷六《遊極樂寺》“空王臺殿帝城埛”可證。

〔七〕“祉”，當作“沚”。

〔八〕“祜”，原書該字從“衤”，誤，徑改從“礻”。下文重出者，一律徑改，不再出校。

尺牘卷三

啓壽類

壽晉藩啓代

龍文高六服，銀潢開保世之基；鶴算擁三徵，玉室啓長生之籙。五夜輝躔南極，千齡喜注東華。福萃名藩，歡騰上國。恭惟殿下桐葉綿休，梓材亢世。金枝玉幹，企高高晋晋之祥；青社白茅，衍穆穆皇皇之祚。散清芬于楚醴，寧夸河間求賢？霏麗藻于梁園，不數東平樂善。玆者天綏后禄，帝予遐齡。大年隨大業俱臻，上壽以上王獨茂。載當佳候，適介靈辰。一葉莢飛祥，趂桑弧而耀采；九莖芝獻瑞，偕桂斧以生榮。琪花及瑶草齊陳，火棗與交梨並秀。想木公金母，同稱萬壽霞觴；松子麻姑，共薦千秋雪藕。列服望丹扉叩祉，諸王擁絳節承歡。職揚在鎬清時，魚依莫罄；望連闕紫氣，燕豫何勝！謹將北海之尊，恭上南山之頌。伏願箕疇鼎集，華祝駢增。億萬載勒丹臺，常扶帝轂；百千秋垂赤芾，永奠皇圖。

壽瀋藩啓代

桐樹衍慶，萬年承奕葉之基；桃實呈祥，五福介神明之胄。輝躔吉曜，喜溢靈辰。恭惟殿下玉牒奇英，銀潢盛派。求賢若渴，追桂樹之芳聲；主善爲師，法梓材之嘉訓。爰亢宗而作對，更保世以維城。玆者日茂璇源，天開壽域。瓊樓十二，遥迎南極之光；玉宇三千，遍布西庚之采。琅璈紛雅奏，九成絳雪横飛；

珖瑁敞華筵，三變玄雲低護。會見樓前花萼，含沆瀣以垂芳；佇看砌下蘭芽，映曨曈而發秀。丹臺祉萃，寶曆春長。某謬典鐵冠，榮分珠履。望壺山之紫氣，燕喜何勝！挹漳水之清波，魚依莫罄。敢將華祝，用效嵩呼。伏願鶴算昌齡，龍符保國。惟忠惟孝，綿一人水木之宗；不競不絿，殿萬載岡陵之祚。

壽李相公啓代

金鼎調元，斗北壯三台之曜；玉衡誕瑞，弧南輝五夜之躔。黄扉平格以延禧，紫極作朋而納祐。疇添五福，祝擁三多。恭惟〇〇命世真儒，致君元老。孕平海嘉禾之秀，宣靖齊芳；探小山叢竹之奇，考亭濟美。巍科兩冠，天邊露浥三危；臚唱初傳，日下雲生五色。横經虎觀，弼聖學於光明；視草鸞坡，贊皇猷於舄奕。貢夆[一]闢英雄之彀，攬瀛洲十八神仙；成鈞司禮樂之宗，收洙泗三千俊彦。宫詹學士，佩摇華蓋動星占；宗伯尚書，履曳文昌依日表。步沙堤十里，望重金甌；佐丹陛九重，功高玉鉉。人情賢夢卜，争誇司馬當朝；天意兆禎符，更喜非熊介壽。維兹建戌，適值生申。玉室呈祥，三島現長生之籙；珖筵祈祉，千年稱難老之觥。凡在登龍，率懷獻鴿。某棲遲北鄙，無能葵藿輸忱；瞻仰南山，有意臺萊效頌。敢將燕賀，用叩鴻庥。伏願帝簡精忠，天綏后禄。五百年名世，喬木垂陰；八千歲爲春，蟠桃結實。將壽民壽國，永清萬曆乾坤；而懋賞懋官，常被一人雨露。

壽沈相公啓代

内閣調元，協氣靄魁三之位；中台拱極，璇光聯太乙之輝。金甌依玉陛以分榮，紫霧拂丹臺而獻瑞。天開壽域，地涌崧歌。恭惟〇〇千載真儒，百年間氣。龍墀對衮，九天日月生華；鳳閣燃藜，五夜星辰動色。持衡登棘府，望隆八座之尊；曳履踐楓宸，聲動九重之眷。公平正大，兒童知司馬之名；忠介剛方，僚寀仰夔龍之德。日者沙堤新築，據鼎鼐以佐皇猷；玉鉉平分，作鹽梅而弘相業。風裁明赤舄，回既倒之狂瀾；雅範肅黄樞，振猶存之直道。故上壽以上人獨茂，大年與大德齊昌。維兹上巳之春，適值生申之日。華封效祝，瑶山增不老之禧；箕範凝疇，玉室啓長生之籙。蓋作朋與試，將壽國壽民壽世以無疆；故胡考承庥，且如岡如阜如陵而未艾。某景行瞻馬，幸分桑梓餘光；筮仕登龍，猥被芝蘭雅化。乃片言忤俗，竟甘放逐于囚山；遂數載沉淪，羞展興居於函丈。乃蒙老師噓枯吹朽，布陽和不棄枌榆；某因得磨鈍策駑，起落魄重沾雨露。撫朱轓之寄，蚊負何勝！仰黄髪之休，蛩鳴莫罄。祢生狂瞽，敢忘北海之知？《周雅》勤渠，竊效南山之頌。敬陳蔬菲，用達芹私。伏願帝予遐齡，神貽多福。八千歲靈椿映日，四十圍古柏參天。一品朝披，輔瑶圖於有赫；九仙夜抱，調玉燭於常熙。

壽韓太史啓代

地迥鑾坡，露浥西臺之色；天開壽域，星輝南極之躔。八千歲以爲春，五百年而名世。靈辰獨覽，吾黨咸忻。恭惟〇〇嫣汭凝神，中條毓粹。青錢入彀，蜚明堂清廟之聲；黄甲傳香，步石室金閨之武。立螭坳而視草，文章班馬齊驅；倚鰲禁以宣麻，事業夔龍並駕。伫參黄閣，先貳青宫。紫極調元，已爕三辰玉燭；丹臺住世，更收六甲金書。維兹建亥之冬，適值生申之候。蓂飛十四，開玉曆於堯階；桃熟三千，度瑶池於漢殿。凡覯龍光之德，率伸燕賀之私。某叨植公門，僭附倚雲葱蒨；竊吹仙壤，忻從愛日煸爛。遠托金籠，遥瞻玉杖。皇華縹緲，無繇稱萬壽霞觴；紫氣氤氳，有意舐九還丹鼎。伏祈金甌早卜，玉燭長調。二十四考冠中書，永作擎天之柱；億萬千年登上履，頻添入海之籌。

壽傅太史啓代

鑾掖分榮，茂鴻勛於八柱；箕疇錫福，綿鶴算於千齡。北門迓紫氣以呈祥，南極映黄扉而絢采。歡騰□〔二〕契，喜溢生申。恭惟〇〇昴畢真精，滹恒間氣。天生名世，際五百年豪傑之期；帝賚良臣，當六七作聖賢之會。泥金飛桂籍，引仙班直步瀛洲；鳴玉近楓墀，待上帝高臨香案。鰲背宫中載簡，先登七寶之床；蛾眉班裏宣麻，獨燦五花之筆。三辰玉燭，洊看紫極調元；六甲金書，更喜青城度世。蓋帝臣王佐，儼雲龍風虎之徵；故仙骨神胎，應金馬碧鷄之瑞。維此孟冬吉候，寔當皇覽佳辰。階前蓂莢五滋，海上蟠桃三熟。蓬萊紛俎豆，尊陳北海醉流霞；閬苑集簪裾，壽祝南山娱勝日。某濫蒹葭之芘，幸從瑶島瞻鸞；仰松柏之姿，願附金籠獻鴿。敢將不腆，用祝無疆。伏祈數衍椿霧，功參梅鼎。總三階法曜，二十四考冠中書；授七轉真符，萬五千人隨上籍。

又

鑾坡地迥，青藜摇太乙之輝；壽域天開，紫炁映長庚之色。玉署維麟而納祜，金籠放鴿以延禧。蘿蔦騰歡，臺萊衍頌。恭惟〇〇功昭霖雨，神應列星。孔思周情，模範潛回兩序；班香宋艷，文章價重三都。楓宸行覆金甌，蓬島先開玉室。當此建亥，適值生申。閬苑含和，蓂莢纔滋五葉；瑶池現瑞，蟠桃正實千秋。世間甲子茂長春，十月下西天活佛；鼎内刀圭〔三〕成大轉，九天來南極真人。凡覬崧靈，率伸華祝。某辱葭莩之屬，爐烟幸結三生；仰松柏之姿，觥酒期酬萬壽。敢將一介，用效三呼。伏願黄閣調元，盛業企鹽梅舟楫；丹臺紀數，大年同丘阜岡陵。

又

玄冥轉律，一陽漸復龍躔；紫閣凝祥，三壽平臨鶴算。歌揚松柏，喜溢枌榆。恭惟〇〇瓊海金莖，瑶林玉樹。螭頭視草，飛白雪于花磚；雉尾聯班，捧紅雲于香案。青宫勸學，豫成繼體離文；丹陛調元，洊莅居官鼎鼐。企三階之上履，遥映台垣；收六甲之靈符，還登壽域。維斡斗方當建亥，而懸弧適報生申。南極騰輝，照耀瓊樓十二；東華運炁，絪緼玉宇三千。凡睹歲星，率伸華祝。某芸窗屈首，無繇稱萬壽霞觴；蓬海馳神，有意舐九還丹鼎。敢將一介，用代三呼。箋帛無文，何當庭實；汀毛不腆，祇愧暄私。伏願玉室垂名，金甌覆姓。抱九仙之骨，風清海鶴度千秋；披一品之衣，日麗山龍生五色。

壽趙司農啓代

北斗運微垣，福曜炳三階之位；西池開壽域，極星輝五夜之躔。丹臺籙啓長生，平分紫氣；金部籌先大老，益壯黄樞。萃華祝以凝休，集崧歌而茂祉。恭惟〇〇九寰騰望，八柱標奇。匯渤海于文濤，萬頃瀉含珠之浦；峥泰山于德囿，千尋高蕴玉之峰。既染柳以登閎，更裂麻而悟主。瑞錦窩中襄化，新圖將廢印兼裁；大官署裹宣猷，内奉及外總並孅。擅銀臺之封駁，象天喉舌掌絲綸；凌玉舄以升華，作帝股肱居鼎鼐。金絛灑露，棘林空廷尉之冤；鐵柱飛霜，蘭省誦中丞之烈。九關雄武庫，永清地雁天狼；八座比文昌，會際雲龍風虎。兹者大儲倚命，有財有用以成功；是用胡考昌齡，壽國壽民而衍慶。載當建戌，適值生申。蓂莢九霏，應赤雁雲間舞下；蟠桃三熟，正青鸞海上銜來。玳瑁敞華筵，瑶草琪花遠映；琅璈紛雅奏，碧霞絳雪低迴。八千歲以爲春，獨占壺中甲子；五百年而名世，自成鼎内刀圭〔四〕。骨抱九仙，夜度精神閑海鶴；衣披一品，朝綬黼黻焕山龍。凡瞻松柏之姿，率獻臺萊之雅。某身羈紫塞，無能玉杖扶鳩；念迫丹衷，有意金籠放鴿。敢馳一介，敬代三呼。燕賀非私，願托連雲大厦；鵝毛不腆，期禆愛日斑衣。伏祈黄髮持衡，朱顔住世。名隸三山玉室，優游日月以無疆；手扶萬曆金甌，整頓乾坤于不了。

壽温總憲啓代

柏府暢鴻猷，奕奕龍光高北斗；蓬壺延駿祉，綿綿鶴算啓南山。斑衣與綵色齊明，福曜及台輝並麗。華夷祝頌，朝野歡呼。恭惟〇〇東井發祥，西岐毓秀。百年名世，起金臺望重千秋；三壽作朋，依玉陛權兼兩省。經文緯武，鵷鸞虎豹屬綱維；斷國謀王，舟楫鹽梅恢相業。緊吉人受禄荷天庥，獨擅維祺；斯厚德凝禧迓帝眷，躬膺胡考。當兹建未，適值生申。太乙照銀潢，映瑶山而現瑞；長庚明碧落，燭玉室以凝熙。某肅仰烏臺，猥荷枌榆之愛；遥瞻紫氣，願賡杞李之歌。雖享愧鵝毛，莫展殷勤於千里；而情深燕賀，蘄伸繾綣於三呼。伏願上履駢臻，遐齡鼎介。龐眉收華祝，多福多壽多男；艾髮攬黄樞，爵一齒一德一。

壽陳憲師啓

三雲敷重望，北門騰良翰之勛；五夜集靈躔，南極映長生之禄〔五〕。奕奕箕疇有秩，綿綿華祝方來。符蓂三階，嵩呼萬國。恭惟〇〇千年間氣，百代儒宗。衡岳儲精，拔金山而挺概；洞庭毓秀，濯玉海以凝神。含香蜚明允之聲，雀角鼠牙俱戢；分校攬英雄之彀，龍鱗鳳翼兼收。領郡篆於新安，化雨洽朱幡皂蓋；秉文衡於冀野，春風披絳帳青毡。澤被無疆，庥承有俶。日者允文允武，獨高安攘之謨；是用俾熾俾昌，特茂岡陵之祉。維兹建亥，適值生申。長庚曜采于天南，銀界焜煌動色；太乙揚輝於地北，玉樓璀璨生光。蓋以厚德含和，嘿會夫五千柱史；故崇功衍慶，自躋乎八百彭籛。在在稱觥，人人誦履。某等雁山棄石，沱水沉砂。自甘旅竈枯桐，付寒灰而寂响；詎意郵亭敗篠，依暖律以流音。慚非桃李之儔，濫與參苓之列。曩叨鶚薦，戴鴻慈未展芹私；頃效鳧趨，蒙駿惠尤深葵向。瞻依莫罄，悚歉何勝！恭逢萬壽之辰，敢上三徵之頌。伏祈當朝一品，歷世秭年。企大數於玄黄，幾見丹丘歸海鶴；擅中台之青紫，常披赤芾照山龍。

壽李憲長啓代

法臺風凛，金科高明允之功；壽域天開，玉室啓靈長之祚。麟紱祥分於冀野，鴿籠慶洽於堯封。恭惟〇〇南極儲精，東華錫炁。應五百貞元之運，喜際風雲；擅三千禮樂之宗，才明日月。鑾坡草重絲綸，昭天地文章；鈴閣梅繁經緯，壯西南保障。日者九重推轂，三晋持衡。膽鏡鼇氛，斥井鉞参旗于不用；牙璋恢業，儷珠星璧月以同輝。載當建戌之時，適值生申之候。凉飈九月，俄驚蓂莢飛英；勝日千秋，快睹蟠桃結實。琅璈樂奏，九邊將吏動歡聲；玳瑁筵開，三島神仙誇樂事。某叨陪苓术，忻遇桑蓬。仰上壽於龜齡，有意獻九還丹藥；繫下僚於雁塞，無由稱萬歲霞觴〔六〕。敢效嵩呼，用伸華祝。伏願如松如柏，大年直跂莊椿；爲蘗爲梅，巨手行調傳鼎。

壽汪案臺啓代

西陲持繡斧，三台正氣燭龍墀；南極照花驄，五緯祥光躔鷺軾。白簡映長生之籙，丹臺凝不老之春。壽域天開，崧歌地涌。恭惟〇〇百年名世，一代真儒。文章蜚班馬之英，事業繼夔龍之武。銅章分雨露，四時和煦足花封；鐵柱帶風霜，萬里威嚴騰柏府。節行山右，暫移綱紀之司；鹺理河東，小試調和之手。兹者德隨時泰，福與功崇。維斯建午之辰，適際生申之候。朱明日麗，壽絲五色生輝；紫煞雲蒸，命芾千秋兆瑞。香蒲浮玉屑，瑶池玉液旋添；角黍獻金糜，閬苑金莖並進。蓋大人平格，不必於虎顧熊經；而國老維祺，自衍夫酡顔鶴髮。某恭逢駿祉，竊效蛩鳴；快睹鴻禧，敢陳燕賀。用是俯修一札，仰達三呼。伏願華祝謙收，箕疇鼎萃。峨冠依日月作朋，永奠金甌；曳履踐星辰胥試，常調玉燭。某不勝祝頌顒叩之至。

壽薛銓部啓代

黄圖策駿，經綸騰克宅之功；紫氣連牛，縹緲接長生之籙。輝躔南極，慶洽西池。恭惟〇〇華嶽儲晶，渭陽毓秀。胸羅星斗，含光直射三台；筆掃風雲，列陣胥成五色。鶚横秋漢，馮虚萬里壯扶摇；鯤奮春溟，破浪千層從變化。更直含香於晝省，潔照冰壺；考功序秩於銓司，衷澄水鑑。兹者大人襲吉，厚德凝禧。載當建未之辰，適值生申之日。祥飆紛灑，長庚迴銀界三千；瑞靄葱蘢，太乙映瓊樓十二。駐景之遐齡攸届，維祺之茂祉駢臻。職謬托枌榆，幸聯桑梓。塞垣濫綬，萬間方藉帡幪；海屋增籌，三壽忻逢平格。遥瞻北斗，敬頌南山。敢修草野之儀，用代華封之祝。伏願青瞳照世，抱九仙之骨而地久天長；黄髮持衡，會五福之疇而日升川至。將社稷有作朋之慶，國家賡胡考之歌矣。

壽趙道尊啓

紫塞肅龍韜，百二榆溪增鎖鑰；丹臺移鶴算，三千桃實茂春秋。喜看華祝凝禎，伫待箕疇衍福。人人歌嶽，在在呼嵩。恭惟〇〇德合陰陽，功侔造化。發祥西夏，才名將二華齊高；奮迹南宫，聞望暨三台並麗。含香依北闕，和風披瑞錦紅綾；綰郡御西陲，湛露灑朱幡皂蓋。妙張弛於臬府，碧幢揚細柳之威；職屏翰於藩臺，絳節布甘棠之化。兹者天綿純嘏，大年隨駿德俱昌；日進休徵，皇攬與鴻猷共懋。緊斯建戌，適值生申。南極流輝，五夜瑶光璨爛；東方見瑞，千山紫氣葱蘢。冰桃雪藕，慶長春長生有俶；火棗交梨，傳盛事盛美無疆。凡在帡幪，率皆忻抃。某泥塗末品，菅蒯微才。燕麥兔葵，猥溷公門桃李；牛溲馬涬，叨陪藥籠參苓。悵三年寢塊，嫘嫘芹私未展；顧萬里瞻雲，戀戀葵向何勝！幸逢松柏之辰，敢上臺萊之頌。伏願日星爲紀，天地同貞。躋上考于彭喬，夜抱九仙之骨；列崇階于周召，朝披一品之衣。則鮐背總魁三，整頓寰區歸壽域；鴻毛資吹萬，提携圭竇入春臺。

壽劉道尊啓代

白登揮絳節，陰山消萬里之塵；紫氣繞丹臺，蓬島上千秋之祝。喜風清鈴閣，望重北門；看日麗桑弧，光騰南極。軍民共頌，將吏均歡。恭惟〇〇雷夏鍾靈，天門毓粹。銅符綰綬，能令鼠雀空扉；鐵柱冠峨，未許豺狼當道。碧幢臨上館，一廉貞憲徹冰壺；赤羽樹陽和，萬灶宣威嚴細柳。兹者鴻勛受祉，駿德昌年。載當上巳之辰，適值生申之日。蘭香綺澗，祓除之盛景方新；桃實瑶池，胡考之遐齡攸介。某叨帡大厦，久切鴻私。快睹清禧，尤深燕賀。茅沸不旨，期裨大斗之陳；戔帛無文，用佐班衣之製。伏願瑶山衍曆，玉室題名。將鶴髮酡顔泮渙，常扶帝轂；龐眉鮐背優游，永奠皇圖。

又

萬里靖邊塵，月冷漢關歌解甲；九天開壽域，風清《周雅》誦生申。丹臺將北斗齊高，紫氣暨東皇共溥。人人稽首，在在歡騰。恭惟〇〇天地凝神，陰陽合德。杏壇分道化，靈通練馬之光；菏澤振家聲，迹邁絲鳩之武。皂囊封事，法星遥映乎三台；晝省持籌，福曜平臨於一路。威宣鈴閣，五兵司戢戍樓空；憲攬刑臺，三尺獨明嘉石允。日者山龍昭寵渥，擅五服以升階；兹焉海鶴會精神，據三徵而鼎盛。時當秉蕳，度啓懸蓬。長庚迴十二瓊樓，西山獻瑞；老子著五千玄屑，南極交輝。蓋睿德調元，將壽國壽民而壽世；故窮皇錫吉，遂俾耇俾艾而俾臧。某庇托垂雲，思深華祝。恭逢誕昴，喜效嵩呼。敢將芹藿之私，用展臺萊之頌。伏願萬邦爲憲，五福攸同。黄髮翊金甌，整頓乾坤于不了；蒼顔扶玉鉉，維持社稷於無疆。

又

鴻猷敷絶漠，北門收耆定之功；駿德衍遐齡，南極映長生之籙。奕奕龍光鼎重，綿綿鶴算亨嘉。朝野同歡，華夷共祝。恭惟〇〇貞元會粹，象緯凝精。擢秀天門，擅雄才於倚馬；蜚英雷澤，馳妙譽於登龍。鐵冠揚柱史之威，白簡霜飛岳岳；金穀總司農之計，紅儲露積陳陳。牙排赤羽肅長楊，雁塞塵清萬里；幢擁白登嚴細柳，狼墩夜净千營。兹者宣昭有赫之勛，允茂維祺之祉。載當上巳，適值生申。太乙揚輝，快睹連牛紫氣；長庚絢采，遥瞻跨鶴紅雲。企華頌之三多，休明有俶；會箕疇之五福，保艾無疆。職屬吏叨恩，瞻依莫罄。崇臺仰祜，舞蹈何勝！慚非北海之尊，敬上南山之誦。伏願日星爲紀，天地同貞。一品朝披黄髮，攬金甌玉鉉；九仙夜抱蒼顔，駐紫府丹丘。

又

北門奏績，九邊資朱芾之謨；南極流輝，五夜映丹臺之籍。快睹天開壽域，争傳地涌崧歌。五福攸同，三多肇啓。恭惟〇〇泰山毓秀，渤海涵靈。文章追鄒魯之宗，事業接姬姜之武。烏臺執簡，霜飛五鹿皂囊寒；畫省含香，日近六龍青被暖。法鑑高懸於雁塞，憲度維明；輕裘坐鎮乎陽和，胡旗自偃。日者崇功洊履，依北斗以騰聲；兹焉厚德凝禧，介南山而受祉。載當上巳，適值生申。錦軸充庭，共誦椿長八百；斑衣遶膝，争誇桃實三千。某辱在編氓，久叨鴻庇；恭逢令旦，曷任蛙鳴！僅馳一介之椷，用代三呼之祝。戔戔束帛，慚非碧漢雲綃；瑣瑣微芹，期佐瑶池雪藕。伏願衣被一品，壽應三徵。日月蓂壺中，九轉丹顔閑海鶴；地天交闕下，千年黄髪照山龍。

壽馬大尹啓代

銅符日麗，一方流茂宰之輝；玉笈天開，三島報長生之籙。舄奕龍光漸重，綿延鶴算隨膺。慶衍臺萊，榮分桃李。恭惟○○天中間氣，昭代真儒。二室儲靈，挺金山而拔粹；三川濯秀，涵玉海以凝神。朱絲收五緯之文，名高桂籍；黑綬布十奇之化，澤滿琴堂。蓋治洽中牟，已見祥紛赤縣；而政傳勾漏，還期姓注丹臺。當兹建午之辰，適值生申之日。蓂飛十二，喜菁葱瑞叶堯堦；桃熟三千，正爛熳香浮漢殿。想木公金母，同稱萬壽之觴；白叟黄童，共效三多之祝。某瞻六甲于九重天上，無能北海輸尊；望長庚于五色雲中，有意南山獻頌。敢修一札，用代三呼。伏祈算軼松喬，夜抱九仙之骨；勛崇萊吕，朝披一品之衣。將壽國壽民壽世以無疆，爵一齒一德一而未艾。

壽侯司理啓代

黄堂司理，法星高貫索之躔；紫府凝禧，靈露湛蓬壺之境。萬姓崧歌雷動，千秋壽域天開。瑞靄庚符，慶延寅署。恭惟○○明時間氣，昭代真儒。東魯熊飛，聞望冠三千禮樂；南宫豹變，才名魁五百英雄。持八議以明刑，盡洗呼天之虐；聽五聲而折獄，平收晝地之功。兹者德與日新，福隨時茂。當此建辰之月，適逢誕昴之期。南極映朱轓，采射箕疇增五福，西池分碧乳，歡騰華祝集三多。某仰亘斗之崇標，魚依幸庇；睹懸弧之令旦，燕賀懷私。謹馳一介以將儀，用代三呼而叩祉。伏願維祺有俶，胡考無疆。大年與大業齊昌，鮐背龐眉扶玉鉉；上壽以上臣獨懋，酡顏鶴髮壯金甌。

壽王先生啓

朱草呈祥，一葉先開大曆；碧桃獻瑞，千秋首應靈辰。當玄冥轉律之初，正紫氣騰關之候。三徵襲吉，五福凝休。恭惟〇〇恒岳降神，沱源毓粹。錦心繡口，才蜚八斗之雄；拄腹撑腸，學緼五車之富。鳳翱翔于千仞，已從白帢逃名；鶴嘹唳乎九霄，更喜丹砂住世。維兹建亥，適值生申。青城人醉春臺，紫塞天開壽域。蓬壺縹緲，遥連南極之輝；萊綵繽紛，共舞西池之宴。某一官繫邸，無能縮地稱觥；千里懷人，有意披雲獻頌。敢將不腆，用代呼嵩。伏乞鑒存，可勝抃蹈！

壽張太孺人

壽星届紀，光躔婺女之墟；愛日迎暉，采射仙人之籙。度西華而永世，注南斗以長生。喜溢庭闈，慶綿綦履。恭惟〇〇靈孚巽索，秀應坤維。蕙馥蘭馨，備柔嘉于内則；金和玉潤，儼貞静于中閨。早叶卜鳳之祥，遂相弋鳧之治。薦蘋蘩其有恖，錡釜維虔；奉棗栗以無違，帨衿必飭。緝纑作苦，桑麻操邠女之勤；絺綌是甘，荆布襲梁妹之儉。且和丸敕訓，銼藁延賢。是以霹靂名高，起清曹而振响；芙蓉色麗，依緑幕以生輝。洊騰良尉之聲，益顯慈君之教。兹者高堂日永，壽域天開。九十萱妍，逐堯蓂而獻瑞；三千桃實，總軒策以凝禧。天邊來沆瀣神漿，雲外動瑯璈雅奏。想木公金母，同輸火棗交梨；蕭史麻姑，共上冰桃雪藕。已見媥孄遶膝，行看綸綍承庥。某聯一脉于猶孫，分甘有素；望三徵于阿母，叩祉惟丹，敢將北海之尊，用效南山之頌。伏願三山注籍，五岳圖形。歲剪宫羅，焕新褕于白賁；時傳真誥，登上履于黄寧。不腆荒詞，可勝華祝！

壽日回傅太史禮啓代

蔦蘿下體，方深倚玉之榮；蒲柳微辰，濫辱投瑶之惠。擎豐儀而汗背，曷任蝡私？捧華衮以惶顔，難名駿寵。恭惟〇〇扶輿濯秀，象緯凝晶。校書分太乙烟藜，珥筆侍玉皇香案。銀魚飛藻，音流白雪迴風；金馬趨朝，手捧紅雲近日。職編摩於史局，才擅三長；攬模範於成均，衰還八代。如某泥塗後學，菅蒯微生。悵風塵丹雉無奇，走甘牛馬；借月老青蠅有附，猥溷龍猪。日者俯移珮于山城，允光梓里；兹焉謬分籌於海屋，實愧桑弧。初度空週，浮生未了。《蓼莪》在念，本非爲樂之時；《樸樕》何緣？乃辱問年之典。謹登嘉而莫罄，顧揣分以奚宜？帙重縹緗，一覽希開渺識；幘隆綦組，三加願附成人。丹青璀璨映蓬廬，永寶琅函妙墨；蘭麝氤氲霏蓽户，時依玉署清香。但窮愁罔補劬勞，而老大衹傷懷抱。衷懸報李，志切輸芹。敢因赤舄歸朝，用致素絲效悃。伏願槐階特進，梅鼎先調。尺五身臨，喜見龍墀應瑞；魁三手握，伫看麟閣垂勛。

壽日回姚虚如啓

伏念某蜉蝣玩世，螻蟻偷生。四十五十而無聞，徒傷髀肉；大年小年之有盡，未改頭顱。方嗟蒲柳經霜，敢謂松筠耐歲？馬牛下走，勞勞日月空長；鷄犬凡胎，忽忽春秋自老。乃緣初度，猥荷隆施。海錯山肴，疑九鼎自蓬萊擲下；朱絲文綺，恍七襄從河漢飛來。感激魂摇，拜嘉色悚。枌榆未造，幸梯榮于自今已往之年；蛇雀微誠，願矢報于從此將來之日。

壽范老師

伏以梧垣夜曉，星輝南極之躔；蓬島春深，日用東華之炁。祥凝台鼎，喜溢門墻。恭惟〇〇室壁元精，瀧琮間氣。飽玉壺之沆瀣，姑射同清；擁金界之琅玕，普陀並秀。履端初易歲，元正快睹佳辰；維嶽報生申，皇攬式當初度。三千年結實，桃蟠閬苑之鮮；八百歲爲秋，椿挺漆園之翠。俾耆俾艾，彌劭彌高。某幸分桃李之榮，竊附臺萊之頌。第一方匏繫，莫遂凫趨；而百結芹私，祇深燕賀。對南山而擬算，願添海屋之籌；叩北斗以揚言，敢效華封之祝。伏惟汪納，可任巖瞻！

壽□□〔七〕臺

伏以龍節專征，靖妖氛於萬里；鸞書獻瑞，躋壽考于千齡。東陲高良翰之功，南極映長生之籙。疇先五福，祝動三韓。恭惟〇〇軫翼元精，衡湘間氣。殿中峨鐵柱，寒生當道豺狼；海上植銅標，威肅居關虎豹。五百年而名世，應滔滔江漢之靈；八千歲以爲春，擅穆〔八〕苞符之數。日者躬行九伐，喜應三徵。當兹擐甲之時，適值生申之候。仗参旗，揮井鉞，行看績滿青箱；勒玉室，注丹臺，快睹年登絳曆。誓師壇上，昭回太乙之星；奏凱班中，漫演南飛之曲。天開大耋，人慶長春。某蒲柳先零，嘆肉芝于六日；桑蓬在望，披靈樹于千秋。敢將沼沚之毛，用代臺萊之頌。伏願崧歌鼎集，華祝平收。一卷赤松書，内永寧而外永奠；三編黄石訣，上壽國而下壽民。槐階鐫不朽之勛，蓮笈衍無疆之祚。

壽王制臺

伏以碧幕風清，靖龍荒于萬里；丹臺日永，綿鶴算于千秋。喜溢師中，歡騰閫外。恭惟〇〇苞符應運，河岳效靈。轟雷掣電才華，兩地參天事業。指揮資廟算，寧誇漢丞相之六奇；談笑息邊塵，奚啻蜀武侯之八陣。兹者月逢太簇，時際懸弧。五福萃箕疇，瑞靄遥連于玉塞；三多凝華祝，歡聲共效于金龍。某近依日月末光〔九〕，夙被乾坤厚造。祗效萋萊之頌，雀躍有懷；薄陳芹藻之悰，凫趨無自。遐想伯陽之寶籙，應知八千歲爲春；近瞻元禮之仙丹，信是五百年名世。伏願業隨年進，恩與日新。調燠鼎，協熏弦，大納八荒于壽域；静霜笳，閑雪刃，長躋九塞于春臺。

壽范老師

伏以棘臺春滿，金條推平反之仁；蓬島歲新，寶籙衍長生之祚。萋萊慶集，桃李歡騰。恭惟〇〇具瞻，乾坤間氣。奉常典禮柔四夷，來享來王；廷尉持平總八議，有倫有要。當鳳曆回寅之候，正龍躔誕昴之時。南極星高，掩映瓊樓十二；西池月皎，昭回銀界三千。黄庭之秘旨初傳，絳曆之遐年攸介。鴻勛有秩，鶴算無疆。某帡雨幪風，頂戴如萬間夏屋；高天厚地，瞻依惟千歲椿靈。佇看名覆金甌，時調玉燭。六符翊運，措斯民于化國春臺；三壽作朋，弼我后于唐堯虞舜。一毛不腆，九首是將。伏乞鑒涵，可勝翹祝！

校勘記

〔一〕“夆”，疑當作“奉”。

〔二〕□，漫漶不清，依文意似當爲“誕”字。

〔三〕“刁圭”，當作“刀圭”，已見前校。

〔四〕同前校。

〔五〕“禄”，疑當作“道籙”字。

〔六〕“觸”，疑當作“觴”。“稱……觸”，難通，“稱觴”則通。

〔七〕□□，看原書似有刻後剗去之迹，蓋作者以爲此人名字不可存於集中，文中有“衡湘間氣”，其人大約是今湖南人。

〔八〕“穆”字後脱一“穆”。

〔九〕“未光”，據文意疑“未”字似爲“末”字之誤。

尺牘卷四

啓謝類

謝白撫臺薦啓代

柏堂春動，菲葑沾造物之仁；葭管陽回，桃李借噓枯之德。覆載不遺於螺蠕，涓埃何補乎高深？恩重及烏，感當報雀。恭唯〇〇三台偉望，一代元勛。碧幢絳節帶風霜，正氣肅驄哮豸觸；綉斧朱旗明日月，清輝流鷺序鵷班。百辟其刑，萬邦爲憲。不羡令公作鎮，寧誇吉甫臨戎。穎脱群材，錐處囊中鋒立見；弦調庶政，琴收竈下韵皆新。職樸樕微才，培塿末質。三年沉雁塞，殊慚鹿鹿庸流；一日托龍門，快睹麟麟大業。自愧齊竽濫食，敢期鄒律回蘇？日者猥藉帡慈，謬膺旌勵。虞坂孫陽一顧，誓隨駑馬以先驅；豐城雷焕初開，願效鉛刀而試割。緘言九頓，祈移月色照樓臺；望闕三呼，願騖天曹調鼎鼐。

謝康按臺薦啓代

驄軺按部，久蜚彈壓之聲；鶚表掄才，濫沭〔一〕品題之惠。享千金而知愧，褒一字以何勝！戴澤有天，感恩無地。恭惟〇〇泰山威鳳，渤海神龍。應列宿以鳴琴，風清一鶴；傍五雲而載筆，霜凜孤雕。繡斧下堯都八郡，豺狼落膽；彤輪埋冀野三關，狐鼠消魂。運經文緯武之猷，懋激濁揚清之治。皂囊封事，既已持裂牘于朝端；白簡羅英，更不棄敝帷於邊徼。如某者，人微馬走，宦悚鷄棲。竊吹東郭之竽，猥荷西臺之庇。誠中傾注，固思釐向日丹葵；望外栽培，何冀附倚雲紅杏！乃蒙吐握，過賜吹噓。飾羊質爲虎文，徒增赤頰；售駑蹄以駿價，允藉青眸。顧竈下焦桐，雖溷黄鐘結响；而獄中塵劍，終知赤土難求。敢不勉竭蚊私，蘄酬鴻造？綫才少試，願求伸狗馬之勞；綿力得施，期不負牛羊之托。三台仰德，九頓陳情。翹首龍門，敬寫銜環於子墨；叩心烏府，恭披勒篆於寅丹。

謝李藩司薦啓代

中台炳曜，光聯召野之棠；絶徼回春，秀發狄門之李。喜絳帳重沾覆露，顧青緺何幸披雲！戴切二天，感深九地。恭惟○○昆山白璧，漢水玄珠。才名稱宋艷班香，人品得周情孔思。芳傳桂籍，世魁禮樂三千；寵荷花磚，早擅瀛洲十八。接藜烟於丙夜，白雪蜚聲；捧香案於寅宫，紅雲照體。雍秦敷教，一簾化雨潤青衿；伊洛于蕃，萬里陽和蘇白屋。洪都之旬宣政在，武陵之彰癉威存。兹者北闕眷忠，西藩倚重。薇垣運斗，業扶綱紀於崇臺；華衮掄才，更賜吹嘘於下吏。如某者參苓末品，菅蒯微資。質謝青黄，自分溝中之斷；文加翠緑，何期灶下之知。三十載老門生，一倅空沉宦海；五百年有名世，千佛幸仰高山。猥辱鴻鈞，殊深蚊負。一顧高增馬價，不辭策蹇前驅；二爻快睹龍文，還乞垂光下際。

謝任臬司薦啓代

大厦峥嵘，普萬間而作庇；駑駘蹷躄，感一顧以争馳。方深覆餗之憂，猥辱噓枯之惠。恭惟錦城儲粹，劍閣鍾靈。羊角搏風，九萬雲程獨奮；螭頭對日，三千露藻横飛。摇白簡于烏臺，寒生當道；叱朱幡于紫塞，澤滿專城。日者攬憲西陲，提兵北鄙。牙旗開玉帳，九邊高漢壘之雲；羽檄靖金微，萬里偃胡天之草。玆者課書獨最，薦剡交升。績奏蘭臺，已著崇勛茂伐；恩承楓陛，行膺湛紵温綸。凡在提携，率皆踴躍。如職竊吹北郭，殊無當於齊竽；飽粟東方，實有慚於漢綬。乃蒙盻睞成飾，獲千金敝箒之償；唾咳爲恩，沾一勺枯鱗之潤。諒捐糜其莫報，真感涕以無從。是用敬致一函，遥將九頓。伏願金甌獨覆，荷囊依日月之光；玉鉉平分，曳履踐星辰之座。

謝張司農撰表啓代

棘院發天葩，兩世寒毡借澤；松門垂露藻，九原枯骨生香。感賻賵以何勝！誓鎸銘而莫罄。遥伸九頓，仰叩三台。恭惟〇〇名占西昆，望隆北斗。扶衡紫極，業追上世羲黄；剡管丹霄，才壓盛時元白。投簪揮玉麈，此時緑野怡情；曳履踐金甌，咫日黄扉進秩。頃者念先人夙好，不吝鴻章；顧小子何斯，敢忘駿惠？貞諸北郭，逾增桑梓之榮；表厥南阡，永壯枌榆之色。庸詎悠悠蒿里，一時風木銜恩；行將瑣瑣茅檐，千載雲仍戴德。方圖結草，忽值憂薪。無能蹐地以趨蹡，有意瞻天而激切。謹修不腆，聊寫微忱。倘辱叱存，曷勝榮幸！

又

恭惟〇〇三晋名家，百年間氣。鑾坡視草，青藜五夜生輝；瑣闥聯班，白簡九天動色。中州參岳牧，甘棠貽勿拜之思；冏寺贊經綸，貳棘茂斯臧之政。南雍開府，朱旗風動舳艫寒；北闕提樞，繡斧霜凝鵷鷺冷。豈惟階崇八座，立朝武接夔龍；抑且路近三台，復相望隆司馬。某等癰樗廢質，苫塊餘生。有幸先君當年附驥，何緣小子此日登龍！感風木以興悲，冀銘阡陌；慶雲泥之相就，允賜珠璣。况下壺飡，仍頒賻襚。九原知惠，鍥骨何勝！兩竪懷恩，銜環莫罄。周人繾綣，愧報李之無能；宋俗殷勤，敬輪芹而有意。謹修尺牘，聊致寸絲。萬丐叱容，不任忻躍。

謝徐掌科撰墓誌啓代

瑶章有赫，松楸千載知春；曝獻無能，蓬蓽三生戴德。起二人之骨，莫慰鴻裁；糜兩竪之身，何當駿惠。存亡並勒，愧感交增。恭惟〇〇山斗才華，海天氣概。目空班馬，光騰黼黻文章；武接夔龍，望重鹽梅舟楫。皂囊隨白簡，寒飛六月之霜；紫誥映黄麻，寵接三蕃之日。頃者眷言世講，俯賜珠璣；惠念孤嫘，仍頒賻賵。赤文璀璨，頓令宅兆生輝；綺軸琨瑝，不第貞珉借色。刻玄言於窀穸，夜臺狐去識原丘；藏妙墨於縹緗，華表鶴來知故隧。欲圖走謝，奈阻寒瘵。馬鬣封高，匍匐卧流鵑淚；鵝毛道遠，殷勤仰答鴻慈。

又

屋烏流愛，青衿分兩世之光；衮字飛華，黄壤壯千秋之色。九原可作，祇切鎸銘；二竪何當，第深銜結。恭惟〇〇九天威鳳，八表人龍。掌絲綸閣下文章，香徹紫薇之署；綴衮冕墀邊缺失，聲蜚青瑣之班。某誼屬通家，衷懷仰斗；感當在疚，恨抱終天。日者當卜窀之辰，爲勒珉之舉。某因籍先君行實，叩懇門墻；荷老伯鴻慈，不辭金玉。片言東璧，荒隅桑梓生輝；一字南兼，孤壟松楸藉色。且青芻白飯，屢下盤盂；而素幣華章，仍多賻賵。瞻依莫啻，感激難言。兹遣微伻，聊將薄獻。伏惟叱納，無任悰榮！

謝院道啓代

竊念某泥塗下走，樸蔌微材。磨鈍求銛，雖試鉛刀之割；截長補短，終慚襪綫之縫。方負咎於《伐檀》，乃叨榮于視草。循墻知懼，托厦懷恩。恭惟〇〇八柱崇標，三階重望。總群材於藥籠，已儲赤箭青芝；下膏澤於花封，更潤碧桃紅杏。如職者，亭前敗篠，僭溷瑶笙；竈下焦桐，濫蒙玉軫。蓋惟台臺芻蕘必采，合夬莧以皆容；以故卑職葑菲不遺，繼泰茅而彙進。六年竊綬，慨素飧無補于毫毛；一日分綸，喜華衮寔承乎卯〔二〕翼。有天頂戴，無地鎸銘。雖一劍報君，願效鵜膏之利；顧千金致士，何當駿骨之良？糠秕徒揚，枌榆自搶。憂深覆餗，含雞舌以棲迷；悚甚吹竽，借鴻慈而惕息。敷菜喙短，勒篆心長。

謝座主啓代

湛露浥天街，灑参苓而出色；春風披地軸，吹桃李以滋榮。感拔十之恩深，荷再三之義重。瞻依有念，報稱無能。恭惟〇〇曠代真儒，清時間氣。海天恢偉抱，龍泓萬派争奇；山斗振崇標，鶴嶺千尋挺翠。周情孔思，玄珠獨得于三吴；宋艷班香，彩筆平驅乎兩淛。碧漢高摶九萬，天邊看六月翀翍；丹墀獨對三千，日下奏五雲爛熳。香傳黄榜，祖孫聯甲第之輝；業緒青箱，作述濟箕裘之美。攬金絛于淮海，澤及桁楊；收玉筍於湖湘，化行棫樸。日者平持藻鑑，分校棘闈。張一網以羅賢，頓八紘而搜雋。雲連大厦，行山燕雀争棲；雨過長空，汾水魚蝦欲奮。如某者，學慚四寸，功愧三餘。埋頭未會風雲，刖足徒淹日月。頃逃紅勒，誤點朱衣。爨下枯桐，猥被金徽玉軫；亭前敗篠，僭陪翠管瑶笙。如此遭逢，何當銜結！雖與人爲善，聖賢不任推恩；然成我者師，狂瞽寧忌報德？敢馳尺素，用表寸丹。維揚風動雪中帷，模範儼一趨一步；冀野霜寒雲外帛，殷勤效三沐三薰。幸游安定之門墻，恪守尹公之彀率。伏願金甌蚤卜，玉鼎先調。二十四考歷中書，看老師補衮；萬五千人隨上履，待小子彈冠。謹附芹忱，伏惟莞納。

謝太守啓代

銅章贊化，久沾覆露之仁；玉律回陽，更戴嘘枯之惠。傍連雲而矯翼，徒頃日以盟心。感激良深，瞻依莫罄。恭惟○○昭代真儒，温陵間氣。含香棲粉署，一簾秋月宜人；綰篆馭黄堂，兩袖春風滿座。福星璀璨，照衡山草木生輝；化雨濂瀸，灑湘水参苓出色。如某者，石盤陋質，花藥庸材。九萬里扶摇，偶從鵬鶚；十七年淹滯，竟别龍豬。兹者猥借鴻慈，濫叨蠅附。下涓金于骸骨，敢忘一顧之知？飾蟠木以青黄，揔藉先容之力。且標翻賁惠，光彌甕牖繩樞；扁映離文，寵溢蓬門圭竇。賓墨淋漓于赤櫝，寧誇三錫之榮；瑶函爛熳乎朱提，不羨百朋之貺。有天頂戴，無地鎸銘。是用九頓陳情，三薰消楮。鐵鏡高懸夫肝膽，幸憐悃愊先資；鉛刀漫試于髖髀，仍望提携末路。

謝各道薦啓代

大造回蘇，玉管潛醫夫病草；鈞天括嚮，金徽誤及於焦桐。戴切二天，感深九地。恭惟○○仁均覆載，功奠華夷。容民畜衆以宣猷，三晋同游化國；緯武經文而攬憲，萬邦共仰訏謨。協氣旁流，黍谷被移陽鄒律；容光下照，茅檐瞻轉陸羲輪。脱越石於羈驂，何煩奬借？識公沙於杵臼，罔事游揚。如職葑菲微才，竊附倚雲之桃杏；培塿下質，叨隨近水之樓臺。日者，猥借帡慈，謬膺旌勵。埋頭醯覆，惟言便于因人；垂耳鹽車，敢曰伸于知己？幸托提携之庇，難忘繾綣之私。是用九頓揚言，願效銜環結草；三薰致祝，惟期曳履宣麻。

謝撫臺賜扁啓

臺柏凛秋霜，丕著安邊之績；衡茅沾曉露，濫叨表宅之榮。

借一字以生華，捧百朋而增愧。瞻依莫罄，感激難名。恭惟〇〇銅斗標奇，玉香濯秀。三千擊水，高騰日月之光；九二見田，遠應風雲之會。判五花于薇省，采射絲綸；掌四法于天曹，明懸藻鑑。功昭尚璽，日華摇螭鈕之靈；策盡傒官，雲錦散龍媒之盛。日者銜書北闕，咤馭西陲。繡斧朱旗，肅鵷行於豸簡；碧幢絳節，收虎落於龍堆。三關消赤黑之丸，八郡奉玄黄之篚。人人舞蹈，在在謳吟。如某者，编户微生，版曹下吏。借重蓂寸影，慶洽黿魚；托大厦千間，歡同燕雀。乃未效子民之悃款，反過蒙公祖之恩私。華扁焜煌，頓覺光生陋室；精鏐爛熳，俄驚寵溢空囊。真戴德其如天，愧披衷於何日！牙旗遍覆，喜千秋庇仰垂雲；心板常鏤，願五夜珠銜明月。

謝晋藩禮啓代

銀潢夜曉，遥瞻七曜之尊；玉札春温，猥被十行之寵。捧瓊瑶而知愧，顧樗櫟以何勝！肅具芹誠，敬將李報。恭惟殿下德隆三善，支重萬邦。白社青茅，鎮雄藩而有赫；桐封梓訓，傳奕葉以無疆。儼東平樂善之風，企西晋亢宗之烈。某龍樓侍節，依紫蓋于紅雲；兔苑抽毫，問藻思於碧落。無當楚醴，有濫齊竽。頃者官守絲棼，莫效旂常之績；而王言綍出，僭膺華衮之榮。謀何與夫師貞？惠乃深於晋錫。是用聊將不腆，漫瀆中涓。遠塞葵傾，表寸丹於日下；高秋雁度，馳尺素於天邊。伏祈帶礪綿延，本源茂衍。小山招隱，常歌叢桂之篇；大國維蕃，永奠苞桑之業。

謝瀋藩禮啓代

王度如金，久著成孚之式；臣心似水，徒懸永好之私。仰青社以披雲，傾心葵藿；拜朱提而飲露，切報瓊琚。感激何勝，瞻依莫罄！寅惟殿下，璇源衍派，玉堞昌宗。期懷德以維寧，法梓材之懿訓；志爲善其最樂，追桂樹之芳聲。壺山巀嶪擁皇都，常綿寶祚；漳水汪洋灑帝澤，永浚銀潢。某夙慕圭璋，雅誦穆皇千億；欽承唾咳，疑陪劍履三千。日者猥荷温綸，壯叱馭征人之色；而乃未輸寸縷，歉爲裳公子之情。是用肅具殷函，恭酬趙璧。魚箋雁帛，冀伸一念殷勤；鳳彩鵷翹，更祝千秋福祉。

謝漕臺薦啓

竊念某蚩蚩下士，鹿鹿庸流。京廩持籌，莫佐九圜之急；通漕轉餉，無當七策之咨。自分樗全，長甘瓠落。駑黄冀北，敢希一顧之知；豕白河東，難冒三驅之網。乃辱台臺，不遺葑菲，俯賜吹噓；且過許廉能，猥嘉才力。使郵亭敗篠，叨陪翠管瑶笙；旅灶焦桐，僭被金徽玉軫。羈駼收越石，慚無報德之忱；杵臼識公沙，恐負知人之哲。敢不淬鉛刀而試割，理襪綫以求縫。自今以往之年，耻徒淹夫歲月；從此將來之日，期有補于桑榆。戴重二天，感深九地。

謝李撫臺薦啓

伏以霜斧靖邊塵，綱紀肅憲邦之任；露章清吏治，菲葑沾連彙之榮。揚糠秕以送天，吹嘘甚大；搶枋榆而控地，跼蹐斯深。知己難酬，捫心滋愧。恭惟〇〇百年名世，三代真儒。粹白無滓，品是瑶林玉樹；清貞有韵，標同碧漢金莖。當鳴琴花縣之時，重望已推公輔；迨珥筆梧垣之日，直聲更聳巖廊。藻衣方蒞乎奉常，繡節旋持于左輔。寒心破膽，有同大范老子之臨戎；悲晚喜來，無異真郭令公之出塞。天東半壁，資八柱以撑持；斗北六星，傍九華而旋繞。業已揆文奮武，還將激濁揚清。十九人中，盡脱處囊之穎；三千門下，無淹彈鋏之車。譬諸大匠儲才，雖尺朽寸瑕而不棄；又若良醫治世，即牛溲馬渤以兼收。如某者，鄉曲後生，邊亭下吏。操刀學割，常懷血指之憂；仗劍從戎，殊鮮吞胡之烈。乃辱台臺，起溝中斷梗，飾以青黄；收竈下焦桐，被之徽軫。鶏碑罔識，寧言照渚犀光；蚊負不勝，敢曰擎山鼇背？慚泥塗賤質，過蒙金玉之推；念襪綫微才，濫辱經綸之譽。衮華一字，豈是尋常？敝帚千金，何當報塞。什〔三〕鹽車於虞坂，願策蹇以前驅；啓醯覆於莊天，冀奮飛而上舉。劉戈祖楫，庶少酬特達之知；魏草楊環，猶莫罄斯須之報。一芹不腆，期申獻曝之微忱；九棘非遥，更乞垂雲巨庇。臨啓曷勝皇悚之至！

謝李鹽臺薦啓

伏以烏臺按部，封疆摇震岳之威；燕谷吹春，花木被向陽之澤。感深薦鶚，戴重蓬鼇。恭惟〇〇天地正人，古今直道。風生赤棒，壯行行且止之靈；霜凛皂囊，奮謇謇敢言之氣。侍螭坳而珥筆，盈庭鵷鷺生寒；叱驄馭以埋輪，當道豺狼落膽。頃者代天出狩，爲國掄才。雅量開誠，善有微而必録；大心體物，忠無小以不收。寧惟火齊木難，盡入珊瑚之網；即牛溲馬渤，兼儲脯腊之門。如某者，塞北孤蹤，畿東下走。曳鹽車於虞坂，雖期努力前驅；啓醯甕於莊蒙，敢望容光下際？猥承湛渥，俯賜吹噓。愧平原十九人，濫入錐囊之内；慚裴垍三十士，謬聯筆疏之中。其言綜理一方，猶念居官盡職；至謂指揮八面，真同積愛忘憎。如此遭逢，何當稱塞。層檐蔽日，喜隨借廕龜魚；大厦連雲，願附歸巢燕雀。敢不勉修職業，上答裁成。朽骨千金，幸辱涓人之價；寸心一劍，期酬國士之知。不腆芹悰，用將葵向。伏蘄海納，可任巖瞻！

謝梁關臺薦啓

伏以烏臺啓籥，弘敷及物之仁；燕谷回春，忽被嘘枯之惠。功昭吹萬，化溥函三。恭惟台臺，聖世雲龍，明時星鳳。鐵柱高峨八使，威清當道之豺狼；玉衡遥映三階，光照充庭之鵷鷺。振綱肅紀，提赤棒以飛霜；激濁揚清，封皂囊而捧日。驄軺凌塞草，榆關萬幕生寒；豸繡擁皇華，蔀屋千封借暖。爲枉襧衡之薦，遂連越石之知。一網爰張，八紘是頓。良醫治世，盡牛溲馬渤以兼收；大造資生，舉燕麥兔葵而並育〔四〕。如某者，材非駿骨，謾勞致士千金；質謝鵷膏，恐負報君一劍。敢不勉圖後效，冀補前愆？自今已往之年，粟濫東方，知《伐檀》而自勵；從此將來之日，竽羞南郭，期折篠以酬知。謹薦一毛，用將九首。隋蛇楊雀，總莫輸報德之私；召虎奢龍，願早即調元之位。可勝皇悚，不盡瞻依！

謝題加銜啓

竊念某材同斷梗，質類癰樗。少不習韜鈐，志違韓白；長未聞軍旅，識暗姜黄。祗緣謬荷三驅，遂爾濫當一路。聞雞起舞，雖報國之心長；牧馬稱驕，愧平胡之策短。目今氛迷遼海，無能銀漢除腥；祲匝燕山，莫救金繒啖虜。方虞幽斥，敢冀明揚？乃辱○○眷念蓋帷，垂情杵臼。憫榆枋之控地，揚糠秕以送天。其言久任責成，猶屬櫜鞬之分；至若加銜冒秩，何當鞶帶之榮。如此恩私，徒滋悚仄。齊竽溷食，幸逃愆于已往之年；鄒管回春，願結報于將來之日。

謝加銜啓

竊念某名淆鄭腊，食溷齊竽。剖瓠以爲樽，五石何當於用？

聚鐵而成錯，十州莫竟其非。況值軍民並困之秋，雖有意惠城烏澤雁；而當夷虜交訌之日，實無能清海猰天狼。分合褫鞶，法難冒級。恭遇○○大心體物，撫髀求賢。桃李盡在公門，已擷高柯之秀；菲葑無以下體，更收零落之英。脱豕負於泥途，全雉膏於鼎實。遂使參方伯十連之帥，謬及庸流；下宰相一等之官，誤加非類。丹成九轉，爐邊雞犬忽飛；骨售千金，櫪下駑駘亦奮。真是片帆吹閣，何殊寸管回春！如此榮遭，寧知報塞。薦賢爲國，幸相逢折節明公；悦己爲容，敢自後漆身壯士？三薰叩首，百篆銘心。自今已往之年，深愧梁無濡翼；從此將來之日，尚期庭有懸貆。

謝餉臺薦啓

伏以玉律回春，花木藉向陽之澤；金輪繼晷，樓臺分近水之暉。荷恩私，感切二天；圖報稱，泐深九地。竊念某囊錐鈍穎，襪綫微材。迷同覆甕之雞，識類窺栞之豹。沉淪倉史，嘆呼庚無補於三空；濡滯邊亭，感旁午徒傷夫四壘。深愧憂貽君父，何期見愛仁人！恭遇○○量普包蒙，道崇拔泰。擴杜甫萬間之厦，盡回寒士歡顔；垂申公千仞之綆，頓起重淵墜足。某三生何幸，一顧梯榮。蹩躠駑蹄，猥溷驪黄之内；蒙茸羊質，濫收狐白之中。寇已迫于門庭，敢曰壯猷虎奮？魂漸消於髀肉，寧言猛氣鷹揚？至過稱三輔之藩籬，真是簸揚糠秕；謬許岩關之保障，寧如拂拭泥塗。如此遭逢，何當稱塞！化工在手，幸借筆以點睛；感激盟心，顧勒銘而刻骨。一毛不腆，九頓是將。伏乞海涵，可勝岩祝！

謝閣部頒賞啓

伏以明王慮壓封樁，揭紫標而發帑；相國躬行大賚，分赤仄以推恩。六師同甘苦之仁，百辟荷解推之惠。豈期遜吏，亦濫榮施。恭惟〇〇鼎鼐居官，樞機運治。任三朝元老，爲萬里長城。扶天柱以繫地維，不欲憂遺君父；叱參旗而揮井鉞，直期虜靖封疆。頃者上眷膚功，下行膏澤。裊蹄麟趾，精鏐來内府之珍；蟒繡獅文，纂組出尚方之麗。原欲寵加勞勩，何當誤及疏庸。如某者，粟飽東方，久愧伐檀坎坎；竽吹南郭，更慚維莠驕驕。方虞鞶帶之褫，忽辱彤弓之貺。朱提爛熳，恍天球從瑶圃飛來；白鏹焜煌，疑寶鼎自芝房擲下。拜而色悚，感也魂摇。敝袴待有功，深愧一籌莫展；繁纓非小物，敢云三接爲榮？蓋惟師相軫念邊臣，勞有微而必録；故敷宣德意，惠無遠以不流。如此恩私，其何報稱？自今以往，素飧無補，業貽譏于鐵甲千重；從此將來，磨鈍有時，尚求效夫鉛刀一割。

校勘記

〔一〕“沭”，當作“沐”。

〔二〕“夘”，當作“卵”。

〔三〕“什”，疑當通於“釋”。

〔四〕“肓”，據文意似當爲“育”字，屬形似而誤。

尺牘卷五

啓報類

報孟晋純司成

恭惟〇〇品高鼎吕，望重台衡。玉署升華，久列一條冰柱；金甌覆姓，行登十里沙堤。斗仰盈朝，雲依遍野。某幸辱維桑之雅，未申獻曝之忱。方結想于龍光，忽分榮于鯉素。感同五貝，拜肅三薰。顧鹿鹿微生，慚無當夫世用；而魚魚後進，寔有望于裁成。不盡寅悰，統惟丙照。

報劉定余制臺

恭惟〇〇聖世鈞衡，熙朝柱石。幕府霜寒列柏，威靖金城；旗門風動長楊，烟消玉壘。已見銘懸日月，行看履踐星辰。某菅蒯微生，枌榆後學。望高標於貫斗，願切登龍；仰大厦之連雲，歡同賀燕。乃未修片牘，反辱斜封。誼實感乎維桑，情莫深夫報李。臨言頓首，伏楮宣心。

報李龍峰督撫

榆塞霜寒，邕威稜于臺柏；柳營日暖，分瑞色于衡茅。驚覆露之自天，愧懷暄其無地。思懸報李，誼感維桑。恭惟〇〇恒太元精，沱汾間氣。入平三尺，西曹肺石無冤；出守一麾，南國口碑有頌。金版妙張弛之略，績著龍韜；玉關高鎖鑰之司，塵消虎落。日者環飛北闕，詔起東山。擁繡斧以行邊，雷震三千毳幕；

建碧幢而開府，風清百二河山。久蜚韓范之聲，洊歷伊周之位。某枌榆後學，蘿蔦微支。夙企龍門，獻刺方懷御李；遥瞻雁帛，開椷忽辱投桃。赫蹏將寶墨交輝，白鏹與瑶函並麗。神驚異數，色動殊榮。三沐三薰拜素鯉，喜同躍雀；五章五服望華蟲，願切圖麟。不盡謝私，可勝祝悃！

報王麟郊按臺

皂囊封事，衮衣回日月之光；繡斧行邊，山岳凛風霜之氣。慰雲霓於八郡，筐有玄黄；消氛祲於三關，丸無赤白。野思扶杖，朝慶彈冠。恭惟老公祖〇〇百代真儒，千秋間氣。琴堂製錦，久蜚襦袴之聲；畫省含香，獨載縑綾之寵。峨豸冠而執法，赤陛生寒；擁鷺軾以巡方，黄沙度暖。兹者承綸北闕，代狩西藩。出郭埋輪，當道豺狼落胆；登車攬轡，憑城狐鼠消魂。横飛白簡之威，遠邁青箱之績。某高山可仰，幸從閶闔披雲；近水何緣？猥向樓臺得月。乃未修一藺，返辱雙魚。喜欲見於鬚眉，感更深於肺腑。夔龍上武，願早齊七政之樞；雞犬凡胎，猶冀舐九還之鼎。臨毫叩首，伏楮宣心。

報李孟白撫臺

股肱提八郡，保釐推京兆之勛；綱紀肅三齊，安攘茂中丞之績。邑風猷于列柏，鞏天運于苞桑。百度以貞，萬邦爲憲。恭惟〇〇中朝間氣，命世真儒。沅芷澧蘭，播芳馨於九畹；楚才卞璞，表靈異于三湘。七策佐軍儲，庚癸之呼不擾；五兵銷憲府，戊丁之變無聞。日者特簡宸衷，洊升卿秩。邦畿千里，已膺玉節金符；保障一方，更擁朱旗繡斧。牙標懸豸幕，鳥魚雄八陣之觀；羽檄列烏臺，虎豹凛三驅之命。况嗟箕泣斗，正二東告困之秋；而拯溺救焚，造萬姓更生之福。洪謨載著，揆席行登。某夙企高華，猥效倉庚博舌；今瞻大廈，忻同玄乙揚眉。乃未輸事上之誠，返辱下交之扎。盥開色悚，莊誦魂揺。一步一趨，引領常懷御李；三沐三薰，齋心敬致疏麻。不盡寅悰，諸唯丙亮。

報趙明宇方岳

薇垣明黼黻，依北斗以宣猷；芝檢焕瓊瑶，映西昆而賁惠。光生五貝，寵溢三蕃。恭惟〇〇華岳儲精，渭陽毓秀。含香粉署，佩揺秋月華星；綰篆黄堂，座擁和風甘雨。豹關嚴鎖鑰，出車聞鼓角朝閑；龍塞讋毡裘，引矢見旄頭夜落。兹者皇衷特簡，岳伯榮躋。帥控十連，總諸侯而作鎮；位高五等，據行省以平章。即看玉燭均調，佇待金甌早覆。某泥塗後學，菅蒯微生。受一廛以爲氓，忻同賀燕；仰萬邦其作憲，快睹儀鴻。乃未輸獻曝之忱，反辱中心之貺。赤蹏散采，依稀玉檢金函；白鏹焜煌，彷彿隋珠卞璞。拜嘉色悚，登對魂揺。謹盥手以修緘，誓銘心而載德。蠹蟫附謝，覼縷不宣。

報劉紫垣憲使

恭惟〇〇經緯長材，圭璋粹品。晨趨建禮，清霏雞舌之香；夜直明光，寵覆龍文之錦。督京儲而飽伍，績著天倉；總邊餉以蘇屯，功高地部。日者九重特簡，貳臬榮躋。絳節油幢，快睹法星高照；湘潭鄂渚，行看霖雨弘施。某夙企高華，披雲願協；頃聞崇晋，賀厦情殷。乃未輸葵藿之忱，猥荷瓊瑶之貺。感深五内，拜肅三薰。振勵紀綱，可喜風行觀察；調和鼎鼐，還期日洊平章。不戩綣私，統惟垂炤。

報張懷宇鹺使

恭惟〇〇瑚璉重器，黼黻洪才。天馬行空，踏霜蹄于冀野；

雲龍叶運，翻雪甲於堯封。暫紆調燮之勛，小試鹽梅之績。水晶佐國，寧誇管子權謀？斥鹵爲田，不是吴王霸術。九圜攸藉，七策兼資。日者最奏虞書，三載應登明之典；功高漢殿，六條先循吏之名。行看履踐星辰，佇待囊依日月。某龍門仰止，久切葵心；燕厦懸私，未輸芹獻。乃辱枌榆之愛，過蒙瓊玖之施。感激難名，汗惶莫罄。一言一衮，開椷驚寵溢百朋；五服五章，舉手祝恩崇三錫。敷芬喙短，結篆心長。

報林莫凡司理

夜月滿屋梁，千里遥瞻光霽；梅花逢驛使，一枝獨得先春。喜綸綍之洊膺，愧瓊瑶其莫報。恭惟〇〇甌閩間氣，牛女醇精。溟海搏鵬，六月奮圖南之羽；燕臺市駿，千金空冀北之群。尋晋黄堂，載司丹筆。片言折獄，五刑允而肺石無冤；束矢得情，三讞諧而口碑有頌。展也皋陶執法，居然定國稱平。兹者績奏虞書，榮蕃晋錫。琅函鳳檢，行看天上推恩；瑣闥烏臺，佇待日邊進秩。某分輝世譜，引領崇階。乃未輸傾藿之忱，猥辱投桃之惠。朱提璀璨，百朋寵溢尋常；墨瀋淋漓，一字榮逾華衮。感深鏤骨，頌切揚眉。

報柴延禧大尹

花縣分猷，快睹祥鸞表績；楓宸奏最，行看彩鳳銜綸。慶朱紱之方來，愧緇衣其莫致。恭惟〇〇龍山間氣，斗野元晶。秋漢平凌羊角，風搏九萬；春溟獨奮龍鱗，水擊三千。載膺百里之符，旋播十奇之治。宓琴初試，化調武邑弦歌；鄭錦方裁，色映河陽桃李。霖雨灑一犁之潤，澤有飛鴻；嚴霜生六案之寒，社無伏鼠。兹者虞書課政，歷三載以告成；漢殿稽勛，應六條而首善。姓已緝蘭臺之紙，身會依梧掖之扉。凡仰鴻儀，率懷燕喜。

某百年遭際，幸從驥尾之塵；千里勤渠，愧乏鵝毛之獻。乃承青照，重損朱提。鳳藻焜煌，采射西昆東壁；裊蹄璀瑑，光摇卞璞隋珠。莫任豹慚，衹深鰲戴。齋心附謝，可勝三沐三薰！拜手揚言，願祝五章五服。

報楊扶寰大尹

某堅同瓠落，朽類樗全。地部雞栖，愧一籌其莫展；風塵馬走，嘆七尺之徒勞。粟既溢於東方，竽更耻夫北郭。方虞蚊負，乃辱鴻施。赤蹏將寶墨淋漓，光生粉署；白鏹與琅函璀瑑，采射丹衷。慚報李之無能，念輸芹其何日？有懷銘勒，無任汗惶。

報張孚西大尹

青壁丹崖，久懸注想；景星瑞鳳，未接丰儀。慕藺有懷，班荆無地。台丈〔一〕鋒雄淬鶻，鼎重函牛。未輸元白之才，何減龔黄之業？兹者花封奏最，行看楓陛推恩。誠桑梓之榮遭，亦芝蘭之雅化也。不肖幸分末〔二〕照，愧乏先施。乃過承白絹之封，更辱朱提之貺。片言載寵，五貝流輝。情不淺于齒牙，感寔深于肺腑。不勝鳴謝，無任馳神。

報孫陽初大尹

閑曹逐隊，濫隨視草之榮；茂宰崇交，猥辱投桃之惠。何勝厚幸，莫報隆施。恭惟〇〇畢野儲精，桑源濯秀。才高元白，霏麗藻于丁年；學懋程朱，跨奇英于午榜。蓋天生國士，允宜玉署升華；而帝軫民岩，暫假銅章出牧。牛刀小試，政成兔膽之銛；凫舄初飛，化洽鴻毛之順。拔園葵而表介，庭有懸魚；蕃隴麥以流蘇，野無哀雁。兹者虞書三載，適當奏最之期；漢計六條，首擅循良之績。佇待九遷日至，行看三錫雲從。寓縣生輝，鄉邦借重。如某者，枌榆下士，蕭艾微材。淹滯十年，自分駑黄冀北；迍邅一第，誰云豕白河東？乃辱高情，過承寵貺。衷懷報李，敬鏤骨以弗諠；誼感維桑，謹瀝心而陳謝。

報王棟宇大尹

恭惟○○三晋苞奇，五峰毓秀。丁年掞藻，日華高五色之文；卯榜蜚英，月殿吐千秋之氣。鴻才久著，駿業行昌。頃者小試牛刀，禮教企弦歌之化；乍騰鳧舄，仙班齊葉令之名。洵哉聖世龔黄，展矣明時召杜！如某者，雲瞻大厦，月泣都門。一旦遭逢，幸依毛於薦鶚；十年淹滯，竟羸角於藩羊。玆借洪庥，猥叨末第。暮雲春樹，方懸憶李之私；明月夜光，反辱投桃之惠。何勝感激，不盡敷宜！千里故人驛騎，喜通梅信；三台重望循良，佇晋花封。

報孫太恒先生

銅章飛冀北，福星將北斗同輝；玉律轉齊東，靈雨及東皇共溥。花封有幸，荷大厦之帡幪；梓里多光，藉餘庥于廕庇。况承鼎惠，益切豫鳴。恭惟○○《詩》《禮》承家，文章用世。雲衢萬丈，子午卯酉聯登；喬木千年，父子祖孫濟美。緊浣溪寄字，終須造鳳之才；爲渤海治繩，暫借割雞之手。舄鳧到處，一簾化日熙熙；琴鶴臨時，兩袖清風習習。大裘推覆被，行聞五袴興歌；幽谷發陽春，佇看雙岐呈瑞。某社分桑梓，猥緣倚玉而居；室入芝蘭，幸得薰香以化。憶昔東郊分袂，愁聽班馬長嘶；維今南浦牽懷，忍見征鴻乍度？方懸心於御李，忽辱愛於投桃。感激良深，拜嘉未已。捧冰鱗而會意，料解紛無異烹鮮；擎玉笋以興思，想理錯如同破竹。伏願功施社稷，澤被人民。馴雉閑來，青岱循良稱第一；儀鴻高漸，黄扉燮理擅魁三。

報黄靈河駕部

緬惟先父母大人，操嚴苦蘗，政普甘棠。半虎初分，南國方來白艾；全牛立解，西藩共仰青萍。崇勛擬勾注崚嶒，濊澤及滹沱瀲灩。一麾守壯，五袴騰歌。方期紫鳳之占，忽入白鷄之夢。碑懸墮淚，涕痕雖染堯封；旐擁游魂，血食猶艱孔廟。久虚曠典，未遂輿情。恭遇台臺，貫斗雄才，格天純孝。箕裘綿世業，連一甲以升華；俎豆假先靈，配兩丁而崇祀。蓋報功報德，雖國家追薦之常儀；而善作善承，實人子光昭之盛事。春秋澤遠，芹宫分萬載尊犧；雨露思〔三〕深，梓里右千年肸蠁。神人日慰，山水風長。如某者，醯甕餘生，鹽車棄質。憶當年御李，幸依馬帳餘輝；喜今日識荆，快睹龍門重望。頃者愛隆投轄，猥下龍肌；惠注敝帷，更來鯉腹。物儀兼至，感愧交增。殊無轉芥之功，乃辱投桃之貺。機絲出漢，迴月夜於三更；寶箑裁雲，播仁風於萬里。佩蘭牌而飾體，韋布生香；捧莢皂以修容，縞綦出色。至若緁披日月，僭同公子之辭曹；履踐星辰，謹附藺生而完趙。敢將子墨，用表寅丹。外庀巴紈，仰求郢斧。

報張洪源憲使

恭惟〇〇七昴元品，三雲間氣。花封馭鶴，閑庭無鼠雀之喧；柏府乘驄，當道屏豺狼之迹。人推斗望，世仰風裁。頃因南牧之妖氛，遂領西陲之節鉞。碧幢乍啓，三單士馬宣靈；玉帳初開，萬里胡雛納款。允矣名高韓范，洵哉威鎮華夷！某夙企鴻儀，思負劍有懷御李；今聞駿伐，願執鞭無地班荆。乃藉榆陰，重承華翰。雲箋下擲，驚翥鳳之從天；露布遥傳，慶飛鴞之集泮。可勝舞蹈，莫罄歡呼。銷金甲以事春農，喜見戈投紫塞；攬玉衡而扶夏正，行看履曳黄扉。不戩下懷，並惟崇炤。

報閆立吾憲使

竊念某文慚楚雉，技蹶黔驢。蠹簡淫淫，未了神仙之字；鷄窗兀兀，空銷學究之魂。兼以磨蝎迍邅，坎蛙跼蹐。埋頭豐縣，望赤土以無從；焦尾吴門，冀金徽而莫得。鹽車自僨，醯甕誰憐！恭遇○○山斗崇標，海天大度。推心孚白屋，高揚秋月華星；握髪下青衿，廣布春風化雨。某忻當就日，蝇附何勝！喜遂披雲，哇〔四〕嗚莫罄。數年培植，真同吹萬之仁；一旦遭逢，總藉函三之德。方懷結草，敢望投桃？乃台臺不靳隆施，以光下走。標揚錦字，鴻恩與日月高騫；扁璨璇題，駿惠及雲霞並麗。業已耀蓬門而榮梓里，感九地以戴二天矣。頃猶遠錫瓊章，遥頒鼎貺。精鏐爛熳，依稀五貝百朋；鮮墨淋漓，仿佛金書玉檢。且過蒙奬借，猥荷提携。管〔五〕蒯無知，被陽春而競秀；蛩螿有覺，感節候以争鳴。倘從載筆之余，誓篤銜環之報。

報盛老師

泰茅彙進，兼收菲葑之餘；夬莧迎陽，謬入參苓之選。方荷嘘枯於吹萬，敢云造命于函三？欽惟老師，青鏡高懸，朱絲廣運。斗墟望紫，識雌雄于氣色之中；冀野掄良，收牝牡于驪黄之外。如某樗蒲散質，僭陪覆露丹芝；菅蒯微生，竊附倚雲紅杏。然而一時奮羽，雖叨淡墨之書；十載埋頭，竟冷飛黄之夢。以故撫膺自痛，慚遊安定門墻；而嚙指相看，益守尹公轂率。兹者足窮三刖，骨售千金。此皆老師轉日之功，詎謂小子窮年之力？乃未申鄙曲，猥辱隆施。寶墨淋漓，度赫蹏而送采；精鏐璀璨，映白賁以生輝。頂戴有天，鎸銘無地。謹對蘧而仰斗拜嘉，三沐三薰；更望座以瞻雲奉範，一趨一步。伏惟丙炤，不盡寅悰。

報沈年伯

恭惟台臺，百代真儒，三吴間氣。菰城攬揆，萃海岳之晶華；竹箭標奇，擅東南之芳譽。錦心蟠大酉，片言香襲芸械；綵筆映長庚，累葉榮登桂籍。千金買駿，出燕市以騰黄；百里飛鳧，度牛墟而散紫。春風開水鑑，清迴鱺渚之波；秋月照冰壺，冷沁龍山之嶂。允矣明時召父，洵哉聖世神君也！兹者績上天官，功當帝鑒。虞廷課最，歷三載以告成；漢計代終，應六條而首善。此日銅符墨綬，喜看製錦收功；異時瑣闥烏臺，伫見傳綸載寵。如某者，種甘瓠落，材類樗全。戰玄蟻於螭頭，殊謝日華五色；附青蝇于驥尾，俄驚雲路千尋。幸藉天緣，猥聯世講。乃鵝毛遠道，未輸侄子之誠；鴻羽遥空，反辱伯翁之貺。捫心自愧，靦面誰堪。悵無地以鎸銘，誓有天而頂戴。蒼黄報命，懼三薫名溷殷函；朱紫升華，願八座聲高鄭履。統希丙炤，莫罄寅悰。

報晋藩啓代

竊念某塞垣匏繫，澤國樗全。詧四方以告成，拮据殊慚召虎；懷萬邦而錫命，遭逢忽訝從龍。猥被鴻庥，僭當蚊負。列柏之榮未稱，投桃之惠旋加。寶墨淋漓，揜映丹文緑牒；瑶筐璀璨，昭回霧穀雲綃。展貺魂摇，登嘉汗漬。折足深虞夫覆餗，披衷尚歉于懷暄。芝檢分光，揚湛露聊憑便羽；蘭臺叩祉，挹雄風更覔専蹄。不任寅恭，伏惟丙炤。

報瀋藩啓代

竊惟萬壘師閑，愧横草無施於芥葉；九天泰洽，顧拔茅濫及於葑根。方懷悚惕之深思，乃辱贈貽之腆貺。精鏐爛熳，映九府以流輝；文綺繽紛，照七襄而動色。且琅函麗日，一封價重兼金；更璿藻迴雲，片語榮過華衮。敢不拜嘉優渥，銘勒恩私！雁塞棲遲，屬櫜鞬徒懸雀躍；龍墀瞻仰，報瓊瑶尚冀鳧飛。汔可展良，以圖申謝。

報按院啓代

竊惟某榆關分一面，謬膺緑幕之權；柏府卧三商，久包素餐之慮。正謂負乘是懼，豈云推轂維賢？蓋朽骨售千金，元應後至；而枯株登萬乘，式藉先容。方懷提挈之仁，乃辱問遺之典。離文綴緒，光揺秋月華星；鼎貺盈函，寵溢龍山雉火。三薫拜啓，驚瑞靄之翻空；什襲珍藏，訝流虹之貫櫝。敢不盟心載德，抃手揚私？珥筆布風霜，已見彈冠共濟；荷囊依日月，尚期曳履先登。嗣有專修，聊兹附謝。

報按院送贐啓代

竊念某生慚顧柳，質謝莊樗。荏苒邊城，未遂投簪之願；蹉跎歲月，空懷覆餗之憂。依列宿于魁三，鰲山首重；覲高天於尺五，鯨海神揺。方深遠道之思，忽荷長亭之贈。鸞牋撩映，瓊章偕妙墨争奇；駿惠聯翩，緗帙並精鏐競麗。捫心莫任，揣分奚宜？蓋投李投桃，未罄多儀之貺；而報瑶報玖，徒懸永好之誠。敢告蘧伻，敬完趙璧。捧百朋而戴德，詎堪自赫鵷雛？勒五内以銘私，更祈蚤飛鸑鷟。伏惟離照，曷任豫鳴。

報撫院送贐啓代

驛路晚霏烟，政嘆星軺躑躅；烏臺朝散彩，俄驚雲翰翩翻。捧宋鎰之焜煌，榮生祖道；附殷函而悚惕，愧溢征鞍。賁惠難名，旅懷倍仄。切念某挈瓶璅智，伏櫪庸材。繡斧臨戎，方廩師貞之吉；琅凾升秩，猥承晋錫之頒。叨七校于西樞，祇深蚊負；借一言於南浦，式壯皂分。顧折柳扳梅，尺素雖傳悃款；而投桃報李，寸丹未展勤渠。敢裁戔戔之誠，用表匆匆之意。雲山千里，因藺使以回椷；風雨一樽，戒倌人而命駕。

報制臺送贐啓代

鷄樹羞栖，簪笏久叨蒼佩座；龍沙惜别，瓊瑶先出白登城。八行天上飛來，河梁壯色；百鎰雲間擲下，舍軷生輝。真感激以難言，更汗惶其莫罄。竊念某行甘泅俗，志愧匡時。閑北斗於朱旗，莫效龍圖偉略；濫西樞於玉帳，益滋蚊負深憂。未修上達之誠，乃辱下交之典。殷勤赫墨，情逾悉於投瓜；鄭重玄黄，貺實珍於垂棘。顧中心篆結，徒懸五内之銘；下拜登嘉，轉歉七襄之報。謹裁寸縷，用佈寅恭；敬附尺箋，以當申謝。

報杜將軍啓代

瓊翰迴雲，度八行而送采；碧蹄麗日，聯五貝以生輝。捧牘神驚，拜嘉色愧。恭惟〇〇明時召虎，聖世非熊。豹略肅韜鈐，黄石素書高七澤；魚符嚴鎖鑰，清霜紫電靖三巴。某黁托枌榆，施同蘿蔦。望長城于劍閣，共月情深；仰大樹于蚕叢，披雲念切。玆者幸從蝇附，總藉鴻庥。乃未申傾藿之私，猥辱投桃之愛。翩翻楮葉，恍疑白絹斜封；縹緲松烟，快睹丹文紛布。一札光騰于東壁，百朋價重于南金。喜溢鬚眉，銘深肺腑。榮頒賁惠，謹登拜於三薰；感激豫鳴，敬陳情於九頓。

報高參戎

名高大樹，望重長城。緩帶輕裘，威已宣於九塞；投醪挾纊，惠更及于三軍。某傾藿有心，班荆無地。幸與同舟之事，殊深借箸之思。乃未走殷函，翻承漢札。赫蹏璀瓅，驚來紫電清霜；墨汁淋漓，疑下素書黄石。先施切感，後至希寬。

報董漕臺

伏以六轡風行，快睹霜前振斧；百朋日麗，俄驚天上投瓊。慚莫致夫雀銜，感寔深于鰲戴。恭惟〇〇古今直道，朝野且瞻[六]。列星高箕尾之分，光摇潮水；冬日靄幽營之地，律轉燕山。豺狼屏迹于埋輪，鵷鷺懷音于簉羽。維兹漕運，式借台靈。輓粟蜚芻，總梯航於萬國；騰槽飽伍，調庚癸于三空。當舳艫既凍之餘，奏檣櫓先登之績。官軍用命，正運兑運支運，喜看画舫星馳；内外蒙庥，京倉通倉邊倉，伫見紅塵露積。某塞垣下士，版部庸流。愧無四寸之能，謬贊九圜之職。仰承鴻造，得效駑驅。雖奔走河隍，勉罄趲催之力；顧瞻依斗極，未酬臨照之慈。反辱豐函，兼承鼎貺。八行散采，恍聯珠合璧霏來；五貝凝輝，疑大瑹連城擲下。省躬增恧，拜寵爲榮。敢因蘧使言旋，敬附殷緘鳴謝。水邊得月，幸迓驄御于方來；天外披雲，會覲龍光于孔邇。敷宣莫既，感激難言。

報龍憲長

竊念某堅同瓠落，朽類樗全。京廩持籌，未濟呼庚之急；通漕轉餉，徒滋旁午之憂。粟濫飽于東方，竽忝吹夫南郭。傾以逆酋犯順，三韓警切燃眉；猥因兵政乏人，一旦僭膺除目。歌《采薇》而出戍，愧無"執訊"之猷；按細柳以行邊，寧有誓師之略？蚊山懼重，蚷海知深。方虞簡命難勝，忽辱琅函遠及。赫蹏爛熳，恍絲綸從河漢飛來；白鏹焜煌，疑琬琰自雲霄擲下。豫鳴莫罄，感激難言。謹滌肺以銘慈，敬緘詞而勒謝。

報蕭司理

才高元白，業駕龔黄。星鳳光華，久識人間異瑞；雲龍遭際，俄收天上殊榮。當三年報績之期，正五服登明之候。仁敷艾韠，争傳丹筆無冤；寵賁芸函，快睹黄麻有俶。某一廛托藉，萬厦蒙庥。常懷傾藿之忱，未遂輸芹之念。乃承青炤，重損朱提。一字一金，疑琬琰從天而下；三薰三沐，祝絲綸應日蕃來。不戩謝私，統希台鑒。

報牛太守

伏以五馬行春，久繫日邊之望；一鴻飛信，俄驚天上之音。寵寔重于百朋，感更深于五内。恭惟〇〇三川間氣，二室淳精。負元白才名，鶚薦早登天府；懋龔黄事業，龍光漸逼楓宸。錦江高兩舄之班，紫塞叶三刀之夢。權分唐節鉞，提虎竹以專城；儀肅漢簪裙，擁熊轓而治郡。人歌五袴，帝眷三旌。某宦海漂萍，未遂班荆之願；家山借樾，殊懸御李之私。乃一芹莫致於崇臺，三錫頻承于遠道。赫蹏散采，恍如江漢鋪星；白銑流輝，疑是瑶琨麗日。神驚異數，色動殊榮。慚獎借之逾涯，淫淫汗墮；顧報稱其何日，業業衷銘。莫罄敷宣，祗深瞻戴。

報鎮將

伏以龍韜夙著，殿九塞以流鴻；魚素斜封，載八行而賁寵。貺擬瓊瑶之重，感當肺腑斯深。肅庀殷函，恭完趙璧。寅惟〇〇三軍司命，萬里長城。劍潑胡霜，瀚海秋閑鼓角；弓彎漢月，陰山夜落旄頭。當三韓壘卵〔七〕之餘，仗一面維城之寄。功高召虎，望重非熊。不佞久懷屬樹之思，莫遂班荆之願。兹者謬分赤羽，幸接朱旗。緩帶輕裘，快睹師中長子；犁庭掃穴，行看閫外元戎。乃未修執雁之儀，猥荷投桃之惠。捫心知仄，拜首增慚。敢對使以珍完，敬椷詞而錦謝。

報鞏大尹

恭惟〇〇才駕飛黄，品高結緑。朱絲掄秀，名題千佛之經；黑綟分猷，政茂十奇之咏。拔園葵而表介，袖擁清風；去田莠以釐奸，廉邀明月。有人耕緑野，九區占黍稌成陰；無吏到青郊，四履報雞豚不擾。家稱慈母，户凛神君。某幸分榆社之光，快睹花封之績。乃廬中伏塊，未輸綫縷之誠；而雲外飛緘，忽辱瓊瑶之惠。榮生丹旐，感切黄衣。翹企層霄，莫罄披衷于既往；眷言永日，尚期圖報于將來。

報鄭副戎

恭惟〇〇萬里干城，九邊鎖鑰。雁門仗節，閑士馬以銷烽；龍塞擁旄，泣胡雛而靖幕。雅著非熊之望，聿高召虎之功。某梓里分榮，轅門借勝。隨陽有念，久懷寸草之私；獻曝無能，莫致疏麻之悃。猥承佳貺，殊切汗皇。望望台階，益仰雲霄之德；嬛嬛苫塊，愧無瓊玖之將。敢對使以璧完，敬緘詞而錦謝。

報蔣太尹

恭惟〇〇才雄元白，業駕龔黄。筆燦五花，色映含珠之浦；經傳千佛，名高淡墨之書。振木鐸于青氊，春風滿座；綰銅符于赤縣，霖雨隨車。纔横單父之琴，即沛武城之愛。十奇初咏，三異行登。某伏首麻髽，莫遂班荆之願；皈心芝宇，寔深御李之私。乃未致齒裳，翻承晋璧。感深五内，拜肅三薰。謹領牙璋，以圖優沃；再登穎管，用寫高明。不盡敷宣，可勝銜輯！

報各部道

伏念某拆綫微材，挈瓶小智。十年通藉奮雲泥，雖志切勛勷；三載栖苦感風木，竟魂消侘傺。心隨髮短，願與時違。自維長棄于林皋，詎意翻膺乎節鉞！况國步多艱之日，豈容粟濫東方？而邊情孔棘之秋，寧許竽吹南郭？猥蒙鴻造，誤點鵜梁。燕山烽火連天，敢自顧室家之便？遼海腥羶匝地，念誰遺君父之憂？是用舞效聞雞，驅同叱馭。方抱僨轅之愳，敢當束帛之施？白絹斜封，彷彿下七襄雲錦；朱提寵錫，依稀來萬鎰天球。感德難名，登嘉莫罄。投桃糜厭，深承戒使以遺縑；報李何期？窃效授飧而返璧。伏惟涵茹，可任冰兢！

報霍計部

竊念某風塵下走，草土餘生。三載扶桐，魂已消于雁塞；一朝受簡，懔寔重于蚊山。方虞鰲載之維艱，乃辱鴻慈之鼎注。遠承華札，莫罄瞻依；盥讀瑶章，何勝愧悚！才慚文武，敢希麟閣之勛？地控背肩，轉愧犁庭之績。恭遇〇〇琮璜粹品，經緯宏謨。調七策以抒籌，坐見騰槽飽伍；布九圜而養士，行看卧鼓銷烽。此不佞弟拳拳仰藉金繩，而亟亟依皈玉尺者也。肅緘附謝，不戩報私。

報王副戎

不佞生逢羽檄，技愧毛錐。年近無聞，嘆頭顱之未改；時當多警，傷髀肉之復生。方甘長卧林皋，何意頓膺節鉞。四路材官雨集，寧無破虜將軍？三屯甲馬雲蒸，豈鮮護疆都尉？猥承綸命，徒切冰兢。任重力綿，政切蚊山之懼；情深儀摯，忽蒙虎幄之施。感激難名，登嘉易隕。謹三薰而璧謝，敬百篆以銘衷。

報張憲使

伏念某尾瑣庸流，蒯緱下品。六年倉使，愧莫抒庚癸之呼；五月邊臣，徒有感戊丁之變。況風木憂銷壯志，而雲泥望斷高逵。豈期苦苴之餘，猥荷絲綸之重。駑馬玄黄改色，寧堪策奮長途？巖疆赤黑馳囊，未許竽吹下吏。飲冰滋懼，覆餗懷慚。恭遇〇〇貫斗雙鋒，擎天八柱。擁旗幢而開瘴厲，夙嫻召虎之猷；佩劍履以上星辰，雅負奢龍之望。某幸隨鞭弭，喜溢鬚眉。乃未申綫縷之誠，反辱瓊瑶之貺。赫蹏璀璨，疑七襄從河漢飛來；白鏹焜煌，若五貝自昆侖擲下。可勝感激，莫罄報私！謹對使以登嘉，敬緘詞而附謝。

報崔侍御

伏以三節推榮，濫沐絲綸從露下；八行載寵，俄驚琬琰自天來。飲水思源，負山知重。恭惟〇〇燕山間氣，灤水淳精。曳履踐星辰，池上識九苞威鳳；峨冠依日月，殿中驚一角神羊。廟堂高借劍之風，海宇壯埋輪之烈。班崇執法，望重持衡。某瞻鷺軾于雲霄，夙仰居官鼎鼐；奉龍門于咫尺，忻從近水樓臺。乃未修敬上之儀，猥辱下交之典。朱提爛熳，恍昆侖萬鎰之奇珍；文綺繽紛，疑河漢七襄之異錦。兼以蘭漿桂醁，寵溢屠蘇；芝檢芸函，榮逾華衮。拜嘉色悚，捧貺魂摇。式戒使遺縑，深感大夫之惠；爰受飧返璧，僭同公子之辭。伏乞鑒涵，可勝銜謝！

報魏尚寶

伏以霜明畫戟，高臺分法曜之輝；露湛瑶函，空谷喜蛩音之賁。報璚誼重，引玉慚深。恭惟〇〇參井含靈，行河挺秀。玄珠白璧，五千圖史撑腸；紫電清霜，十萬甲兵柱腹。偉抱涵今而茹古，壯猷緯武以經文。赤棒擁花驄，攬轡靖燕山之瘴；碧幢摇綉豸，提兵清潞水之波。地近魁三，已見金函尚璽；天纔尺五，行看玉軸持衡。某落瓠孤踪，維桑後學。叨厠鄰封而共事，幸聯姓字于和衷。方虞葵藿之未申，乃荷瓊琚之下及。繽紛白絹，八行迴鳳藻鸞文；爛熳朱提，五貝錫裊蹄麟趾。拜而額手，感也銘心。敬布謝忱，統希崇照。

校勘記

〔一〕此前疑脱“恭惟”二字。

〔二〕“未”，疑爲“末”字之誤。

〔三〕“思”，依文意看當爲“恩”字之誤。按以“雨露”喻恩情，典出《詩經·小雅·湛露》。

〔四〕“哇”，當作“蛙”。

〔五〕“管”，前後文屢屢出現“菅蒯”一詞，是“管”字當爲“菅”字之誤。

〔六〕“且瞻”難通，當爲“具瞻”之誤。按此典出《詩經·小雅·節南山》：“節彼南山，維石巖巖。赫赫師尹，民具爾瞻。”指大臣位高權重，爲社會廣泛矚目。

〔七〕“夘”，當作“卯”。

尺牘卷六

啓候類

候葉台山座師啓代

伏念某醯甕微生，鹽車下走。十年甘寂寞，祇同傲歲黄楊；一旦慶遭逢，莫副倚雲紅杏。恭遇老師，藥籠廣庀，藻鑑弘開。遂令吴門焦尾之琴，傍朱弦而發响；豐縣埋頭之劍，借赤土以生輝。義重在三，恩深拔十。日者甫離草野，謬列花封。敝帚千金，何當公侯用世；郎官百里，殊慚父母斯民。雖勉抒狗馬之勞，猶恐負牛羊之托。是用恭修魚素，仰乞鴻慈。一篋隨雲，深愧鵝毛地遠；三台捧日，遥瞻雉尾天高。不腆荒儀，妄希莞納。

候李二溟座師啓

伏念某沱陽樸樕，塞下駑駘。燕麥兔葵，猥溷公門桃李；牛溲馬渤，僭倍藥籠參苓。感拔十以懷恩，廪在三而圖報。顧一時遭遇，雖從鵬鶚之群；十載沉淪，竟抱龍猪之嘆。陸莊無賴，范缽空傳。是以嚙指相看，深愧尹公彀率；捫心自語，何當安定門墻。且日下望南車，徒懸仰止；雲間瞻北斗，莫遂摳趨。久負生成，真同死罪。兹者足窮三刖，骨售千金。灶下焦桐，藉朱弦而發響；亭前敗篠，附玉笛以流音。此皆老師鼓鑄之仁，詎曰小子鑽研之力？有天頂戴，無地鐫銘。是用敬走荒械，聊將鄙念。歛青緺而五頓，願言尺五身臨；拜絳帳以三呼，惟祝魁三手綰。

候曾少保啓代

元宰持衡，丕著包蒙之度；卑員捧檄，式懷鳴豫之私。仰八座於高明，形神頓爽；繹三褫於狂瞽，愧感交增。恭惟〇〇一代真儒，百年名世。含香粉署，三宫錦覆天恩；秉鑑銓曹，九品疏清月旦。蘭臺典禮，不修綿蕞之儀；棘府平刑，獨沛寬和之化。際三朝知遇，謀王斷國佐熙明；握兩省樞機，緯武經文弘注厝。金甌特晋，榮分九陛之休；玉鼎專調，和凹六符之氣。誠廟堂之柱石，寰宇之達尊也。如某者，蠓蠛些生，借余光於醯覆；駑駘下品，沾左顧於鹽車。曩不思螳臂之區區，敢拂龍鱗之赫赫。方謂草茅倨侮，甘白鑕其何辭；不圖淵澤優容，放黄岡而待罪。蓋惟台下以乾坤大德，任勞任怨而不蓄偏私；某以蒲柳微軀，憂國憂民而得延殘喘。日者西陲濫職，誰非覆露之餘？是以北斗瞻輝，益仰垂雲之庇。故兹野人不揣，敢輸暄曝於崇臺；遠念憑將，敬叩興居於函丈。伏願攬黄樞而論道，鞏震位於常尊；依紫極以扶元，燮離明於久照。

候傅太史求制文啓代

鑾坡視草，手扶雲漢之章；玉署宣麻，口代絲綸之大。敷陳賁惠，振勵官常。斗山望重於明時，椽筆聲騰於異代。恭惟〇〇九苞備質，五彩成文。蟾窟秋高，掞藻壓《三都》之賦；龍門春曉，蜚英題千佛之經。據白虎以校讐，乙夜青藜獨對；探碧雞之幽賾，西山赤简平收。瀛洲隨十八神仙，侍高香案；璧澤布三千禮樂，化洽青衿。九重咨制草攸關，萬國望沙堤新築。如某雁門叨倅，幸分御李之緣；鳳沼瞻休，雅抱識荆之願。兹當考績，例得貤恩。敢希名世璣珠，用作傳家琬琰。顒陳下悃，是假先容。倘憐烏鳥私情，下華衮於榮親之典；將效靈蛇鄙意，銜明珠於報德之辰。九頓遥呼，萬惟俯納。

候湯霍林太史啓代

恭惟台下，五嶽鍾靈，四溟毓秀。平搏碧漢，振九萬以圖南；獨對丹墀，掃三千而逐北。横經登虎觀，探蘭臺石室之奇；珥筆立螭頭，掞金馬碧鷄之麗。鑾坡供奉，日高五色捧紅雲；史局編摩，風動八音稱白雪。日者黄扉視草，九重綸綍耑司；紫極宣麻，一代鹽梅伫寄。如職者，草茅下士，菅蒯微材。仰大厦之千間，神馳燕雀；羡方塘之半畝，迹阻龜魚。頃承唾咳之私，式慰瞻依之念。顧龍門修阻，徒懷御李之忱；而鰲禁森嚴，未展輸芹之報。感三生而有幸，勒五内以何勝！是用俯效殷勤，少將暄曝。伏惟海納，曷任巖瞻！

候卞汶嶺稽勛啓代

陽春德大，潛回黍谷之生；野曝誠微，寔切芹泥之獻。幸帡幪之有藉，顧繾綣以何勝？戴重二天，感深九地。恭惟〇〇錦江濯秀，巫峽鐘靈。修身德備中和，遠邁當鋒之烈；華國才祚黼黻，近殊抱璞之貞。鳧舄擁琴堂，日麗弦歌鳴萬户；鷄香含畫省，風清佳氣襲三台。日者秩簡天曹，勛稽吏治。冰壺乍啓，寒潭秋月俱澄；藻鑑高懸，瑞鳳祥麟畢照。如職者，岐山賤士，汧水縈儒。燕麥兔葵，慚溷公門桃李；牛溲馬涬，叨陪藥籠參苓。感知遇之非常，誓鐫銘而莫罄。濫竽邊倅，雖辱牧於牛羊；而叩祉崇階，未效私於犬馬。矧晋國邇來凋敝，雁門夙號衝疲。覆餗憂深，負乘念重。倘留神於鞭策，將戮力於馳驅。敬上暄悰，祈垂電炤。

候張洪源侍御啓代

恭惟〇〇朝野具瞻，古今直道。梟舄擁琴堂之鶴，一天雨露隨車；豸冠行幕府之驄，萬里風霜動岳。皂囊白簡，已驚當道之豺狼；黄卷青箱，更啓傳家之麟鳳。喜見威騰鐵柱，會看姓覆金甌。如某者，鹿鹿庸人，魚魚後學。半生沉白屋，久甘醯甕同蒙；一旦領青氈，猶苦鹽車獨蹇。飧餘苜蓿，敢嗟朝日之寒？秀歉芙蓉，不怨秋江之晚。日者欽從烏仗，快睹鴻儀。方切幸夫執鞭，忽承恩於解橐。青陽有意，頓回幽谷之春；赤御無私，乍轉窮檐之照。有天頂戴，無地鐫銘。是用裁尺素以披衷，勒寸丹而報惠。伏願三台炳燿，膺止祉于槐階；更祈一字吹嘘，布餘膏於梓里。

候史蓮勺侍御啓代

緑野風高，久係東山之望；烏臺地迥，常懸北斗之思。依馬帳以有懷，恨雀環其未報。衷凝耿耿，仰切岩岩。恭惟〇〇渭水人龍，華山威鳳。胸繙大酉，儷丹文緑字之奇；筆掃長庚，散東壁西昆之采。秋空披桂蕚，冲開九萬雲程；春水泛桃花，擊破三千雪浪。銅符曳綬，一天膏雨潤梟墟；鐵柱峨冠，萬里嚴霜飛鷺軾。如某者，介山礦質，汾水樗材。桃李分榮，借春風而發秀；樓臺近水，迎夜月以生輝。感如一之深恩，有天頂戴；荷再三之至教，無地鐫銘。頃附驥塵，總叨鴻庇。皂囊千古重，祇瞻赫赫崇標；絳帳五雲深，莫罄區區遠念。敢因順羽，敬貢荒械。伏願早覆金甌，常調玉燭。朱旗閃日，威清地雁天狼；黄閣排雲，業配奢龍召虎。

候胡慕東給諫啓代

青瑣夜寒，槐棘凛飛霜之氣；紫垣春曉，蒯菅沾覆露之仁。帲蓋良多，瞻依倍切。恭惟〇〇三秦攬秀，八舍蜚英。丹地納言，秩重東臺之相；黄門批敕，封還北闕之文。詔孅諷惡以披忠，秉道嫉邪而就列。百辟維其章癉，一人藉以繩糺。如某者，鄉曲迂儒，邊亭下吏。濫竽三載，愧無塵露之功；托厦萬間，猥荷雲天之庇。兹當考課，實藉提携。魚目九淵，敢溷明於鮫客；駑蹄一顧，全借重於孫陽。謹布腹心，伏祈卵翼。

候李心白中翰啓

冀野空群，千里幸蒼蠅之附；斗墟色燦，一方生丹鳥之輝。喜雲路之聯翩，悵雷門而翹企。恭惟〇〇漳汾納秀，恒太儲精。一見登龍，聞望遠逾令伯；萬言倚馬，才名近邁崆峒。策對楓墀，絢錦繡胸中禮樂；班連薇省，掌絲綸閣下文章。依玉燭以調和，先司政本；啓金甌而覆姓，行擅鈞衡。如弟者，沱水寒菅，雁山棄石。慚埋頭於醯甕，甘掉尾於鹽車。一日慶遭逢，偶隨鸞鳳；三年同落寞，竟别龍猪。祇深夜月之思，莫覯春風之座。憶鳴騶出代，雖御李於行臺；而法駕還并，未寄梅于驛史。有懷耿耿，無任依依。敢因方便鴻音，恭叩興居駿祉。伏願身臨尺五，手握魁三。廿四考冠中書，位進居官鼎鼐；百千秋垂福曜，光分近水樓臺。

候丘震崗道尊啓代

綸綍下雲間，一段祥光連北闕；幨帷開日表，十分和氣靄西藩。軍民佇待其蘇，文武行看作憲。朝紳藉色，圉吏揚休。恭惟〇〇聖世真儒，明時間氣。金條司理，五刑多平反之仁；粉署含香，八座茂登閎之績。朱幡當亳郡，春回鼓腹千封；白羽震秦關，夜净旄頭萬里。玆者燕都轉〔一〕檄，晋地分籌。重望馳時，遥奠太行之鎮；先聲到處，豫清汾水之流。邊城篴發鳴騶，在在咸思扶杖；驛路鉦催徂旆，人人快睹行軒。某竊綬一方，愧已往功疏於計日；濫竽半倅，喜將來庇托夫垂雲。宜趨道左之塵，奈阻塞門之迹。是用恭修短狀，仰候崇臺。注目幨帷，竭蹶無能縮地；懸心節鉞，披忠有念瞻天。

候盛躋崖房師啓

恭惟〇〇玉柱崇標，金陵間氣。文章璀璨，跂班馬以追蹤；事業嶙峋，駕夔龍而接武。走雙鳧於赤縣，閭中苦蘗宜人；叱五馬於神州，齊下甘棠遍野。喜見蘭臺注姓，行看楓陛疏名。如某者，樗櫟庸才，幸逃紅勒；泥塗曲學，謬引朱絲。感拔十恩深，有天頂戴；荷在三誼重，無地鎸銘。顧一舉遭逢，雖辱歐公之點；而九年淹滯，竟荒陸氏之莊。殊愧門墻，未當衣鉢。枋榆是搶，徒嗟夢叶飛黄；桃李無顔，豈謂文成曳白。况甘牛馬，莫致鱗鴻。成恩未報于台端，死罪何辭于牖下！玆緣春便，敬候興居。瑣瑣鵝毛，千里願伸繾綣；區區燕尾，三薰冀托殷勤。

候憲使失内啓代

恭惟〇〇碧幢當道，蘋蘩方藉於公宫；寶瑟沉音，蘭茝忽移於祏室。坤儀折範，震吊摧衷。雖鸞珮升遐，早赴麻姑之會；而燕釵飛化，應增武帝之悲。某濫厠卑員，瞻依莫罄；遥聞訃變，躃踊何勝！謹將九頓之械，仰候三台之履。微茫雞炙，祇緣蕙館難通；焜耀鸞書，佇待松門有赫。

候王惺東司理啓代

黄堂贊理，循良高漢吏之名；丹筆垂恩，明允溢虞廷之治。布穌風于暖律，草艾生春；敷化日于寒氈，桑榆借色。情殷仰斗，念切懷暄。恭惟〇台臺，星鳳乘時，雲龍際會。朱標崪嵂，亘五嶺以崢奇；黄度汪洋，匯三洲而濯秀。鵬搏粤海，掠殘桂窟秋香；馬蹀燕山，占斷杏園春色。奉五刑而司李，肺石無冤；歷三載以及瓜，口碑有頌。亶清朝之鼎鼐，洵聖世之珪璋也。某進愧魚魚，生慚鹿鹿。盤中苜蓿，自憐影照琅玕；江上芙蓉，誰問形銷寂寞！猥蒙噓植，曲荷周全。遂令旅竃之桐，竊附郵亭之竹。榮梯六管，敢忘提挈之仁；祉叩三階，益重瞻依之念。謹將芹獻，用效葵傾。伏楮宣心，滿擬網開雷雨；臨毫頓首，願言履踐星辰。不盡寅悰，統希丙炤。

候座師啓代

龍門夜曉，遥依北斗之暉；雁塞雲迷，頓阻南車之範。有意瞻天而戀結，無能縮地以趨蹡。繾綣何勝，主臣莫罄。恭惟〇〇三吴間氣，百代文盟。筆海含珠，散瑶光於穎兔；學山藴玉，騰寶氣以連牛。扛龍文兩奪元魁，蔚豹變洊登華膴。黄門披素簡，霜寒八舍之梟；赤羽練長楊，風靖七閩之蜃。日者鹽梅小試，斥鹵生春；薪槱程材，衡茅動色。鄧林來匠石，楩楠杞梓屬風斤；冀野過方禋，牝牡驪黄歸藻鑑。如某者，牛溲馬滓，濫陪藥籠參苓；燕麥兔葵，慚附公門桃李。慶遭逢於拔十，報玖何酬？感恩誼之在三，銜環靡及。方擬趨於函丈，忽遘瘖于征途。二豎侵尋，莫解沉痾之苦；三冬荏苒，竟孤叩謁之心。幸有起晨，旋隨計吏。雖老師乾坤德厚，不求寸草之知；顧小子塵露思深，空抱疏麻之感。成恩未報，死罪何辭！敢披悃素于鴻縑，用展興居于馬帳。伏願金甌早卜，玉鼎先調。庶斗轉微垣，輔山龍于有赫；雲連大厦，庇海燕于無涯。

候少宰盛公代

伏以玉堂天近，綸扉高絶席之班；金鏡星懸，銓政擅統均之地。巖瞻具肅，斗望彌尊。恭惟〇〇名世真儒，天民先覺。手扶雲漢，天邊瑞應三階；腹呈琅玕，日下祥生五色。横襟依虎觀，早登著作之林；曳履踐龍圖，直企論思之位。日膺帝簡，特晋天曹。宫詹稱三島神仙，佩摇華蓋；吏部爲六官領袖，秩重鈞衡。離渭分涇，妙題才于裴顗；振幽拔滯，隆啓事于山公。豈惟祇慎廉平，更見清通簡要。行調商鼎，佇輔周扆。某鄉曲後生，邊圉下吏。濫魚書于紫塞，時深覆餗之憂；仰龍見于黄扉，日切懷暄之念。謹將不腆，用展微忱。草野一芹，知無當于鼎實；揆階九命，祈有赫于升華。莫罄敷宣，可勝皇悚！

候司馬祁公代

伏以繡斧靖西陲，久著三犁之績；黄樞分夏署，洊崇九伐之權。朝中快睹奢龍，塞外驚傳司馬。望蘧魁杓，喜溢門墻。恭惟〇〇五岳元精，九河間氣。攬朱絲而造士，擅三千禮樂之宗；摇赤羽以行邊，壯百二河山之勢。霜寒列柏，棲烏夜擁高枝；風動長楊，牧馬秋空絶塞。日膺懋簡，特晋中樞。聯八座以貳三孤，官居鼎鼐；統六師而兼兩府，道合張弛。臣鄰共慶彈冠，裨海争思扶杖。某桐焦灶下，濫蒙徽軫之加；梗斷溝中，猥辱青黄之飾。奉尹公彀率，愧無補于臨戎；仰方叔壯猷，知有裨于制勝。冥冥遼海，行看蜃氣全銷；業業燕山，佇見鴻圖永固。萬方稽首，百辟皈心。敢輸獻曝之誠，用表隨陽之悃。鵝毛不腆，惟祈莞納南溟；龍角遥瞻，更祝階崇北斗。

候司馬王公代

伏以明王守在四夷，樽俎重折衝之寄；祈父躬將九伐，節旄宣敵愾之靈。望隆八座文昌，威振六師武備。華夷易聽，朝野改觀。恭惟九幕元勛，四朝忠節。

洋洋東海，家傳金版之文；赫赫西臺，世擁青箱之業。朱旗繡斧，奄清上谷之山川；黄鉞白旄，坐靖漁陽之烽堠。廿年居虎幄，都無赤羽窺關；八載狎鷗盟，賸有丹心戀闕。頃以三韓多故，四履頻驚。君從緑野徵，甫奉纁以敦促；公爲蒼生起，不俟駕而宵征。猶謂居中非應變先圖，出塞有當機勝算。乃淋漓具疏，慷慨行邊。擐甲臨戎，一顧動參旗井鉞；援枹作氣，數聲驚鶴淚〔二〕烏啼。行看遼海燕山，萬里奏封狼之績；堯畿禹甸，千秋無牧馬之虞。四海見休，一人胥慶。某栖遲遠塞，未輸涓滴之功；瞻仰中樞，寔切雲霓之望。敢修蕪牘，用展芹悰。篚愧玄黄，願祝衮衣朱襮〔三〕；囊傳黑白，還祈卧鼓銷兵。不盡敷宣，可勝悚息！

候葉贊畫

伏以六師嚴細柳，陰符盡決諸參謀；千里致疏麻，遠念憑將於世講。投桃好永，報李思深。恭惟〇〇鳳穴探奇，龍門挺秀。學窺二酉，漱丹文緑字之芳；福具三壬，標玉海金山之范。鵾鵬搏晋水，息六月以圖南；騏驥過燕臺，售千金於冀北。日者榮承帝簡，特贊軍機。坐帷幄以抒籌，擁旌旄而授策。九關虎豹，同歸組練之中；八陣風雲，悉屬指揮之下。朝推大樹，塞倚長城。某一日慶遭逢，喜從扳桂；念年成契闊，莫遂班荆。何緣戎馬之場，得附雲龍之會。萍踪落落，一方共對辰星；桂影翻翻，兩地同瞻夜月。乃未裁雁帛，反辱魚緘。感實重于百朋，報罔申夫九頓。兹者謹將薄獻，用表微忱。伏乞下藉中涓，俯鑒懷人之悃；爰投外湢，聊充饗士之需。莫罄眷私，統維垂炤。

候張憲使

伏以東壁高華，久繫心于仰斗；南車鼎望，旋借指于同舟。喜慰隨陽，情殷獻曝。恭惟〇〇錦江濯秀，劍閣標奇。九萬里風雲，遠度峨嵋之雪；三千言禮樂，横翻灔澦之濤。調庚癸以抒籌，功崇蘭省；輯戊丁而固域，閥著檀城。疆埸推召虎之名，朝宁仰奢龍之業。某有懷御李，無任傾葵。金薤琳琅，永戴問遺之重；木瓜瓊玖，殊慚報稱之疏。敢借一毛，用將九首。梅花不腆，憑驛使以輸誠；芹葉無文，效野人而致悃。伏乞莞納，曷任躍然！

候制臺汪公

伏以甲帳宵空，虎落與燕山並峙；午橋晝[四]永，鷗盟將漢水同清。久揚赤羽之靈，忽迫紫芝之念。離筵歌動，祖道情殷。恭惟〇〇翼軫元精，衡湘間氣。化洽三千禮樂，士禀菁莪；胸藏十萬甲兵，威嚴細柳。朱旗懸日月，九邊高良翰之名；碧幕擁風霜，三輔壯維垣之任。兹者無心出岫，有念歸田。疏太傅槖散黄金，謝鼎鉉而適志；裴晋公堂開緑野，問泉石以怡神。漸成洛社之遊，浸失雪山之重。某夙從絳帳，今奉黄麾。馬首遥瞻[五]，扳戀秖深岐路；龍門翹企，光儀頓隔層霄。愧非貽贈于紉蘭，窃效殷勤于折柳。東山月皎，行看色映烟霞；南浦雲迷，莫禁思纏台斗。一毛不腆，九首是將。伏乞海涵，可勝岳戴！

候白計部

伏以蘭省風清，視草著潛郎之望；榆關天迥，持籌推内史之功。七策兼資，六師攸藉。恭惟〇〇毗陵間氣，斗野醇晶。毓荆溪蕪浦之靈，名高碧海；挺梅塢蘭山之秀，望聳丹崖。寵載芸涵，兄弟祖孫濟美；芳傳蕊榜，戊辰丑未重光。日者棨分地部之猷，特筦天倉之政。視民饑而由己，豈容醫眼剜心？念軍餉于呼庚，未許焦頭爛額。調停有道，出納無私。人推劉晏之能，士頌寇恂之德。某有懷御李，望龍門願切皈依；無地班荆，托雁帛期傳衷悰。敢將芹獻，用表葵誠。晝省香霏，尚憶隨班之雞舌；年家誼篤，頓忘遠道之鵝毛。伏乞鑒涵，可勝瞻溯！

候司馬董公

伏以天討方張，晋黄樞而專九伐；帝心特簡，臨紫極以蒞三階。朝野具瞻，華夷並肅。恭惟〇〇千秋間氣，一代元勛。丹筆生春，法曜炳太微之座；青綾載寵，佩聲高建禮之班。自海岱以歷衡湘，所在布和風甘雨；由臬藩而躋撫督，隨時敷愛日嚴霜。三千禮樂駕文昌，光映西昆東壁；十萬甲兵歸武庫，氣凌井鉞參旗。當雲中上谷之衝，總天下長城之重。繄卿才冠中外，宜宅揆以居尊；斯帝命藉安攘，掌樞機而據要。運幄中金板，深謀遠慮，九邊抒肘腋之虞；樹徼外銅標，破膽寒心，百虜切頭顱之痛。人推元老，何殊唐代奢龍？羌慴餘威，奚翅宋家司馬？某庇身宇下辱編氓，夙荷鴻庥；浪迹師中屬外吏，今承燕喜。幸托壯猷之指願，敢忘大冶之爐錘？敬擷溪毛，用將背曝。伏願功昭彝鼎，業滿封疆。銷金甲以事春農，永靖天狼地雁；攬玉衡而扶夏正，常從風虎雲龍。莫罄瞻〔六〕依，可勝皇悚！

候相公葉老師代

伏以黄扉地迥，九環推幹斗之功；紫塞天遥，萬里切瞻〔七〕雲之念。維巖望聳，獻曝情殷。恭惟〇〇百代名流，四朝元老。

侍氤氲之香案，身近蓬萊；行迤邐之沙堤，官居鼎鼐。金甌早覆，總三獨以論思；玉燭長調，燮四時而贊化。輔乾坤于萬曆，坐成熙洽之皇圖；弘黼黻於三台，立奏休明之相業。乃緣柱笏，暫就懸車。七載憂違，心不忘乎廊廟；一朝喜起，情更篤于股肱。當兹搶攘之秋，式藉励勷之力。集衆思，廣忠益，真稱漢室武侯；相中國，讋遠夷，亶是宋家司馬。允矣濟川舟楫，居然翊運魁杓！某北鄙迂儒，西藩下吏。詹山仰止，久懷款款之誠；飲水思源，未展區區之報。禮文几[八]曠，罪譴何辭？兹者敢竭葵忱，用將芹念。鵝毛道遠，惟蘄俯鑒三薰；龍衮新裁，願祝平收九錫。

候太宰張公

伏以天開名世，玉衡遥應于西方；帝眷元勛，金鏡高懸于北闕。百僚爲式，萬國具瞻。恭惟河華元精，苞符間氣。梧掖勒回天之草，直聲摇青瑣黄門；柏臺揚震岳之威，憲度凛朱旗繡斧。五刑明國法，杓虚而冤白金條；七策佐軍儲，泉沛而塵紅玉廪。紀綱振肅，冠高執法之班；銓鑑虚明，書聚題才之閣。皇衷簡在，人望攸歸。明良交會於一堂，式序頓清夫九品。妍媸必照，大臣法而小臣廉；殿最綦公，正士親而邪士遠。三朝扶日轂，寧渠直亮忠勤；六計叙天曹，更見清通簡要。某昔從屬吏，久沾覆露之恩；今隸外僚，益切瞻[九]雲之念。樓臺近水，幸邀下際清暉；帷幄參籌，快睹中孚大業。鵝毛不腆，雀悃良殷。伏乞鑒存，可勝惶悚！

又代

伏以冢卿位冠仙班，長六官而司領袖；上宰躬承帝簡，佐八柄以布經綸。朝野具瞻，華夷鼎借。恭惟○○三朝耆碩，百辟儀刑。青瑣黄門，久著飛霜之草；朱旗繡斧，遥騰震岳之威。總金條國法無冤，仁昭令甲；督玉廩軍儲有借，士鮮呼庚。提五察以肅三台，職重朝廷之耳目；統百官而均四海，選除門户之浮沉。藻鑑空明，官推賢，事推能，五曹不爽；銓衡中正，爵馭貴，禄馭富，九品咸宜。寧渠祇慎廉平，不但清通簡要。吏懷推轂，士□□冠。某鄉曲後生，邊亭下走。三年棲雁塞，愧無轉芥之功；千里近龍光，竊有輸芹之念。敢將不腆，用展微忱。伏祈十六族同登，並收元愷；五百年名世，遠駕伊周。

校勘記

〔一〕"轉"，按傳統習慣説法，疑爲"傳"字之誤。

〔二〕"鶴淚"不辭，顯爲"鶴唳"之誤。

〔三〕"襮"，疑爲"襮"字之誤。按"朱襮"出《詩經·唐風·揚之水》："素衣朱襮，從子于沃。"《毛傳》："襮，領也。諸侯繡黼，丹朱中衣。"

〔四〕"畫"，據文意似當爲"晝"字之誤。

〔五〕"瞻"，據文意當作"瞻"字。

〔六〕"瞻"，據文意當作"瞻"。

〔七〕"瞻"，依文意當爲"瞻"字之誤。

〔八〕"几"，依文意當爲"幾"，或者當時已有"幾"之簡筆。

〔九〕"瞻"，據文意當作"瞻"。

尺牘卷七

啓請類

請閻道尊啓

法星躔斗極，西臺之憲度方新；霖雨漉關山，南牧之胡氛盡洗。幸承風於鈴閣，宜獻曝于衡門。授粲思深，循墻念悚。恭惟〇〇名高司馬，望重奢龍。淮海鍾靈，赤水浚涵珠之浦；浮山拔萃，白虹霏緼玉之峰。摶羊角於九霄，魁名累占；育鳳毛其五色，科第重熙。翩翩鳧舄，下花封百里，争傳異政；冉冉雞香，含粉署六曹，共挹清芬。朱轓迴雨露之恩，邵陽春滿；絳節擁風霜之氣，岱岳塵清。日者受命丹書，提兵紫塞。碧幢乍駐滹沱，夜落旄頭；玉帳遥開勾注，秋閑鼓角。建牙翻白旆，已騰方叔之猷；握髮下青衿，更普姬公之度。某等托連雲大厦，鳴豫何勝？披傾日微誠，燕需莫罄。是用齋心卜吉，盥〔一〕手通涓。知豳公不隔堂廉，願上區區朋酒；效宋俗頓忘草野，期輸瑣瑣泥芹。伏祈莞爾諾金，惠然移玉。庶干旄在浚，大夫垂良馬之輝；甕牖隨陽，小子賦高軒之寵。

請潘案臺啓

豸冠執法，九重專綱紀之司；鷺軾巡方，萬里壯澄清之志。代天威于北闕，赤黑消丸；慰霓望于西藩，玄黄在篚。歡孚兑澤，燕啓需雲。恭惟〇〇勁節干霄，洪謨濟世。銅章出宰，軒隨兩袖春風；金部分儲，庭湛一簾秋月。尋膺帝簡，洊陟台班。皂囊依日月之光，鵷行篴羽；赤棒散風霜之氣，兔窟銷魂。兹者度燕市以埋輪，下堯封而攬轡。三關將吏皈心，迎一角神羊；八郡生靈翹首，望五花驄馬。某等夙懷仰斗，頃遂披雲。事大夫之賢，躬先利器；循小民之分，願切稱觥。敢卜良辰，恭邀法駕。尊開潢潦，期薦信於中孚；佩委雲霄，冀垂光于下濟。聳身鵠立，傾耳鸞鳴。

請陳計部啓

八座綴朝班，玉珮動楓墀之曉；三關司國計，銅焦回柳塞之春。陽和徧暨夫蒼生，景耀旁垂于白屋。沾同覆露，喜擬披雲。敢將藜藿之羞，敬致蓬茆之悃。恭惟〇〇六符臨運，九鼎升華。孕荆溪蕪浦之靈，度湛千尋碧海；會梅塢蘭山之秀，名高萬仞丹崖。桂苑秋深，凌月窟香紛羽袖；杏園春暖，步雲衢錦燦宫袍。人懷六館清華，宜入冰條之選；帝念九圜煩劇，暫分金部之籌。日者檄出螭坳，軺臨雁塞。春炊萬灶，山無庚癸之呼；旆偃千營，澤鮮戊丁之變。借羈縻以施五餌，佇看兵洗銀潢；圖節縮以佐三虚，會見塵生寶庾。展矣濟時之顯相，洵哉裕國之康侯！某瞻仰緇衣，適館還期授粲；勤渠豳俗，躋堂更欲稱觥。謹卜良辰，恭開薄席。茅柴不旨，用揚在藻之休；瓠葉非馨，聊表獻芹之意。牛墟朝散紫，一簾灝氣宜人；蠟炬晚燒紅，四座清輝逼體。伏祈金音豫允，玉趾賁移。朱芾焜煌，下襜帷于日表；碧幢縹緲，來棨戟于雲間。庶赤光隱隱照寒廬，得覿笑談尊俎；玄誨霏霏回暖律，欽承唾咳珠璣。傾耳鸞鳴，聳身鵠立。

請王京兆啓代

木鳳下丹墀，日射芸函生五色；玉麟分紫省，風迴艾綬度千尋。畿甿快睹披雲，部吏歡同負曝。敢將藜獻，用展葵忱。恭惟〇〇八柱崇標，三階重望。臚傳蕊榜，杏園香染宮袍；績著花封，楓陛名題印紙。擁朱幡而牧衆，春滿三吴；揮絳節以臨戎，塵清兩浙。臬臺懸法曜，西都肺石無冤；藩岳壯維垣，南國口碑有頌。兹者宸衷特簡，帝里專符。郡屬股肱，此日見東皇轉律；官居喉舌，異時看北斗司辰。某等夙企崇臺，龜魚念切；今逢大厦，燕雀情深。是用謹涓　　日〔二〕，醵舉蟻尊，齋迓騶從。茅柴不腆，聊抒授粲之悰；瓠葉非馨，爰表獻芹之意。伏祈俯從燕喜，暫賁龍光。庶二簋伸誠，得覿談笑樽俎；四筵飛屑，欽承唾咳珠璣。傾耳鸞鳴，聳身鵠立。

請潘侍御啓代

鷺軾擁朱輪，攬轡壯澄清之任；豸冠峨鐵柱，立磚高綱紀之司。威行當道豺狼，慶洽環墻桃李。敢邀棨戟，祗薦匏尊。恭惟〇〇斗極儲精，浮山孕粹。秋深桂苑，鶚横紫氣千尋；春滿杏園，馬踏紅香十里。銅符分縉野，佇看三異之呈；玉律轉慈陽，卧聽十奇之咏。兹者股肱帝座，耳目天朝。繡斧生風，度燕山而破曉；皂囊垂露，凌冀野以凝寒。望重三階，象崇五緯。如某者，泥蟠陋質，櫪伏庸材。夙跂高華，猥向龍門御李；今叨末第，僭從烏府班荆。幸披閶闔之雲，捻借樓臺之月。乃未申烹瓠，反辱投桃。感一顧以銘心，戴百朋而俯首。是用吉涓
日，齋迓法從，敬展愚悰。百拜稱觴，願效殷勤之款；四筵飛屑，冀聞唾咳之音。伏祈俯賜龍光，暫偕燕喜。庶培塿下品，傍山嶽以生輝；菅蒯微生，藉梧桐而發秀。

請李兵憲啓代

慶雲迴日御，光生秋水芙蕖；化雨足霜臺，潤濯邊城桃李。仰玄功于吹萬，無地鎸銘；荷隆義之在三，有天頂戴。嘘枯德

厚，獻曝思深。恭惟〇〇海岳儲精，乾坤毓秀。五百年有名世，望重登龍；十二祀啓文明，才雄倚馬。芹宫鼓篋，作人化洽鳶魚；棘院掄才，取士榜盈龍虎。含香依畫省，握蘭起草動清班；秉憲受丹書，緯武經文恢壯略。日者匠斤廣運，神削鼻於成風；孔鑄旁施，妙鎔心於點雪。人游大冶，士稟洪鈞。如某者，十載窮經，未遂青錢之選；一朝入彀，幸叨淡墨之榮。此雖小子遭逢，實緊老師造就。且標揚錦幟，鴻恩與日月高騫；户燦璇題，駿惠及雲霞並麗。瞻依莫罄，感激難言。謹占　日，跽捧清觴，齋迎道駕。茅柴不旨，用揚在藻之休；瓠葉非馨，聊表獻芹之意。伏祈金音鼎諾，玉趾賁移。

朱芾焜煌，下幨帷于日表；碧幢縹緲，來棨戟于雲間。庶赤光藹藹映寒廬，得覲牛墟紫氣；素屑霏霏回暖律，欽承虎席玄提。

請甯觀察啓代

法星拱極，映槐棘以生輝；霖雨回春，洒参苓而發秀。快睹鴻儀之用，宜伸燕喜之私。敢叩宫墻，敬陳尊俎。恭惟〇〇精儲兩浙，才駕三都。紫襜風高，振八吹於道竅；赤城霞起，散五色於臚傳。官聯畫省之班，雞舌香浮北部；象列紫微之署，犬牙制重南州。三尺肅僚，露湛霜飛明水鑑；一廉貞度，天空月皎照冰壺。人人肺石無冤，在在口碑有頌。如某等太行駑士，大陸鯫生。燕麥兔葵，竊附倚雲紅杏；牛溲馬涬，僭陪浥露青芝。感拔十之恩深，何勝篆結；知在三之誼重，莫罄瞻依。幸同燕市班荆，益切龍門御李。是用穆乩　日，恭開絳帳，肅候丹帷。梧桐一葉報秋聲，好度金風薦爽；桃李幾枝分艷色，喜從玉露含滋。思列柏之非遥，愧野芹其不腆。伏祈暫移鸞馭，俯惠龍光。庶有楚賓筵，得覲模模範範；委蛇仙佩，不違步步趨趨。

請座主盛老師啓

熊軾專城，日懋銅符之績；龍庭輯瑞，風高金舄之班。光連萬國衣冠，慶洽一門桃李。傾葵意切，獻藿思深。恭惟〇〇望重三階，功崇八柱。走雙鳬於闔甸，緑野春融；翩一鶴於齊封，青山夜曉。琅玕披腹，久蜚元白之英；黼黻盟心，洊駕龔黄之業。兹者風清兩袖，喜瞻日下龍鱗；露湛肆筵，快沐天邊兔首。誠漢官之嘉會，而虞典之榮遭也。某等引分義於在三，徒懷黿顧；戴恩私於如一，未罄蛇銜。况當聚梗之余，益迫輸芹之念。謹占吉日，載舉醵私。敢陳瑣瑣溪毛，用展區區燕悃。一尊繾綣，和柏葉以迎祥；百拜殷勤，續椒花而叩祉。伏祈遥臨北斗，暫賁南車。庶絳帳流輝，俯賜笑談樽俎；青衿借采，仰承唾咳珠璣。

請座主范老師啓

艽樸醉春風，僭附倚雲紅杏；枯芹沾化雨，蕲隨向日丹葵。仰模範之自天，幸瞻依其有地。敢修尊俎，伏候襜帷。恭惟〇〇二室崇標，三川間氣。拜五衣于南省，采射千官；搦雙管於東臺，春生八舍。皂囊依日月，朝陽回鳴鳳之音；白簡動星辰，曉露散神羊之角。日者棘闈分校，朱繩將青鏡高懸；草澤搜奇，卞璞暨隋珠並剖。誠百年之盛典，多士之榮遭也。某等鹿鹿微生，魚魚後學。駑黄冀北，長鳴九折之車；豕白遼東，敢冒三驅之網？維老師拔十得五，借盈尺于階前；故小子如一在三，溷清班于宇下。生成有自，銜結何勝！望青瑣于遥空，喜傍連雲大厦；脱丹鉛于片晷，冀同點雪烘爐。是用敬涓　日，醵舉荒筵，齋迓道駕。茅柴不旨，願輸藜藿之衷；瓠葉非馨，聊展參苓之意。伏祈南車暫駐，北斗惠臨。庶霧靄匝襟裾，得覩牛墟紫炁；珠璣飛唾咳，欽承馬帳玄提。

請范老師起復啓

桃李向陽，倚春風而發秀；蓬茅獻曝，隨化日以輸誠。喜看朱紱方來，稱觥念切；快睹緇衣又改，授粲情殷。敢效芹私，恭陳瓠燕。寅惟〇〇靈標二室，粹拔三川。探金函玉簡之奇，神乎嶽降；會緑字丹文之奥，瑞應河圖。紫薇閣下宣麻，日麗横空鸞鳳；青鎖闈中載簡，霜飛當道豺狼。指授六千，儼持滿定傾之策；胸蟠十萬，總先憂後樂之謨。鼓天籟以流音，蟬噪蛙鳴盡埽；啓藥籠而庀味，牛溲馬浡兼收。某等灶下枯桐，幸分徽軫；溝中斷梗，猥藉青黄。感拔十之恩，雖覆載乾坤莫喻；顧生三之義，即捐糜頂踵難酬。况素冠變異，尋常久隔模模範範；而絳帳恭承，只尺能無步步趨趨？是用敬卜良辰，齋迓道駕。蘋風拂座，喜黄花暗度香來；梧月當軒，看玉樹遥翻影動。茅柴不旨，因白飵以將忱；束帛無文，續素絲而效款。伏祈暫移鸞馭，俯惠龍光。庶天外振金聲，二三子同瞻赤幟；雲間霏玉屑，五千言獨禀玄提。不盡依皈，可勝延佇！

餞范老師册封啓

黄綃護節，典桐葉以推封；絳帳開筵，采芹莖而祖道。敢擬東門之餞，用扳北斗之光。宴集驪歌，衎陳鴻漸。恭惟〇〇清朝間氣，絶代真儒。文章與班馬齊驅，事業暨夔龍並駕。皂囊赤棒，已蜚直道之聲；青社白茅，更領建邦之任。九天馳玉牒，啓宗室於無疆；萬里咏皇華，奉絲綸而有赫。某等仰瞻函丈，立雪情深；俯聽鳴珂，懷暄念切。是用謹乩穀旦，祗薦芳尊。榴火噴紅，豫報梁園之景；蘭漿泛緑，先傳楚醴之馨。伏乞天上襜帷，擁春風而入座；庶幾門前桃李，浥化雨以生輝。倘賜龍光，何勝雀躍！

請州守莅任啓

黑綬宣猷，允慰來蘇之望；緇衣仰德，期申授粲之忱。喜拔薤於方臨，威行轉轂；幸輸芹而有地，念切稱觥。恭惟〇〇東魯元宗，西昆正印。泰山毓粹，聳丹璧以蜚英；泗水儲精，濯玄珠而耀彩。走陳思於座下，古今八斗誰雄？括莊惠於胸中，上下五車獨富。鵬搏渤海，九秋振翮度天衢；鴻漸燕都，一日爲儀光上國。兹者雙熊戒道，遥清雁碣之嵐；五馬騰塵，遠滌滹流之瘴。駐節而肅清城社，狐鼠潛形；下車而撫字閭閻，雞豚若性。兒童馳竹馬歡呼，快睹威儀；父老策筇鳩鼓舞，思觀德化。允矣明時之召杜，洵哉今日之龔黄！某等樸樕微生，草茅下士。仰福星之臨照，願效魚離；披霖雨之沾濡，歡同雀躍。是用敬諏日，跽捧清觴，齋迓法駕。伏乞金音鼎諾，玉趾賁移。庶風送幄帷，五色雲中看鳳夆〔三〕；日高棨戟，九重天外接鳧飛。

請州守送學啓

仁風披拂，芸蘭滋九畹之香；化雨沾濡，桃李藉三春之色。跂宫墻而得入，儐俎豆以何勝！立雪情深，懷暄念亟。恭惟〇〇靈巘威鳳，荆渚神龍。遠追朱穆家聲，近合紫陽心印。才高元白，擅八斗以争奇；業楙龔黄，佩三刀而乩夢。纔分半虎，立解全牛。赤子育春臺，已沛宜民之政；青衿提聖域，還弘造士之恩。兹者，薪槱程材，參苓庀籠。與其進也，斬有德于成人；栽者培之，法無私于大造。模模範範成風，技練莊斤；步步趨趨點雪，功深孔鑄。鴻慈莫報，燕喜聊申。敢修白餘青芻，用枉朱輜皂蓋。食從龜吉，期收四美于芹宫；望切龍光，更乞一言于莘野。伏望賁虞庠而鼓篋，高騰五馬之塵；臨魯泮以觀旂，暫駐八鸞之駕。諸金悚聽，移玉翹瞻。

請州守送貢啓

聖治天高，不隘芹宫之選；人文兩化，幸分槐市之陰。喜三途載闢鴻逵，顧一介何當虎幄？噓枯德大，授粲恩深。恭惟〇〇翼軫醇品，沅湘間氣。一龍飛電，迅羊角於秋空；五馬嘶風，布麟蹄于春野。菁采發在阿之秀，雁山桃李争開；鸞聲揚飲泮之休，沱水魚鰕欲奮。如某者，齎函下士，伏櫪庸才。仰弓冶于先靈，殊愧青錢學士；競刀錐于末路，真同白蠟明經。猥藉台慈，濫叨賓薦。附倚雲紅杏，敢忘栽培？效傾日丹葵，蘄伸孺慕。是用吉涓　日，齋迓熊軾，肅奏魚罶。慚無白飯青芻，僭屈朱轓皂蓋。伏祈襜帷早顧，臨大從于蓬門；庶幾尊俎生輝，賁餘榮于梓里。

餞州守入計啓

夜月照華軒，萬里清暉閑一鶴；春雲迴絳闕，九天瑞靄動雙龍。漢庭喜應循良，祖道榮分眷注。敢將浮蟻，用餞行驪。恭惟〇〇翼軫淳品，沅湘間氣。鴻裁探二酉，光聯東壁西昆；駿惠布三壬，化轉南箕北斗。烹鮮不亂，函牛鼎妙於調和；製錦無傷，繡虎才長於黼黻。奉無私之治，園葵野薤俱除；行有脚之春，壟麥墻桑並秀。雁山巒嶂，低垂如蓋之雲；沱水波濤，遠盪隨車之雨。兹者三年奏最，六計受成。天子徵九牧之金，殿邦是借；大夫輯五侯之玉，維翰攸歸。官柳接長安，夾朱轓而度影；泉芹明上館，映緑綟以生香。凡覯征軺，均懷薦罣。某一堂繾綣，久戴德於和衷；二簋殷勤，冀抒誠于敬上。謹詹吉日，祗候台星。伏祈俯念離悰，慰三薰於躍雀；暫移賁趾，停九罭〔四〕於飛鴻。

又

雙熊守土，一犁甘雨遍民疇；五馬朝天，兩袖清風懷帝闕。望仙舟於南浦，莫罄扳援；開祖帳於東郊，何勝繾綣！恭陳兔炙，祗餞鴻逵。寅惟〇〇漢水儲精，昆山緼粹。騷壇批月露，摇七澤以摶鵬；燕市駕風雲，售千金而展驥。冰壺夜湛，虚檐冷沁懸魚；水鑑秋澄，近社寒消伏鼠。闞三星之在罶，回虆骨於千封；傷二月之新絲，照剜心于百室。善政旋登漢史，賢聲久著虞廷。兹當述職之時，載企求章之烈。刺史奉六條而入計，喜看玉輯殊方；天子隆三錫以推恩，佇待金頒内帑。某等叨帡大厦，借造洪鈞。芝蓋挹春風，已被龍光矜大漠；楓宸迎曉日，更從馬首望長安。况承勸駕之榮，敢後稱觥之悃？是用穆乩穀旦，拱候華軒。伏祈朱紱賁臨，暫住騰關紫氣；汔且青衿豫奏，少抒卧轍丹衷。

請主考啓代

棘院掄材，簡龍文而羅國士；瓠筵效款，陳兔首以宴嘉賓。掃榻迓暉，稱觥獻悃。恭惟〇〇錦城毓秀，劍閣鍾靈。文章迴巫峽之瀾，禮樂冠丹墀之對。銅符布德，時聞襦袴千家；粉署含香，日覲絲綸五色。兹者馳軺北闕，攬鑑西陲。一顧空群，收牝牡於驪黄之外；雙芒璨斗，識雌雄於氣色之中。某世籍叨光，猥以通家辱愛；公車接望，幸緣守郡分榮。快睹拔茅，有懷授粲。謹詹念九，肅啓連三。葵菽非馨，用展幽人之念；芹藜不旨，願輸宋俗之忱。伏惟暫駐幨帷，少留青盼；庶幾光生几席，俯慰丹衷。

請座師啓代

風回狄籠，環墻桃李生香；雪積程門，滿座璚瑶借色。幸班荆之有地，念切披雲；顧結草其何時？情懸獻曝。敢將二篚，敬候三臺。寅惟〇〇翼軫醇晶，荆襄間氣。梅山毓秀，撑萬仞之丹崖；柏水涵靈，湛千尋之碧海。累朝恢甲第，平分上國衣冠；奕世取元魁，高奪中原旗鼓。謀優夏署，已清地雁天狼；網結秋闈，更搶雲龍風虎。如某等，牛溲馬渤，猥荷收儲；燕麥兔葵，濫叨培植。兹者名浮得五，僭分北斗之光；誼篤在三，益凜南車之望。成恩未報，凉德奚辭！是用吉涓某日，醵舉燕私，肅扳驧從。野芹不腆，願隨和鼎之厨；束帛無文，敬庀垂裳之縷。伏祈襜帷暫賁，棨戟遥臨。庶絳帳流輝，得覲笑談樽俎；青袍借采，欽承唾咳珠璣。

請參戎啓

恭惟〇〇九邊大樹，一代長城。白羽當關，瀚海朝閑鼓角；朱旗閃斗，陰山夜落旄頭。倚帳肅龍韜，此日雁門高鎖鑰；登壇提虎節，异時麟閣映絲綸。某等荷張弛文武之猷，衷懸托厦；仰内外順威之治，念切稱觥。是用敬涓某日，恭啓荒筵，齋迓大纛。茅柴不旨，祇將授粲之忱；瓠葉非馨，聊表獻芹之意。伏願旌旄暫駐，陽光隨赤羽流穌；庶幾俎豆榮施，佳氣靄青氈出色。有懷鵠立，佇待熊飛。

請同門啓

紅雨飄香，喜入杏園同縱目；青雲附武，願開華榻共論心。睹牙仗於天邊，占星念切；飛羽觴於月下，湛露思深。敢瀆中涓，用敦世講。寅惟〇〇學多二酉，福具三壬。彩筆霏花，價重五都之肆；墨氈起草，名高千佛之經。硯中影動龍鱗，已冠三千禮樂；案上香浮鳳腦，行登十八瀛洲。某等衣缽分榮，燈毬借勝。傍連雲大厦，念四人共托槐陰；申永日初盟，數十世蕲傳桂籍。既隨燒尾，不碍澆腸。況萍水一分，南北東西異路；而雲山千叠，晦明寒暑難通。思聚樂之無多，悵離群其有日。可無佳宴，以洽朋情？是用穀旦從龜，瓠筵炙兔。青芻白飯，聯一時杜甫之歡；碧麥黄流，當十日平原之飯。披襟添逸興，請曳屐于良辰；揮麈壯高懷，幸盍簪于嘉會。聳身鵠立，傾耳鸞鳴。

人日請僚友啓

律回太簇，三陽開正始之期；節届靈辰，萬物際同春之會。鏤金初作勝，南荆未厭流風；剪綵競爲人，西晋猶傳故俗。擷五花而裝額，禯襲朱奩；聚七菜以爲羹，香浮素椀。人事與天時並盛，宦情及旅況堪抒。敢卜蒼郊，恭迎皂蓋。茅柴不旨，愧無碧麥黄流；瓠葉非馨，願庀青芻白飯。登高開笑口，行看錦繡千封；作賦壯雄心，還乞珠璣萬斛。伏惟鼎諾，曷勝豫鳴！

元夜請社友啓

夏時轉律，正延禧華屋之辰；春日暄和，適獻曝茅檐之候。況值元宵盛節，宜爲宴樂佳期。雖柏酒椒花，自有三徵之養；然芹羹瓠葉，願輸一念之衷。謹詹十五，跽捧清觴，齋迓道駕。金鈿朝散彩，依稀開普舍之場；火樹夜交輝，彷彿啓清虚之路。伏祈文星反照，祥光璀璨下寒廬；庶幾化雨旁施，靈潤濂瀸彌陋室矣。願言皃降，曷任蛙鳴！

請座師代

伏以紅杏倚雲，色借遥天曉露；丹葵向日，心傾大地春風。幸依立雪之班，敢乏懷暄之念？恭陳二簋，肅候三台。寅惟○○白水涵靈，紫金毓秀。文名撑斗極，光摇東壁西昆；德望冠新都，采射郇雲樂霧。字迴龍衮，萬言流擲地之音；政試牛刀，八面運成風之技。日者朱絲廣布，青鏡高懸。約良楛以皆裁，合妍媸而並照。某等材慚牝牡，何當冀野飛黄；質謝雌雄，敢謂豐城現紫？蒙老師不遺葑菲，宏開棫樸之途；故小子得脱泥沙，謬入珊瑚之網。數稱得五，恩重生三。若此遭逢，伊何報塞！向者秋深汾水，未輸授几之忱；兹焉春滿燕山，竊抱稱觥之悃。况萬國同瞻赤芾，而肆筵敢後青芻？是用穀旦從龜，荒醵備燕。雖無嘉肴，雖無旨酒，聊將潢潦之誠；薄采其藻，薄采其芹，冀委雲霄之佩。伏祈龍光俯賁，鸞馭遥臨。庶範範模模，座上見光風霽月；趨趨步步，階前聆玉振金聲。莫罄杜私，可勝蒲伏！

請李撫臺

伏以龍庭嚴鎖鑰，東藩久著師貞；鳳沼涣絲綸，南署新隆晋錫。總萬邦而爲憲，陟八座以居尊。人懷賀厦之心，吏切稱觥之念。恭惟〇〇九寰間氣，百代真儒。才名將北斗齊高，德業與西昆並峻。螭坳珥筆，直聲摇青瑣之班；豸節行邊，大略靖赤囊之警。材兼將相，措畿輔於泰山；望肅華夷，盪烽烟於瀚海。兹者功崇柏府，眷注楓宸。晋司馬以統中樞，步奢龍而登上相。葱珩焜燿，喜朱紱之方來；芝檢繽紛，羡黄麻之洊至。伫見衮裳歸闕，行看劍履升朝。某等翹企烏臺，莫罄瞻依之悃；扳援鶴駕，徒深眷戀之私。是用敬卜良辰，恭邀大纛。茅沸不腆，祗申三沐三薰；戔帛無文，願庀五章五服。伏乞旌旄暫賁，騣馹遥臨。庶日下接華裾，快睹雲間黼黻；風前聆玉屑，欽承天上珠璣。不盡屏營，可勝延伫！

請岳撫臺

伏以紫誥奕琅函，楓陛絲綸隆晋錫；朱旗開幕府，榆關鎖鑰壯師貞。慶洽朝紳，歡騰圉吏。敢薦幡幡之葉，用將款款之誠。

恭惟〇〇九野元精，三吴間氣。名高玉斗，望中夸樂霧郇雲；世占金閨，海内羡荀龍薛鳳。文昌回筆底，三千禮樂屬陶甄；武庫列胸中，十萬甲兵供叱馭。據紫薇而宣化，澤滿甘棠；揮赤羽以臨戎，威嚴細柳。兹者帝心特簡，人望攸歸。旋参上相之權，洊擁中丞之節。肅紀綱于蘭省，百辟其刑，弘經緯于柏臺，萬邦爲憲。伫見氛消遼海，行看燧熄燕山。某等仰托徽猷，莫效涓埃之助；恭逢大厦，實深燕雀之私。敢竭葵誠，敬將瓠悃。野芹不旨，期申授粲之忱；戔帛無文，用表爲裳之念。爰乩穀旦，僭候華軒。伏乞豸繡賁臨，暫駐雲霄之佩；庶幾犧尊□□，□瞻□斗之輝。引領鸞鳴，□□□□[五]。

校勘記

〔一〕“盥”，依文意似當爲“盥”字之俗體字。

〔二〕本句“日”字前空處爲原文所空，蓋爲請客人前來的日期，但因寫請啓時日期尚未確定，故空出待填。下文《請座師啓》“是用吉涓某日”可證。下文凡類此者一律照原文空出，重出者準此，不再出校。

〔三〕“夅”，當作“夅”（“降”古文）。

〔四〕“罭”，原文該字上部“罒”作“吅”，徑改。

〔五〕此前共九個字漫漶不清，最後四個字，第一個字剩下右半邊“束”，餘皆不可辨识。從前文用語看，蓋爲“悚身鵠立”之類的套語。

《續修四庫全書·句注山房集》提要

《句注山房集》二十卷　　明末刻本

劉啓瑞

明·張鳳翼撰。鳳翼字九苞，雁門人。萬曆癸丑進士第五名，授户部主事。崇禎時，累官兵部尚書，庸懦無戡亂才。清兵入昌平，都城戒嚴。鳳翼自請督師，與盧維寧、梁廷棟相掎角，皆退却不敢戰。言官劾疏五六上，鳳翼自知不免，遂日服大黄而卒。當其爲兵部尚書也，自勒詩文爲一集，法《文選》之例，先列賦，次列詩，次列文，都得詩文二十卷，名曰《句注山房集》。句注山房者，九苞家於兹山之下，遂以此爲集名也。是書卷一爲賦，卷二之九爲詩，卷十之二十爲文。詩以體分，曰擬古詩，曰五言古詩，曰七言古詩，曰五言律詩，曰七言律詩，曰排律詩。文亦以體爲次，曰詞，曰序，曰小引，曰銘，曰騷辭，曰祭文，曰傳，曰碑記，曰雜著。每體各存詩文若干首。其詩以古體爲佳，尤以模擬樂府者爲勝。如《滿歌行》云："萋萋原上草，曄曄沼中荷。芳華昧零落，忽焉霜露過。去日既莫挽，來日亦無多。人生苦不足，歲月能幾何？蜉蝣競羽翼，蟋蟀鳴檐阿。有酒不爲樂，其如鬢髮皤。幻矣青城藥，悠哉黑水禾。力民而代食，曳履且行歌。請看北邙坂，古冢鬱嵯峨。"其律詩亦頗可觀，如《聞警》云："長城萬里鎖金微，百二分明拱帝畿。瀚海自歌朱鷺後，陰山誰射白狼歸？蒹葭夜永鴻初集，苜蓿秋深馬正肥。見説甘泉烽火急，君王未許罷宵衣。"亦雅有丰致。其文則挹唐宋之緒餘，而又錯雜以徘體，蓋未爲醇備。且間以佛老之言，則流於異端。矧卷末雜著一體，所録衹講《楞嚴經疏》二首，《净土庵銘》一首而已。乃李茂春序其集，評其詩則謂“其芳可縫，其美可襲，其音节可比金石，如古所稱詩人之度，非字櫛句比，模擬格象，襞積襯砌以爲工者”，評其文亦謂“古文辭則宏富近六朝，骨力參東西京。至於淘洗鉛華，自生姿態，則又在昌黎眉山之間”云云，則未免過於溢譽矣。